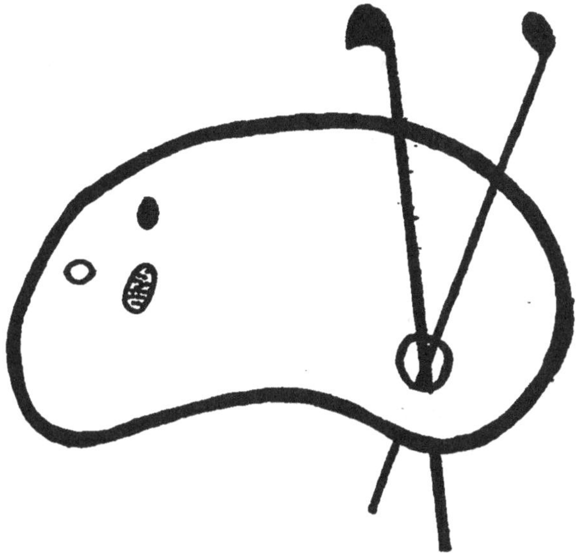

COUVERTURE SUPERIEURE ET INFERIEURE
EN COULEUR

LETTRES INÉDITES

DE

P.-D. HUET

Évêque d'Avranches

A SON NEVEU, M. DE CHARSIGNÉ

Conseiller et Procureur général du Roi au Bureau
des Finances de Caen

PUBLIÉES PAR

Armand GASTÉ

PROFESSEUR DE LITTÉRATURE FRANÇAISE A L'UNIVERSITÉ DE CAEN,
SECRÉTAIRE DE L'ACADÉMIE DES SCIENCES, ARTS ET BELLES-LETTRES,
MEMBRE NON RÉSIDANT DU COMITÉ DES TRAVAUX HISTORIQUES.

PREMIÈRE PARTIE

CAEN
IMPRIMERIE HENRI DELESQUES
RUE FROIDE, 2 ET 4.
—
1901

LETTRES INÉDITES

DE

P. D. HUET

Évêque d'Avranches

A SON NEVEU, M. DE CHARSIGNÉ

Conseiller et Procureur général du Roi au Bureau
des Finances de Caen

PUBLIÉES PAR

Armand GASTÉ

PROFESSEUR DE LITTÉRATURE FRANÇAISE A L'UNIVERSITÉ DE CAEN,
SECRÉTAIRE DE L'ACADÉMIE DES SCIENCES, ARTS ET BELLES-LETTRES,
MEMBRE NON RÉSIDANT DU COMITÉ DES TRAVAUX HISTORIQUES.

PREMIÈRE PARTIE

CAEN

IMPRIMERIE HENRI DELESQUES

RUE FROIDE, 2 ET 4.

—

1901

NOTE PRÉLIMINAIRE

I.

Encouragée par une subvention du Ministère de l'Instruction publique, l'Académie des Sciences, Arts et Belles-Lettres de Caen entreprend la publication des lettres de P.-D. Huet à son neveu de Charsigné, conseiller et procureur du Roi au bureau des finances de Caen.

Nous disons « les lettres de P.-D. Huet à son neveu » et non pas « la correspondance du savant prélat avec son neveu », parce que nous n'avons plus les réponses que faisait de Charsigné aux lettres de son oncle. Toutes ces réponses ont été anéanties, suivant le désir qu'en avait exprimé de Charsigné à Huet, comme on peut le voir dans la lettre de celui-ci, en date du 8 avril 1713 : « Pour vous montrer l'envie que j'ay de faire ce que vous désirez de moy, sitost que j'eus receu vostre dernière lettre, par laquelle vous me proposez de mettre toutes vos lettres dans une cassette que j'ordonnerois par mon testament qui seroit bruslée, j'envoiay acheter pour cela une cassette qui me cousta huit francs. Vous me proposez d'en faire une clause dans mon testament, ce qui en demande une nouvelle ouverture, et un changement dont il n'est déjà que trop chargé, mais j'ay pris un autre expedient, c'est que j'ay déjà une autre caisse pleine de plusieurs papiers, que je ne veux point qui paraissent après moy, et que j'ay déjà ordonné par mon testament qu'elle soit bruslée. Je mettray tous ces papiers et vos lettres dans la mesme caisse. Ainsi la clause du testament, qui ordonne qu'elle sera bruslée tombera sur cette dernière et sur tout ce qui sera dedans avec vos lettres, et par là il n'y aura rien à changer au testament ».

Huet n'avait pas manifesté le même désir à son neveu à propos des lettres qu'il lui avait adressées : aussi de Charsigné les a-t-il religieusement conservées, les classant avec soin et les embrochant l'une sur l'autre à l'aide d'une grosse aiguille, qui a laissé sa marque dans le coin inférieur, à gauche.

Nous n'avons pas *toutes* les lettres de Huet à de Charsigné ; toutefois, celles qui restent forment un total très considérable, puisqu'il se monte à 650 au moins.

Ces lettres, avec d'autres manuscrits de Huet, plus ou moins importants, ont été retrouvées, en 1825, par M. Lechaudé d'Anisy, dans un grenier de la maison de Caen, située *Cour du Grand-Manoir* (en face de l'église de Saint-Jean), maison que Huet avait habitée et où même il serait né, si l'on en croit une tradition locale (1). Les papiers trouvés par Lechaudé d'Anisy furent achetés par M. Abel Vautier, de Caen, membre du Corps législatif.

M. Abel Vautier donna, de son vivant, la plus grande partie des lettres de Huet à de Charsigné à la Bibliothèque de Caen : ce sont celles qui composent les quatre premiers tomes du n° 240 du *Catalogue* dressé par M. Gaston Lavalley. Un cinquième tome comprend les lettres achetées à la vente faite après le décès de M. Abel Vautier par ses héritiers. « Le 1er tome, renfermant 199 ff., contient les lettres autographes de Huet, de mai à décembre 1703 ; le 2e (266 ff.), les lettres de janvier 1704 à octobre 1705 ; le 3e (207 ff.), de mars

---

(1) Gaston LAVALLEY, *Catalogue des mss. de la Bibliothèque de Caen*, p. 104. C'est là que demeurait de Charsigné, depuis que son oncle avait quitté Caen, pour résider à Paris, dans la maison professe des Jésuites.

1708 à décembre 1740; le 4ᵉ (229 ff.), de janvier 1711 à mai 1716; le 5ᵉ (86 ff.), de 1712 à 1713 » (1).

On trouve d'autres lettres de Huet à son neveu dans deux manuscrits de la Bibliothèque nationale, 1°, n° 4564, nouv. acq. (196 pages), 61 lettres du 2 novembre 1701 au 14 juillet 1702; 2°, n° 4047, nouv. acq., 5 lettres du 7 avril 1702 au 31 mai 1715.

Nous avons acheté, il y a plusieurs années, chez un marchand d'antiquités de Caen, et nous possédons 142 lettres, qui vont du 2 décembre 1698 au 5 janvier 1719.

Enfin, nous savons que M. le comte de Blangy possède deux lettres de Huet à de Charsigné, qu'il a publiées en entier dans la *Revue Catholique de Normandie*.

Si abondante que soit cette correspondance, elle n'est pas complète, nous le répétons. D'autres lettres doivent se trouver dans des collections publiques ou particulières; nous espérons que notre publication les fera connaitre et engagera ceux qui les possèdent à les mettre au jour.

II.

Sans avoir l'intérêt littéraire et historique de la correspondance de P.-D. Huet et de son ami le

---

(1) Gaston Lavalley, *op. cit.*, p. 105.

cordelier F. Martin, que nous avons publiée, il y a quelques années, dans les *Annales de la Faculté des Lettres de Caen*, et dans la *Revue Catholique de Normandie*, les lettres de Huet à son neveu nous paraissent, comme on dit aujourd'hui, « très suggestives ». Nous n'avons pas cru devoir les donner toutes *in extenso*; mais dans celles dont nous ne publions que des fragments, nous avons toujours pris les passages qui nous semblaient les plus intéressants.

Dans ses lettres à de Charsigné, Huet se montre à nous, le plus souvent, sous un tout autre jour que dans celles qu'il écrivait aux lettrés et aux savants du monde entier, ou à son ami le Père F. Martin, si curieux des antiquités de la ville de Caen. Ici nous apprenons surtout à connaître l'abbé commendataire de Fontenay et d'Aunay, et nous assistons à ses démêlés avec ses moines, et aux procès interminables qu'il eut à soutenir avec ses voisins et surtout avec ses fermiers et les curés qui dépendaient de ses abbayes. Huet avait dû faire de fortes études de droit à l'Université de Caen; on verra, en effet, qu'il était de taille à donner des conseils et même des leçons aux avocats les plus habiles et aux procureurs les plus retors.

Mais si chicaneur qu'il fût et se reconnût lui-même, Huet n'oubliait pas d'envoyer à son neveu, quand l'occasion s'en présentait, des nouvelles de toute sorte, et assez souvent, comme on le verra, d'une note bien personnelle (1).

Nous ne croyons pas nous tromper, en estimant que cette publication des lettres inédites de Huet à son neveu contribuera à nous faire entrer plus intimement dans l'âme assez compliquée d'un des plus savants hommes du XVIIe siècle, de ce siècle si curieusement fouillé, qu'on croit bien connaître, et qui ménage toujours à ceux qui savent chercher plus d'une piquante découverte.

Armand GASTÉ.

Caen, 28 juillet 1901.

---

(1) Un exemple, entre cent autres, que je prends dans la lettre du 3 février 1703 :

« ..... Mr Morin me dist hier qu'il a ouï dire cent fois à Mr de Segrais que c'estoit Me de la Fayette qui avoit fait *Zayde*. Jugez de l'impudence de ces gens du Carrefour qui traittoient cela de calomnie. M^e la Maréchale de la Ferté me dist dernierement que Mr de Segrais luy avoit dit qu'il en estoit l'auteur : je repondis que puisqu'il l'avoit bien imprimé, il le pouvoit bien dire, mais que je ne m'en rapportois ny à luy, ny à personne du monde, puisque j'en savois la verité par moy mesme, tesmoin mon ouvrage de l'*Origine des Romans* qui est à la teste de *Zayde* et a esté fait pour *Zayde*. »

ÉLOGE DE MONSIEUR DE CHARSIGNÉ

Par M⁰ du Touchet [1].

Jean-Baptiste Piédoüé, Ecuyer, Seigneur de Charsigné, Héritot, Hernetot et autres lieux, et l'un des trente de cette Académie, nâquit à Caen en 1658. A l'âge de douze ans, sa Mère l'envoya à Paris pour faire ses études : d'abord on le plaça dans le Collège de Louis le Grand, où il fit ses humanités, ensuite on le fit entrer dans celui de la Marche; et ce fut dans ce dernier qu'il fit sa Rhétorique et son cours de Philosophie. Il y a toute apparence que cet arrangement scholastique avoit pour auteur l'illustre Mʳ Huët (2), son oncle, bon connoisseur en fait d'études, et à portée de veiller sur son Neveu, il étoit bien naturel qu'on lui en confiât tout le soin.

Après être sorti du Collège, Mʳ de Charsigné fut quelque tems sans se déterminer sur le choix d'un état. Enfin il se dévoüa au Service. En 1688, il fut fait Lieutenant d'une compagnie dans le Régiment de Fonteney. Il étoit alors dans sa trentième année :

---

(1) *Nouvelles littéraires de Caen* (1744), p. 342 et suiv. Lu le 1ᵉʳ déc. 1785. (Les *Nouvelles littéraires* rendaient compte des séances de l'Académie des Belles-Lettres de Caen).

(2) Évêque d'Avranches.

quelques mois après il devint Capitaine de la Compagnie dont il étoit Lieutenant. Ce grade auquel il monta si subitement ne lui enfla point le cœur : humble avec tout le monde, il sçut se concilier la bienveillance de ses Supérieurs, l'estime de ses égaux, et par dessus tout l'amour des uns et des autres. Après cinq ou six campagnes, il quitta le service et se consacra au Barreau. Il fut revêtu en 1695 de la Charge de Procureur du Roi au Bureau des Finances de Caen. Une grande droiture et une intégrité profonde, fruits d'un naturel heureux et d'une éducation excellente, se manifestèrent bientôt dans le guerrier devenu homme de Robe. Son principal soin, après la justice qu'il devoit au public, étoit de maintenir l'ordre dans son Tribunal, et d'éteindre les querelles qui pouvoient naître entre ceux qui le composoient. Comme l'on connoissoit sa pénétration et sa probité, on s'étudioit à la suivre en tout. En public, ses conclusions étoient le modèle des jugemens ; et en particulier ses remontrances et ses avis étoient une règle de conduite ; ainsi il ne se rendoit point de jugement, qu'il ne l'eût comme dicté ; et la concorde ne se maintenoit parmi ses confrères, que parce qu'il avoit l'art de pacifier les querelles et de renoüer des amitiés rompües. Voilà Mr de Charsigné considéré comme homme en place. Passons à l'homme de Lettres. Il avoit l'esprit naturellement vif et juste. L'étude de la Philosophie, non de cette philosophie barbare, qui ne roule que sur des questions creuses et plus embarrassantes qu'utiles, mais de cette

Philosophie nette et solide, qui tend à former le jugement, l'étude, dis-je, de la Philosophie avoit perfectionné en lui le talent qu'il avoit reçu de saisir le vrai. Elle lui indiqua les voies les plus courtes pour y parvenir, et il en profita si bien, qu'au premier coup d'œil il démêloit dans un ouvrage des sophismes qui auroient ébloüi le commun des sçavans. Cette justesse d'esprit éclatoit surtout dans ses dissertations Philosophiques. Celles qu'il a faites sur la pesanteur de l'air et sur la fumée prouveroient parfaitement ce que nous disons ici, si sa trop grande modestie ne les eût pas dérobées au grand jour. C'est dommage qu'une vertu si loüable, soit si peu d'accord avec les intérêts des Gens de Lettres. Au reste les dépositaires de ses ouvrages en pourront enrichir le public, sans qu'ils ayent à craindre les inconveniens que Mr de Charsigné apprehendoit.

Si sa Philosophie avoit formé dans Mr de Charsigné l'heureuse habitude de penser juste, la lecture des Historiens et des Poëtes avoient rendu son esprit extrêmement fin et délicat. Il parloit de tout en maître. Falloit-il éclaircir un point d'Histoire ? Il étoit toujours prêt de démêler les circonstances qui répandoient quelque confusion dans un fait. S'agissoit-il de chronologie ? Les Epoques s'offroient sur le champ à sa mémoire : on eût dit que les choses se fussent passées de son tems. Ses conversations n'étoient ni seches, ni frivoles. Des traits ingénieux et des saillies des meilleurs poëtes, diversifiés selon le besoin, en faisoient toujours l'assaisonnement. Il ne dédaignoit pas même, tout sérieux qu'il étoit, de composer de petites pièces galantes. Quoi qu'elles ne fussent que le fruit de ses récréations, et qu'il ne s'y amusât que rarement, les Muses cependant le servoient, comme s'il eût toujours été dévoüé à leur culte. Ses Ouvrages Poëtiques étoient tout remplis de ce sel Attique tant célébré par les anciens. Ceux qui cherchent partout le bon et le solide, y trouvoient de quoi se satisfaire, aussi bien que ceux qui ne courent qu'après la délicatesse du langage et la grace de la diction.

Des talens si rares procurèrent à Mr de Charsigné, du tems de l'ancienne Académie, une place parmi les Beaux Esprits qui la composoient. Bientôt on eut sujet de s'applaudir d'une telle acquisition. Versé dans la Belle Antiquité, il en étaloit, à tout moment, les richesses et les curiosités. Il montra enfin un esprit si universel et une capacité si profonde qu'on s'empressa à faire tomber sur lui l'office de Directeur, poste bien difficile pour qui n'a que de médiocres talens, mais poste qui fournit à Mr de Charsigné toutes les occasions de paroître tel qu'il étoit, et qui lui attira des applaudissemens d'un tout autre genre que ceux qu'il avoit reçus dans le rang de simple Académicien.

Bien d'autres que Mr de Charsigné se seroient énorgueillis à la vûë de tant de qualités d'esprit. Souvent on s'énorgueillit à moins. Pour lui, s'il se les représentoit, loin de s'en glorifier, il en remercioit celui de qui il les avoit reçûës: s'il étoit sçavant, il l'étoit en Chrétien : attentif à cultiver les talens dont la Providence l'avoit orné, il l'étoit encore plus à se cacher lui-même à lui-même ; être humble lui paroissoit quelque chose de si grand qu'il faisoit tous ses efforts pour l'être, et ce qui est le comble de cette vertu, pour ne pas affecter de le paroître : à force de s'humilier il avoit si bien pris son pli, qu'il s'abbaissoit enfin sans se gesner. On eût volontiers attribué à la nature ce qui n'étoit en lui qu'un effet de sa Religion. Il n'eut jamais d'autre guide qu'elle dans toutes ses démarches. Parfaitement instruit de tout ce qu'elle ordonne, toujours il s'occupa à en remplir les devoirs : et ce fut dans les exercices de ces devoirs que la mort le surprit (1) : elle nous l'enleva le 12 avril 1735, à l'âge de 76 ans 5 mois. Il avoit épousé Mademoiselle de Cauvigny Clinchamp, dont il a laissé deux fils et deux filles.

(1) Il mourut subitement.

LETTRES INÉDITES DE P.-D. HUET

à son neveu de Charsigné

Procureur du Roy au bureau des Finances, à Caen.

A Paris, le 11 févr. (?) [1687].

Je vous remercie, mon cher neveu, de la diligence que vous avez faite pour ce livre du P. Veron. Je vous prie de prendre l'exemplaire qui est chez Poisson (1) et de le faire payer par St Jacques. Pour celuy de Mr Bochart, qui est parmy les livres de Mr Halley, ne le demandez à acheter ny a vostre nom ny au mien, mais priez Mr Cavelier (2) de le demander comme pour luy, sans parler de vous ny de moy. Il ne m'en refusera pas; vous luy ferez rendre l'argent qu'il aura cousté, s'il le peut obtenir; sinon, vous prierez M^r le Boùrgeois (3) de me le trouver. Je crois que ma seur vous aura dit que M. le Lieutenant g^{nal} vient dernièrement me donner avis que Mr Malherbe est maistre de la vente de la charge, et qu'il peut vendre les deux séparement. Si vous avez jamais à vous establir dans la robe, vous n'en trouverez point une occasion plus favorable. Mais ma seur m'en parle

(1) Imprimeur caennais.
(2) Imprimeur caennais.
(3) Libraire caennais.

comme si elle ne pouvoit rien faire pour vous. Je crois que ny vous ny moy n'avons pas compté la dessus. Pour moy je luy ay mandé par ma dernière, que si elle veut ou peut me faire vendre le bien que j'ay à Caen, je vous y aideray. Pensez y, la chose le mérite, et me croyez tout à vous. Dites, je vous prie, à M⁰ de Brucourt que j'attens qu'elle me mande le nom et la demeure de celuy avec qui on peut traitter sur ce memoire qu'elle m'a envoyé, et que cependant je ne laisse pas de penser à son affaire.

A Paris, le 26 févr. 1687.

Je suis d'avis, mon cher neveu, que vous vous saisissiez du livre de Mr Bochart, que vous doit fournir M^r le Bourgeois; mais dittes luy en le prenant qu'on vous en a promis un autre pour moy, et que s'il vous vient, vous le prierez de reprendre celuy la; et si celuy du curé de Basly vient ensuite, vous le recevrez et rendrez celuy de M^r le Bourgeois. Il n'y auroit pas un grand inconvenient que vous eussiez veu Mr Malherbe, pour vous expliquer vous mesme avec luy, supposé que vous puissiez traitter d'une moitié de la charge; car si cela n'est pas, vostre visite seroit inutile. Je vous prie de faire tenir la lettre cy jointe à M⁰ des Ifs et de dire à M⁰ de Brucourt que sitost qu'on m'aura donné reponse de son affaire, je la luy feray savoir, et qu'elle eust bien fait de me nommer ceux avec qui il faut traitter. Tout vostre.

A Soissons, le 1er juin (?)

Quoy que j'aye trouvé icy des occupations infinies, je n'ay pas laissé de penser à votre charge, et sachant que l'on prefere toujours les heritiers, j'ay bien cru que s'il y a un profit considerable à faire, ils ne la laisseront pas lever a un autre. Ainsi j'ay cru que je devois m'addresser à M⁺ le Lieut⁺ g⁻ᵃˡ et le prier de me mander l'estat de l'affaire et de nous preferer si le cas y eschet. Je ne receus qu'hier sa reponse. Il me mande qu'il n'y a encore rien d'arresté, que quand cela sera, il fera ce qu'il pourra pour nous. Je vous envoye sa lettre par laquelle vous verrez qu'il n'assure pas encore qu'on ait dessein de vendre cette charge. Du reste, j'ay receu une grande lettre de ma seur sur ce sujet, par laquelle elle ne me paroist pas fort portée à ce dessein. Je luy ay mandé et je vous le reitere, que si vous jugez a propos, et que vos affaires comportent de penser à cet establissement, je vous y serviray autant que l'estat present de mes affaires le pourra permettre. Je n'escris point a ma seur parce que je n'en ai point le loisir, et que j'espere la voir bientost et respondre moy mesme a sa lettre. Je crois estre de retour à Paris dans trois ou quatre jours et partir pour Caen le lendemain de la Trinité, supposé qu'il n'arrive rien de nouveau. Je vous prie de faire bien des excuses pour moy à M⁺ et à M⁺ de Brucourt, de ne leur avoir point escrit sur la perte de leur enfant, je n'ay pas laissé de la bien sentir. Vous jugez bien la multitude d'affaires que j'ay trouvées icy. Je manderay à M⁺ Macé le jour que j'arriveray à Caen, afin qu'il se souvienne de sa bonne coustume de venir à Cressanville. Tout à vous mon cher neveu. Je m'informeray à Paris aux parties casuelles de l'estat de l'affaire ; mais avant de se tourmenter davantage prenez vostre resolution avec ma seur et voyez ce que vous pouvez faire, car il est inutile de se donner de la peine pour une chose que l'on ne peut ou que l'on ne veut pas faire. Cela depend de l'estat de vos affaires que je ne scais pas et sur lequel je ne puis vous conseiller. En retournant à Paris, je passeray par l'Abbaye de Longpont, où est Dom Gilles. Il m'est venu voir icy avec son Prieur. Nous sommes les meilleurs amis du monde.

A Bourbon, le 29 may 1697.

Quoy que mon consentement ne vous soit pas nécessaire, mon cher neveu, pour l'affaire dont vous m'écrivez, et que vous ne me le demandiez que par amitié et par honesteté, je vous le donne néantmoins et de très bon cœur, en priant Dieu d'y donner sa benediction. Je consens volontiers à la pro[position] (1) que vous me faites, mais je crois qu'il est à propos que vous la concertiez avec ma seur avant toutes choses, et que vous voyiez ensemble en quelle forme cela se peut faire. Quand vous aurez reglé cela entre vous, envoyez moy l'article dressé tel que vous croirez qu'il devra estre couché, et vous me trouverez tres disposé à faire tout ce qui vous pourra faire plaisir. S'il y a plusieurs manières de faire la chose,

---

(1) Déchirure dans le papier.

dont vous vouliez me rapporter le choix, dressez tous ces articles separément, afin que j'en juge et que je puisse vous en dire mon avis. Je vous prie de faire d'avance mes complimens a celle qui n'estoit l'année passée que ma nièce à la mode de Basse-Bretagne et de l'assurer de la joye que j'ay de l'esperance d'une plus grande proximité. Je vous embrasse cependant, mon cher neveu. J'ay pensé dire et elle aussi; mais il vaut mieux vous laisser ce soin la. Tout à vous.

A Aunay, le 26 juillet 1697.

Mʳ Merite m'avoit déjà mandé que vous et Mʳ de Brucourt aviez bien voulu vous charger de la sollicitation de mon procez avec le curé de Ranville. Je vous en remercie de tout mon cœur. Je n'avais donné aucun ordre à Mʳ Mérite de vous engager à prendre cette peine, et il l'a fait de son chef. Je vous en suis d'autant plus obligé. Je vous le suis aussi de vos bons offices envers Mʳ de la Tigerie. Il n'y auroit point eu d'inconvenient, ce me semble, de l'avertir à l'oreille de se precautionner contre la taxe de la rehabilitation. Je ne scais pas neantmoins comment cela pourra échapper au Traittant, puisqu'il faut qu'il voye la production que vous avez veüe. Je vous prie de remercier de ma part Mʳ Gallant et de luy dire que je reserve la lecture de son ouvrage à mon arrivée à Avranches. Je pars demain, Dieu aidant, pour ce pays là. Je souhaitte une promte et heureuse delivrance a la femme grosse. Embrassez-la à mon intention, quoy que je ne sois guère content de son complot avec Melle de Clinchamps, quand elle refusa de venir céans. Tout vostre, mon cher neveu. — J'apprens par un billet de M. Merite, que le Prieur de l'Hostel-Dieu, que je croiois de mes amis, s'est fait tenir a quatre pour le curé de Ranville, et a sollicité ouvertement contre moy. — Il y a plus de quatre ou cinq mois que j'oublie de vous prier de savoir d'un Avocat, que j'apprens estre dans vostre dependance, et dont je ne scais point le nom, ce que c'est qu'une maison qui a appartenu autrefois à l'abbaye du Val, située dans la rue St Jean, et qui a depuis esté acquise par un nommé Cœuret. Mr Marie vous expliquera cela. Il s'agit de savoir où est cette maison, à qui elle appartient présentement et si l'Avocat scait à quel titre elle a esté possédée par l'Abbaye du Val.

On lit en note : (de la main de M. de Charsigné) — Proche la maison de Mr de Montfort, en tirant vers les Carmes. Mr de la Roque Ancelin l'a acquise....... Cœuret. Ils en ont payé le 8e denier pour faculté de retirer (?)

———

À Avranches, 13 aoust 1698.

Il vous souvient sans doute, mon cher neveu, que vous pristes soin, il y a quelques années, d'une affaire qui regarde M^r le Moyne de Caen, huguenot(1), médecin à Londres en Angleterre, dont le bien a esté usurpé par le s^r des Carreaux Moisson, bourgeois de Caen. Toute la peine que vous pristes pour

(1) Voir notre Étude sur *Quelques documents inédits relatifs à l'administration provinciale sous Louis XIV.* Caen. 1881, p. 17 (*Mém. de l'Académie de Caen*, même date).

cette affaire à ma priere a esté inutile. Je reçois une nouvelle lettre sur le mesme sujet de Mʳ le Moyne ; elle m'est envoyée par un homme de Caen, qui m'écrit aussi, et signe Du Coudray. Son stile me le fait juger estre un marchand. Je vous prie de découvrir cet homme là, et de l'envoyer querir, et de luy dire que j'ay receu sa lettre, et que je vous ay prié de parler à Mʳ l'Intendant des interests de Mʳ le Moyne. Ce Mʳ du Coudray vous instruira à fond de l'estat de l'affaire. Je vous diray seulement que ce Mʳ le Moyne estant sorti de Caen pour s'establir en Angleterre long tems avant l'abrogation de l'Édit de Nantes, et près de vint ans auparavant, n'est point dans le cas des autres Refugiez; que cependant le sʳ des Carreaux Moisson s'est impatronisé de son bien, contre l'intention de l'édit. Je vous embrasse et suis tout à vous.

A Avranches, le 31 aoust 1698.

La voye que vous voulez prendre dans l'affaire de Mʳ le Moyne, mon cher neveu, savoir d'en parler à Mʳ de Vallainville, avant que d'aller à Mʳ l'Intendant, me semble fort bonne, pour ne point faire de prieres inutiles. La vérité est que la cause de ce pauvre homme est la meilleure du monde. Il estoit medecin pratiquant à Londres, vint ans avant la revocation de l'édit de Nantes. Ainsi il ne doit point estre censé refugié ny traitté comme tel. Son frere aisné, qui estoit dans le mesme cas, eut main levée de la saisie de son bien. Je ne scais si cela est de la compétence de Mʳ l'Intendant. Je scais bien que le juge ordinaire connoist des affaires dépendantes des refugiez depuis l'édit de Nantes; mais cecy est autre chose. J'ay bien cru que ce Mʳ du Coudray agit plus pour ses interests que pour ceux de son parent. J'ay mandé, il y a long tems au pauvre Le Moyne qu'il vint luy-mesme defendre ses droits ou qu'il les commist à quelqu'un sur les lieux, pour en faire les suites. Je crois que la pauvreté l'empesche, et qu'il demeurera pauvre, parce qu'il est pauvre. Pour moy comme j'ay fort affectionné toute cette famille, je les affectionneray jusqu'à la fin, et je feray ce que celuy cy me demande, qui est ce que je vous ay proposé. Mʳ l'Intendant m'a mandé qu'il vous a remis mon ouvrage de Caen. Je seray très aise qu'il soit veu par les anciens de Caen, capables de m'avertir de mes fautes, et de me redresser et mesme de m'apprendre bien des choses que je ne puis apprendre d'ailleurs. Mʳ du Bourg m'a mandé plusieurs petites choses qu'il a apprises de Mʳ de Fourmentin. Si Mʳ de Fourmentin vouloit se donner la peine de le lire et de me faire part de ses lumières, j'en profiterois. Si vous allez à la campagne et que vous ne donniez pas le livre à Mʳ de Fourmentin. laissez-le, s'il vous plaist, à Mʳ Marie. Je vous embrasse et l'accouchée aussi, mais à condition qu'elle se portera bien, comme je le souhaitte de tout mon cœur.

―――

A Paris, le 22 nov. 1698.

Je vous prie, mon cher neveu, de voir de ma part Mʳ Galant. qui demeure chez Mʳ l'Intendant, et de luy dire que je le prie de vous donner une lettre que je luy ecrivis d'Avranches, il y a deux ou trois mois, sur le sujet du village de Vieux. Je n'ay point gardé la copie de cette lettre, et il y a quelque chose dont j'ay besoin et qui m'est échappé de la memoire. Je la luy renvoieray fidelement. Je vous embrasse et la chere épouse et suis tout à vous.

Si Mʳ Galant offroit de vous donner une copie de ma lettre, dittes luy que vous croyez que je seray bien aise de voir l'original, et que quand je l'auray receu de vous, il vous sera renvoyé par la poste suivante.

Paris, 2 déc. 1698.

Le Père Fleuriau, jésuite, procureur des Missions étrangères, me vint trouver hier pour me dire que ces Missions estoient propriétaires des Tabellionages et Notariats de Caen, qu'un nommé Jolivet en étoit fermier pour le prix de 5.500 par an, que son bail finit au mois de fevrier prochain, que quoy que ce Jolivet die hautement que son bail est a trop haut prix, on voit neantmoins qu'il est fort accommodé et que son aisance ne peut venir que du profit qu'il fait sur cette ferme, et que d'ailleurs il prend grand soin de cacher les registres du Tabellionage, et tout ce qui peut donner connoissance du revenu. Sur cela le P. Fleuriau me prie de luy aider à trouver quelque fermier qui luy face sa condition meilleure que Jolivet et qui veuille hausser le bail. Je vous prie de vous y employer, mais par sous main et sans éclat.

A Paris, le 19 déc. 1698.

Je vous renvoye, mon cher neveu, la lettre qu[e] vous avoit donnée Mr Galand. J'y ay changé quelqu[e] chose. Je vous prie de luy dire en la luy rendant qu[e] je le prie de n'avoir point d'egard à la premiere qu[i] fut écrite à Avranches, ou je n'ay aucuns livres, e[t] que s'il en veut faire quelque usage, il me fer[a] plaisir de s'arrester à celle cy. Je vous prie de lu[y] dire aussi que j'ay consulté icy le passage de Plin[e] ou il est parlé des Viducasses, sur l'edition du P. Har[-]douin, qui est la meilleure de toutes, et qu'il es[t] entierement de mon sentiment. Je vous embrasse[,] mon cher neveu, et suis à vous sans reserve, et à l[a] chere epouse. Quand vous m'ecrirez, mandez mo[y] des nouvelles de Danielle.

---

7 janvier 99.

...« Il n'est point vray que Mr de Cambray soit con[-]damné (1). Il a couru cent sortes de bruits differen[s] en cette ville fondez sur des lettres venues de Rome, ou l'on fait des conjectures comme à Paris, mais ou l'on se trompe aussi comme à Paris, témoin M. le le Nonce qui m'assura que l'affaire seroit decidée à Noël, et à quoy jusqu'icy on ne voit pas d'apparence. Il est vray qu'on a imprimé en Hollande un ou-vrage et mesme plusieurs de ma façon. M[r] le Bour-

---

(1) Voir notre Étude sur *Quelques documents inédits relatifs à l'administration provinciale sous Louis XIV*. Caen, 1881, p. 30.

geois me mande qu'il en a receu quelques exemplaires. Il a entre autres les *Nouveaux Memoires du Cartesianisme*, qui sont plus amples que ceux qui parurent à Paris il y a 4 ou 5 ans. Mon nom n'y est pas. Le livre est trop gaillard. Si vous le voulez lire, il vous divertira.

Paris, 20 janvier 1699.

..... Je reçus hier une lettre fort obligeante de Monsr l'Intendant écrite uniquement pour me faire savoir que le curé de St Gervais d'Avranches, à qui j'ay fait donner une lettre de cachet, en passant dernierement par Caen pour aller au lieu de son exil, alla chez luy, Mr l'Intendant, pour luy parler. Le portier ayant repondu qu'il estoit malade, et ne voioit personne, il voulut entrer malgré le portier, qui l'ayant arresté, le Curé luy dist plusieurs impertinences. Mr l'Intendant l'ayant sceu, donna ordre que s'il revenoit, on le luy fît parler, en quelque estat qu'il fust, fort resolu de l'envoyer en prison et de se plaindre à la Cour de son insolence. Mais le Curé ne revint point. Or il importe de savoir ce que c'est que ces discours que le Curé tint au portier, où j'imagine que je ne fus pas oublié. Je vous prie, mon cher neveu, de tascher ou par vous ou par qui vous jugerez à propos, de scavoir précisément du portier ce qu'il luy a dit, et de me le mander exactement. Cela me servira contre cet homme qui est très dangereux et qui repand icy force lettres contre moy.

Paris, 25 janvier 1699.

..... Souvenez vous, je vous prie, de vous informer du portier de M. l'Intendant, de ce qui se passa entre notre Curé de St-Gervais et luy.

———

A Paris, le 1er févr. 1699.

Le Pere Fleuriau s'est raccommodé avec Jolivet. Ainsi il ne faut plus penser à cette affaire. Je ne conteste point à vos pretendans les lumieres qu'ils se vantent d'avoir la dessus, mais il y a bien apparence que le P. Fleuriau et Jolivet n'y sont pas ignorans. Or, croyez vous que si le prix de ces fermes n'estoit que de 4.500 liv. comme vous (*sic*) gens l'assurent, le P. Fleuriau voulust perdre les 200 liv. par an qu'ils offrent? J'avoüe que le mystere qu'a fait le P. Fleuriau du véritable prix estoit un grand obstacle à la conclusion du traitté avec vos gens : je le luy ay remonstré dès le commencement ; car quelle apparence de vouloir que des gens s'engageassent sans savoir à quoy et de luy abandonner leur bourse. Mais après tout, quand dès le commencement il auroit declaré le veritable prix, il n'y a guère d'apparence que vos gens eussent esté jusques la, et mesme eussent donné 200 liv. par dessus, veu la resolution ou vous m'aviez mandé qu'ils estoient de ne passer pas 4.700; et comme il est très croyable qu'ils n'auroient pas esté jusqu'au veritable prix, et qu'ils n'auroient pas surpassé ny meme égalé les offres de Jolivet, il se trouve par l'evenement que le P. Fleuriau a fort bien fait de ne pas declarer le veritable prix, et que vos gens n'ont pas bien fait de s'avancer comme ils firent d'abord, en offrant 200 liv. par dessus le veritable prix, pourveu qu'on le leur declarast sincerement, et en saignant du nez dans la suite, pretendant fixer eux mesme ce veritable prix, sans attendre qu'on le leur ait déclaré, et ne voulant rien donner au dela de 4.700 liv. qui n'est assurement point le veritable prix. — Je vous prie, mon cher neveu, de dire à Mr Morin, s'il est à Caen, ou a Mr de Vandeuvre pour le luy faire savoir là où il sera, que mon compte des Œconomats est presque fini, et que je crois qu'il peut compter sur moy pour l'assignation qu'on luy a donnée. — Faites, s'il vous plaist, tenir la lettre cy jointe à M^e des Ifs et me croyez tres fidelement à vous et à la jeune femme, à qui je souhaitte un joyeux carnaval, et à Melle de Clinchamps Sanne et Ambezas à point nommé.

A Paris, le 20 avril 1699.

Vous serez bien surpris, mon cher neveu, quand vous apprendrez par cette lettre que je ne suis plus eveque d'Avranches. J'ay remontré au Roy que l'air et les eaux de ce lieu là sont entierement contraires à ma santé et m'ont souvent donné de cruelles coliques et des rumes continuels, et l'ai supplié de me decharger de cet Evesché. Il a eu la bonté de me l'accorder, et m'a donné pour dedommagement l'Abbaye de Fontenay. Je vous prie de le dire à ma sœur, et dans vostre famille, et de le mander à ma sœur de Pleneville. Mais je vous prie outre cela de me faire le mesme plaisir que vous me fistes quand je fus nommé à l'Abbaye d'Aunay, je veux dire de vous donner la peine d'aller voir en quel estat est la demeure de Fontenay. C'est une promenade d'une après disnée pour vous et pour M. de Brucourt, s'il veut bien estre de la partie, comme je l'en prie. Voyez, s'il vous plaist, en quoy consiste la maison Abbatiale, quel logement il y a pour moy et pour les survenans, s'il y a quelque appartement qui me convienne, qui soit accompagné de cabinet et de garderobe, et quelle en est la veüe, s'il y a des logemens suffisans pour les domestiques, en quel estat sont les offices, et en quoy elles consistent; si les ecuries sont grandes et pour combien de chevaux, si le jardin est un peu entretenu et si les jets d'eau que j'y ay veus autrefois vont encore. Faites, je vous prie, mes recommandations à Mr le Prieur, et sachez de luy s'il y a beaucoup de reparations tant à l'Abbatial qu'aux fermes et aux chœurs des Eglises dependantes de l'Abbaye, et quel ordre on donne pour y travailler. Voyez, je vous prie, si dans l'Abbatial il y a quelques lieux qui soient seurs, et qu'on puisse bien fermer, et où je puisse faire serrer quelques meubles; si la cave est seure et si elle ferme bien parce que j'y envoieray quelque provision de vin. Informez vous de Mr le

Prieur s'il pourroit me donner quelque jardinier intelligent dans son mestier et homme de probité. — Il se présentera peut estre à vous des gens pour estre fermiers. Je vous prie d'ecouter les offres et les conditions, et de vous informer de la solvabilité des prétendans et de faire entendre que, quelque marché qu'on face, il faudra un bon pot de vin pour aider a payer les Bulles. J'attendray vostre reponse avec empressement, car vous croyez bien que je ne suis pas sans curiosité sur ce nouvel establissement. J'ay fait faire mes complimens à M⁰ de Charsigné sur sa guerison. Aimez moy tous et me croyez tout à vous.

Taschez, je vous prie, d'obtenir de Mʳ le Prieur un memoire des revenus et des charges de l'Abbaye. Sachez aussi de luy si on ne pourroit pas des a present faire nettoyer le jardin, en peler les allées et y planter des fleurs, et y semer des graines, afin de trouver quelque secours pour la table et quelque agrement pour les yeux, lorsque j'y arriveray. S'il vouloit bien me faire le plaisir d'y faire travailler, je payerois tout ce qu'il auroit cousté pour cela et j'envoierois des graines incessamment. Depuis ma lettre écrite, on m'est venu me demander le Recette de Fontenay a de fort bonnes conditions, et on m'offre des cautions bourgeoises sur le pavé de Paris. J'ecouteray tout, et ne m'engageray à rien que je ne sois instruit.

A Paris, 27 avril 1699.

Je vous remercie, mon cher neveu, de la visite que vous avez faite à Fontenay. Le memoire que vous en

avez dressé et que vous m'avez envoyé, commence à
me faire connoistre le plan sur quoy j'ay à travailler,
et je vois que je ne manqueray pas de besogne, si je
veux rendre ce sejour commode. Je ne puis prendre
de mesures certaines que je n'aye veu les lieux. Si
cet appartement que vous m'avez destiné ne m'accommode pas, je crois que je seray obligé de faire
accommoder cet appartement inhabité dont vous me
parlez, et je crois que j'y seray forcé par la quantité
de domestiques que j'ay. Mais il est necessaire que
cette maison qu'occupe Mʳ le Prieur et que je connois
fort bien pour y avoir couché autrefois, soit libre.
Vous me ferez plaisir de laisser entrevoir le besoin
que j'en ay à Mʳ le Prieur, que je ne veux pourtant
point incommoder. Parmy tout cela je ne vois rien
de plus pressé que de mettre le jardin en estat, et de
tascher de profiter du printems. Il faudroit restablir
le parterre et élargir les allées, et replanter les bouis,
et pour cela il seroit necessaire de trouver un jardinier. Mᵉ de Chamarande qui est une fort honeste
dame et qui me vint voir avant hier m'a promis de
me remettre entre les mains tous les memoires de
Mʳ de Chamarande son beau père; car on ne peut
connoistre certainement le revenu que par le detail
et cela est necessaire pour juger des offres et faire
des demandes. Je crois que Mʳ de Gruchy, et Mʳ le
Prieur peuvent vous donner ce mesme detail. Plus
on en aura de memoires, plus on sera seur de la vérité. Taschez aussi de savoir quels benefices sont a
ma nomination. Il y a de tres bonnes cures et des
benefices simples, seculiers et reguliers. Dans le

memoire des charges que vous m'avez envoyé, il y a encore quelques articles en blanc. Je ne scais si c'est que ces charges ne subsistent plus, ou si c'est que vous n'en savez pas les sommes. Il y a une autre chose sur quoy je n'ay nulle lumiere, et qui est tres important, c'est de savoir qui possede la charge d'Œconome sequestre du Diocese de Bayeux, et quelles demarches il a faites après la mort de Mr de Chamarande. Mr de Gruchy vous dira cela a coup seur. Ces Œconomes sont gens fort incommodes dans les autres Dioceses, et de grands trouble-festes aux nouveaux Beneficiers. Si le Clergé du Diocèse a racheté cette charge, comme a fait celuy d'Avranches, il y a apparence que leur commis sera plus traitable. Priez, s'il vous plaist, M^r le Prieur d'avoir l'œil sur les reparations que l'on fait, et si elles ne sont pas bonnes, d'avertir les ouvriers que je m'opposeray a ce qu'elles soient receues, quand on jugera le parfait. Je ne scais si vous entendez ce langage. — Embrassez pour moy Me de Charsigné, a qui je repondray, et a tout le monde, mais je demande credit pour quelques jours, car je suis accablé de lettres et de visites, actives et passives. Tout à vous, mon cher neveu. J'ecrivis hier a ma seur, sur trois pieces de vin qui arriveront bientost a Bretteville par la voye d'Aumont roullier. Je vous prie d'avertir Mr Merite de me faire le plaisir de les faire porter de Bretteville à Fontenay, apres en avoir payé le port. Je ne crois pas qu'il y ait plus d'une lieue de Bretteville à Fontenay. Quand le vin sera à Fontenay dans la cave, faites en prendre la clef et la mettez en main seure.

C'est d'excellent vin que Mʳ l'abbé de Citeaux me fait venir de son Abbaye et qui est du meilleur de la Bourgogne : aussi me couste t'il fort cher. Vous y avez interest, puisque vous en boirez vostre part. Tout à vous, mon cher neveu.

A Paris, 28 avril 1699.

Vous estes le meilleur homme du monde et le plus officieux. Vos deux derniers paquets, remplis de plans et d'instructions m'ont fait un très grand plaisir. Je consulteray icy les maistres du mestier, pour tascher d'obtenir un plan a la mode pour la disposition de mon jardin de Fontenay, particulierement pour le parterre. Lors que j'auray obtenu quelque chose, je vous le manderay : cependant comme ce n'est point icy la saison de planter les bouis, il faut laisser les choses, comme elles sont, à la reserve des legumes et des fleurettes d'esté pour egayer un peu le lieu, et des allées qu'il faut peler. S'il y a des legumes plantez, on pourra s'en servir en les payant au jardinier. Je vous prie de savoir ceux qui manquent, et les fleurs qu'on peut encore planter, et je vous envoieray promtement des graines. Ce n'est pas que je croie pouvoir faire grand sejour cette année a Fontenay. Il sera assez tard quand je pourray estre de retour de Bourbon à Caen. Il faudra du tems pour faire apporter des meubles d'Avranches à Fontenay. Mais en attendant je feray travailler à l'ajustement des lieux. J'ay fort consideré cet appartement que vous avez marqué pour moy et je n'y vois aucune garderobe pour un valet a coucher auprès de moy. Il faut donc ou qu'il couche dans l'Antichambre, comme du Coudré à Aunay, ou ce qui me semble meilleur il faut faire ma chambre de l'antichambre, ma garderobe du cabinet et mon cabinet de la chambre. Ce qui me determine encore a cela, c'est que cette chambre a veüe sur le jardin, ce qui est fort nécessaire a un cabinet, au lieu que l'antichambre et le cabinet n'ont veüe que sur la court. Mais en tout cela je ne vois point ou placer mes domestiques. Ainsi je dois fonder ma principale commodité sur ce grand grenier qui est près de la sale, mais j'apprehende que la depense n'en soit grande. Vous me ferez plaisir d'examiner un peu cela avec M^r de Ste Marie et un architecte, savoir combien cousteront les planchers, pavez, fenestres, et portes et cloisons. Il faut y trouver une chambre, un grand cabinet, et une garderobe assez grande pour y mettre mes habits, et mes valets de chambre. La sale qui est a costé tiendra lieu d'antichambre; mais a tout cela je retiens ma veüe dessus, et j'aime mieux faire les choses plus tard que de les faire deux fois. L'avis que vous me donnez sur Mr de Gruchy est fort bon : faites vous donner par luy le detail des revenus qu'il vous a promis. Me de Chamarande m'en a promis un, et je suis seur qu'il sera fidele; et elle et M^r son mary sont de tres honestes gens. Ils acheveront les reparations comme je le voudray. Je luy dis hier ce que vous m'aviez mandé touchant les reparations qui se sont faites depuis la mort de M^r son beau pere, qui ne sont pas si bonnes que les premieres ; mais elle m'a dit que depuis cette mort, elle ne scait pas qu'on en ait fait aucune. Elle m'a promis tous les papiers de feu M^r son beau pere. Il m'est demeuré une vieille idée que la sale est fort mal pavée, et de pavé fort ruiné. Mandez moy ce qui en est. Apprenez moy aussi ce que M^r le Prieur est à une M^e de Ste Marie, seur de Mrs de Bretteville Sorteval, et qui estoit mon ancienne amie. Elle pourroit bien estre sa mere. Je vous prie de me marquer où je puis addresser mes lettres a l'avenir pour M^r le Prieur, avec qui j'auray commerce, et pour Mr de Gruchy, car il n'est pas juste que vous en soyez importuné. Je vous embrasse et suis tout vostre,

Souvenez vous d'un jardinier.

———

A Paris, 3 may 1699.

Je suis Grec presentement, mon cher neveu, sur l'estat de Fontenay. J'ay veu Mr de Chamarande. Il m'a amené son homme d'affaires, qui vous connoist. Il m'a donné un mémoire en détail de tout le revenu et un autre des charges et du dernier bail.....

Ayez l'œil, je vous prie, sur la maison qu'occupe M^r le Prieur, pour voir s'il pense à me la quitter, car elle me sera fort nécessaire.....

Je vous prie de faire tenir la lettre cy jointe à M^r de St Jacques, chez l'Air patissier de la rue dé

Geosle. On travaille à me dresser un plan du jardin. Je vous l'envoieray, sitost que je l'auray. Je vous avais prié cependant de me demander des graines de fleurs et de légumes qui pourroient être mis en place... J'ay esté averty qu'on a couppé depuis peu des ormes dans le parc pour les réparations. Je vous prie d'employer tout votre soin pour empescher que cela ne se face sans m'en avertir. Je les payerois plustost de ma bourse : c'est oster l'agrément d'un lieu, et cela ne se répare pas en cinquante ans. Je vous prie de donner de bons ordres pour cela, comme j'en donnay à Aunay dès le commencement.

A Paris, 6 may 1699.

Vos deux dernières lettres, mon cher neveu, m'ont fait voir, quand je ne l'aurois pas veu d'ailleurs, le soin que vous prenez de mes affaires de Fontenay. Je vous avois mandé que Mr de Bruat, intendant de Mr de Chamarande, m'avoit donné un estat du revenu et des charges. Il est fort different de celuy que vous m'avez envoyé. Celuy de Mr de Bruat ne va qu'à 17.181 liv., à quoy il faut ajouter 69 boisseaux de froment appretiez à 103 liv. 10 s., et pour le Bois l'Abbé 50 liv., le tout se montant à 17.334 liv. 10 s., au lieu que le vostre se monte à 18.072 liv., et il y faut pareillement ajouter ces 69 boisseaux de froment et ce Bois l'Abbé, ce qui fait 18.225 liv. 10 s. Ainsi l'état des revenus fourni par Mr de Bruat differe du vostre de 891 liv. Il y a aussi difference a l'estat des charges, car celles de Mʳ de Bruat vont à 6.797 liv. 15 s. et celles de vostre mémoire vont à 7.605 liv. 15 s. ce qui fait une difference de 808 liv. Quoy qu'il en soit, prenant pied sur les memoires que vous m'avez envoyez, il paroist clairement que le revenu net est de 40.166 liv. 5 s. et Mʳ de Gruchy n'en payant à l'abbé que 9.275, il y fait 1.191 liv. 5 s. de profit tout clair. Que si par dessus cela, il a eu encore 2 s. pour livre de Pots de Vin, y ayant pour 18.072 liv. de baux à ferme, ce sont 1.807 liv. qu'il y gagne en outre. Sans parler d'un article qui regarde les bois de Thury, qui n'est qu'à 400 liv. et Mʳ du Bruat m'a averti que feu Mʳ de Chamarande le réduisit à cette somme en faveur de feu Mʳ le marquis de Thury, qui l'en sollicita fortement, et que si cet article va à sa juste valeur, il vaudra 1.000 liv., et qu'on n'a pour cela qu'à l'affermer en essence, pour en prendre la dixme, sans en faire une amodiation avec Mʳ de Thury, ce qui feroit une augmentation de 600 liv. sur les 18.225 liv. 10 s., ce qui feroit une recette de 18.825 liv. 10 s., d'où déduisant les charges, il resteroit pour l'abbé ou son Receveur 11.466 liv. 5 s. Je vous dis cela pour vous donner une plus ample connaissance de ces biens là, afin que vous puissiez traitter plus seurement avec ceux qui se présenteront. Je vous prie de ne rien dire de cette amodiation de Mʳ de Thury, et moins à Mʳ de Gruchy qu'à aucun autre, car Mʳ de Bruhat m'en a prié. Mais en traittant avec les demandeurs de la recette, il faut leur dire que la dixme des bois de Tury, perceue en

essence comme on le pourra faire, vaudra 1.000 liv.
J'ay eu ce matin une grande explication avec M^r de
la Coudraye sur l'estat present de mes affaires. Il
s'offre de prendre la ferme de Fontenay au prix de
Mr de Gruchy; mais je luy ay fait voir qu'outre le
profit qu'y fait Mr de Gruchy de 1.191 liv. 5 s. il est
tres seur qu'il a tiré des pots de vin qui se montent à
davantage, sans parler de mille petites retenues, en
foin, en bled, en avoine, en bois, etc. que je ne doute
pas qu'il ne se soit ménagées, estant sur les lieux.
Il faut vous dire encore que j'ay sceu que le S^r de
Bruat, en renouvellant la ferme, il y a deux ans,
tira du sieur de Gruchy un gros pot de vin, le tout
aux depens de la marchandise. J'ay bien envie de
savoir qu'elles offres vous fera M^r de St-Sauveur. S'il
ne dit rien outre ce qu'il a dit, je vous prie de le revoir,
et de luy dire que je seray plus aise d'avoir affaire
à luy qu'à un autre, que je vous ay prié de l'en assurer, que je le crois instruit des revenus de Fontenay,
et quelles offres il veut faire. Vous pourrez vous servir
de cette occasion pour lui faire connoistre jusqu'où
vont les revenus. Taschez de menager un pot de vin.
Mais je vous prie de luy dire comme en confidence
que j'ay sur le cœur de ce que, depuis qu'il a quitté
la Recette d'Aunay, je n'ay jamais pu obtenir de luy
qu'il me fasse justice sur une erreur de calcul qui se
glissa dans nos comptes, qui est tres visible, et qu'il
a reconnue, me payant toujours de paroles depuis
long tems et jamais d'effet, et que Mr de la Coudraye
se plaint aussi qu'il luy doit quelque reste, dont il ne
s'aquitte pas. — Le mémoire des Benefices que vous

m'avez envoyé n'est pas juste, en ce qu'il marque le prieuré de Roncerou comme regulier, et il est seculier. Je le scais du prieur luy mesme qui m'est venu voir et qui un prestre seculier. Il estoit possedé auparavant par Mʳ l'evêque d'Alet. Il vaut 1.200 liv. de rente. Je voudrois de tout mon cœur que vostre frere l'eust. Pour le prieuré de Culley qui vaut 800 liv. de rente, il est regulier. Ce mesme memoire des Benefices manque au principal, en ce qu'il ne marque par le revenu des cures. Cela m'est nécessaire, car telle cure est propre à l'un, et telle à l'autre. — Ce qu'on vous a dit de mon different avec les Jesuites est très faux. Nous sommes fort bons amis, et je n'ay nulle pensée de les quitter — Mʳ de Chamarande veut sortir des reparations, et pour cela il envoiera incessamment un homme pour y donner ordre. Je crois que ce sera Mʳ de Bruat. Or cela me mettant dans la nécessité d'avoir quelqu'un pour moy, qui visite ces reparations, les conteste s'il faut, et face juger le parfait, j'ay prié Mʳ Merite de se charger de ce soin là. Il se connoist en batimens, et s'est offert à moy fort obligeamment. Nous verrons, s'il plaist à Dieu, à mon retour ce qui se pourra faire de ce grenier auprès de la salle : — Je ne prevois pas que je puisse faire cet esté un grand sejour à Fontenay en l'estat où il est. Je seray fort occupé le reste de l'esté à faire venir mes meubles d'Avranches, et a en transporter à Fontenay, dans ce que j'auray pu faire accommoder de logis, et je ne donneray ordre à ces accommodemens que quand j'auray veu les lieux. Je passeray par là, Dieu aidant, en revenant de Bourbon. J'attens de jour en jour le plan du jardin. Le jardinier peut cependant semer ce qu'il voudra, hormis ce qui pourroit empescher l'execution du plan, à quoy je feray travailler, incontinent après mon retour, en ce que la saison permettra. — Je vous embrasse mille fois, mon cher neveu. Je ne respire pas.

———

A Paris, le 10 may 1699.

Ce billet, mon cher neveu, n'est que pour vous prier de m'écrire plus icy a droiture, car vos lettres me trouveraient parti, esperant m'envoler dans trois jours pour Bourbon..... L'histoire que vous m'apprenez de cet enfant de sept ans est curieuse. Le tems vous en apprendra davantage. N'admirez vous point toutes ces demarches mistérieuses, et qui ne se font jamais par les routes ordinaires..... Je vous avois prié de voir quelles plantes, herbes, légumes il faudroit planter dans le jardin de Fontenay, pour servir dans la suite, par exemple, des asperges qui sont long tems a venir.

———

A Bourbon, 28 may 1699.

Vostre lettre du 20, mon cher neveu, n'avoit garde de me trouver à Paris, puisque j'en partis le 16. Le rume dont j'estois menacé fut si peu de chose, que je n'en retarday pas mon voyage d'un moment. On m'a

envoyé icy le plan du jardin de Fontenay que l'o[n]
m'avoit promis. J'avais laissé le vostre pour servi[r]
de canevas; mais l'on s'est mépris en quelque chose
qu'on pourra pourtant modifier, car l'on a cru l[e]
jardin plus grand qu'il n'est, et l'on n'a pas pri[s]
garde que des lignes du vostre marquoient des murs
et on ne les a prises que pour des bordures. Nou[s]
verrons sur les lieux ce qui s'en pourra faire..... J[e]
suis venu par un fort beau temps, et à fort petite[s]
journées, à mon ordinaire; mais je fais mes eaux e[t]
mes remèdes en poste, sans manquer pourtant [à]
rien; mais je connois ces eaux comme les medecins[,]
je suis le doyen des beuveurs, et l'on vient à moy a[u]
conseil. S'il ne me survient rien, j'espère estre e[n]
estat de partir vers le 20 juin. Je cherche quelqu[e]
chemin de traverse pour aller d'icy à Fontevrau[d]
par le plus court et j'espère le trouver. Je ne seray [à]
Fontevraud que le moins que je pourray, mais c[e]
moins là ne sauroit estre que d'une semaine. Je tas[-]
cheray de vous mander de ce lieu là le jour que j[e]
croiray arriver à Caen, et ce jour là je me promet[s]
de disner à Sainteaux, pour aller débarquer à Fon[-]
tenay d'assez bonne heure, pour pouvoir jetter un[e]
veüe sur la maison et le jardin. Si vous vouliez veni[r]
disner avec moy à Sainteaux, et y mener Mr Mac[é]
et Mr de Brucourt, vous seriez de braves gens, e[t]
plus braves encore si vous y ameniez vostre chèr[e]
épouse. A propos de Mr de Brucourt, je vous prie d[e]
luy dire, pour réponse à sa lettre du 21 may, que j[e]
reçois avec la vostre, que je le prie d'entrenir ceu[x]
qui luy ont parlé de la recette de Fontenay, jusqu'[à]

mon retour. Je luy promets de ne m'engager avec personne avant ce temps là, et quoyque le jour mesme de mon depart de Paris, on m'ait fort pressé de nouvelles propositions, et non seulement pour Fontenay, mais pour tout mon bien et à des conditions sans comparaison plus avantageuses que celles de Mr de la Coudraye ; Mais je conte pour beaucoup le service que je retire de Mr de la Coudraye dans mes affaires. Mais nous parlerons de cela, Dieu aidant, et je vous ouvriray le fond de mon cœur.

A Fontevraud, 24 juin 1699.

Je vous promis par la lettre que j'écrivis à ma seur, un peu avant mon départ de Bourbon, de vous donner de mes nouvelles, si tost que je serais arrivé icy. J'y arrivay hier, et je vous écris aujourd'huy pour vous dire que j'espère en partir le premier de juillet pour vous aller voir. Je me promets d'arriver le lendemain à la Flèche et d'y passer le troisieme du mois, pour y voir mes bons amis les Jésuites, et leur disciple nostre neveu, et Me de la Varenne et Me de Tessé... Je compte de coucher à Falaise le mardy 7 juillet et de disner à Sainteaux, pour coucher à Caen le huitieme, Dieu aidant, Je feray porter à Sainteaux de quoy disner. Si vous avez le courage de vous y trouver, vous y serez accollé de bon cœur. Taschez d'y amener Mr Macé. Je vous prie de donner les ordres pour faire tenir les lieux ouverts à Fontenay, parce que de la première veuë que j'en auray à cette passade, je pourray prendre des mesures, et donner des ordres à Caën pour mettre les lieux en estat. Je serois bien aise d'y trouver Mr de Gruchy. Si Me de Charsigné vouloit estre de la debauche de Sainteaux, cela seroit le plus joli du monde. Je ne vous en diray pas davantage aujourd'huy, car je ne suis maistre icy, ny de moy ny de mon tems. Souvenez vous que mille accidents, assez ordinaires dans les voyages, peuvent me retarder et m'empescher de me trouver à l'assignation. Ainsi ne vous estonnez pas trop si cela arrive; mais je vous promets de faire de ma part tout ce que je pourray pour me rendre au jour et au lieu marqué, et je ne manque guère à ces mesures, quand je les ay prises. Tout à vous.

A Fontevraud, le 27 juin 1699.

Je vous écrivis d'icy le 24 de ce mois, mon cher neveu, qui fut le lendemain de mon arrivée. Je ne m'attendois pas d'y recevoir de vos nouvelles : j'y reçois néantmoins vostre lettre du 21, qui me fait extremement plaisir. J'y repons à l'heure mesme pour vous remercier du disner que vous m'offrez à Fontenay. Je l'accepterois volontiers et de vostre part et de la part de M° l'Abesse de Fontenay, que je meurs d'envie d'embrasser (1), et j'y ferois assurément meilleure chère qu'à Sainteaux ; mais je vois que vous ne sauriez faire cela sans beaucoup d'embarras, que je veux vous épargner. Je considère mesme que vous ne sauriez me recevoir la, sans y appeler

(1) Il s'agit ici, bien entendu, de sa nièce, Me de Charsigné.

bien des gens, et sans faire une dépense bien inutile, car comme vous ne la faites que pour moi, elle ne me persuadera pas davantage de vostre amitié que je le suis. Outre que nous ne ferons pas ce repas avec la mesme liberté qu'à Sainteaux, où nous aurions esté entre nous, et nous aurions fait une billebaude, qui se seroit peut estre passée plus joyeusement qu'à Fontenay. Nous disnasmes un jour à Sainteaux M⁎ du Luc et moy, en allant aux Yveteaux, jamais nous ne fismes si bonne chère. Si vous m'en voulez donc croire, nous prendrons la nostre champ de bataille. Si vous y voulez porter quelque fruit pour le dessert, comme qui diroit quelques fraises bien fraisches, quelques cerises et quelques bigarreaux, nous aurons soin d'y porter le reste. Voilà ma pensée. Que si néantmoins vous persistez à vouloir que j'aille disner à Fontenay sur vos crochets et que vous en faciez une affaire, et que cela vous touche au cœur, je feray ce que vous voudrez, mais il faudra en ce cas que je trouve un billet de vous à Falaise en y arrivant, ce qui sera, comme j'espère, le mardi 7 juillet pour passer le lendemain 8⁎ par Sainteaux et par Fontenay, pour coucher à Caen. Vous me manderez par ce billet vostre résolution. Je feray ce que vous voudrez; mais si vous m'en croyez, et si vous voulez bien avoir cette complaisance pour moy, le repas de Sainteaux, tout rustique qu'il sera, me plaira sans comparaison mieux que celuy de Fontenay. Je ne scais pas où je logeray à Falaise; ainsi il faudroit addresser vostre lettre à quelqu'un qui prist soin de me l'apporter à l'Hostellerie où je descendray. Je

vous prie de dire à M^r le Prieur et à Mr de Gruchy
qu'ils me feront un tres grand plaisir d'empescher
les habitans de Fontenay de me faire aucune récep-
tion. Je prens dès icy leur intention pour l'effet, et je
leur en ay la mesme obligation. Je voulois passer par
la incognito et seulement pour voir la disposition des
maisons et du jardin, pour prendre ensuite des
mesures à Caen sur les ajustemens que j'y voudray
faire. Il ne faut pas bien de tems pour voir cela;
mais quelque peu de tems qu'il faille, je n'en auray
assurement pas assez, s'il se passe en reception, et en
complimens et en reverences. Taschez donc, je vous
prie, de m'en parer..... J'oubliois de vous dire que
pour prevenir et empescher cette levée de boucliers
et de mousqueterie rouillée pour ma reception de
Fontenay, il ne faut que dire que je ne suis pas
encore abbé, n'ayant pas encore de bulles, et que
quand je prendray possession, alors comme alors.

A Aunay, 91 aoust 1699.

J'aspirois après vostre retour, mon cher neveu,
pour vous prier de voir M^r le Prieur de Fontenay, sur
quelque chose qui s'est passé, mais les affaires ayant
enfin pris un bon tour, je ne vois pas de nécessité que
vous vous donniez la peine d'aller à Fontenay.
Que si par quelque rencontre vous voyez M^r le
Prieur, trouvez, je vous prie, occasion de l'assurer
que je compte beaucoup sur son amitié, et que j'ay
toutes les bonnes intentions possibles de luy rendre

toutes sortes de services. J'ay sceu qu'il luy est échappé de dire qu'on le mettoit dehors de la maison qu'il occupoit. et qu'il s'en est plaint comme d'une dureté et d'une violence. Ne luy faites point connoistre que je le sache, mais s'il vous lasche quelque chose d'approchant, remonstrez luy son injustice et mon honnesteté ; qu'il a dû penser, à la mort de M⁰ de Chamarande, c'est à dire depuis sept ou huit mois. à quitter cette maison ; que quelque besoin que j'en aye eu, je luy en ay laissé la joüissance depuis que je suis nommé à cette Abbaye, c'est à dire depuis quatre ou cinq mois ; que je ne luy en ay demandé qu'une petite partie, comme une grace, et dans mon extreme necessité, estant impossible absolument de pouvoir ouvrir les ballots et tirer aucun des meubles qui estoient en confusion dans la grande sale, si je n'avois quelque lieu pour les mettre un peu plus au large ; que je luy ay mesme promis de luy laisser l'appartement qu'il tient dans cette maison jusqu'au printems, auquel tems je l'ay prié de le laisser vuide, parce que je pretens alors demeurer à Fontenay, et tendre mes meubles, ce que je ne puis sans avoir cette maison ; qu'il ne peut pas avec raison dire qu'on le chasse, et qu'on le met dehors, puisque je luy ay demandé comme une grâce, et avec toute l'honnesteté possible, une chose qui m'appartient et dont j'ay un extreme besoin ; que, comme il ne se mettoit nullement en fait de me laisser cette maison, et qu'il ne m'en parloit point, et que je ne voiois point jusqu'où cela iroit, j'ay esté forcé de luy en parler ; que, s'il l'avoit gardée dix ans, et qu'au bout de dix ans je la luy eusse redemandée, il auroit pu dire, comme il dit presentement, qu'on le met dehors. ce qui est comme si un homme, après s'estre servi long temps de mon manteau, me le rendoit à ma tres humble priere, il s'en plaignoit et disoit qu'on le dépouille. Je vous explique cela au long, afin que vous luy rémettiez l'esprit, s'il est alteré. Vous luy remonstrerez encore, qu'en occupant cette maison il a beaucoup plus de logis dans l'Abbaye que moy, quoy que j'en aye beaucoup plus de besoin que luy par le nombre de mes domestiques, par la quantité de mes meubles et par l'abord continuel de monde qui me sera inevitable, lorsque je seray la. Encore un coup, il ne me paroist point necessaire que vous alliez pour cela à Fontenay. Mais si pour vostre satisfaction, et pour la liaison que j'ay appris qui est entre vous et M. le Prieur, vous y voulez aller, j'en seray fort aise. et vous aurez mesme plus d'occasion de sonder ses sentimens, et le faire parler, en voyant par vos yeux l'estat des choses. J'avois icy encore quantité de meubles que je n'y envoiois point, faute de place à les mettre; mais m'estant mis plus au large par la cession de cet appartement, j'y envoieray encore une charretée de meubles mercredy prochain. Je vous envoieray volontiers mon carosse à Bonrepos, et je seray tres aise que l'air d'Aunay puisse contribuer au restablissement de la santé de vostre chère épouse. Mais comme il y a quelque chose à refaire à mon carosse, et que j'avois dessein de l'envoyer à Caen pour cela, il faudra mettre mes chevaux à vostre carosse, et vos chevaux meneront mon carosse à

Caen. Quant il sera prest, je vous prie de trouver bon que vos chevaux l'amènent chez vous en attendant que je le renvoye querir. Je vous prie de dire à Mr Macé, que, s'il est homme de parole, et qu'il veuille me venir voir, comme il me l'a promis, il pourra se servir de mon carosse ou du vostre, dans toutes ces allées et venues. J'ay une petite commission à vous donner, dont ma seur m'a dit qu'il vous sera aisé de vous acquitter. On m'a donné deux memoires differens sur l'establissement des Religieuses de l'Hostel-Dieu. Ces deux mémoires conviennent, en ce que ces religieuses vinrent à Caen de Rouen, en l'année 1629; mais l'un de ces memoires dit qu'elles obtinrent des bulles du Pape en 1637, et des lettres patentes en may 1638; l'autre mémoire dit que leurs lettres-patentes sont du 16 novembre 1643, verifiées au Parlement le 16 mars 1644, et qu'elles obtinrent des bulles du Pape, vérifiées au Conseil, l'an 1651. Je vous prie de savoir exactement la datte des Bulles du Pape, la datte de la vérification de ces lettres. Ma seur m'a dit qu'un nommé Baron pourra savoir tout cela seurement. Si cette voye vous manque, je vous prie de voir vous-mesme ces Dames, et si vous remarquez en elles quelque crainte et quelque défiance, remettez leur l'esprit, en les assurant que je voudrois les servir au lieu de leur nuire, et que ce n'est que pour satisfaire ma curiosité que je fais ces enquestes. Je vous embrasse, mon cher neveu, et la chère épouse, et suis tout à vous.

J'oubliois de vous dire que je seray obligé indispensablement d'estre à Caen pour faire les ordres le

17 du mois de septembre. Prenez vos mesures sur cela.

A Aunay, 6 septembre 1699.

Je n'ay qu'un moment à vous donner, mon cher neveu, c'est pour vous dire que j'ay leu ce que vous avez ecrit à ma seur et ce que vous m'avez ecrit pour reponse. Il sera fort bon que vous veniez dans mon carosse, quand je l'envoieray à Caen pour estre racommodé : ce seroit dès demain si la feste ne se rencontroit à la traverse. Je l'envoieray donc mardy l'après disnée : il sera prest jeudy à midy, comme me l'assure mon cocher. Ainsi vous pourrez venir coucher céans jeudy au soir. Nous parlerons du lieu où je logeray à Caen. Je n'ay pas grande inclinaison de loger à l'evesché. Nous verrons si je pourray m'accommoder chez vous. Je ne croy pas que Mr de Ste-Marie se plaigne que j'aye manqué d'honnesteté pour luy. J'ay sceu mesme qu'il s'estoit estonné que je luy ecrivisse avec les termes dont je me suis servi pour luy. Il y a eu du malentendu sur le logement qu'il m'a rendu..... Souvenez-vous de m'apporter des nouvelles des Religieuses de l'Hostel-Dieu.

A Aunay, 8 octobre 1699.

J'oubliay, mon cher neveu, de vous prier, lors que vous me quittastes, de chercher sur le canapé de la chambre où je couchay à mon dernier voyage, le cachet que j'ay perdu. Voyez bien, je vous prie, dans tous les replis, et mesme dans les trous et crevasses du plancher voisin. On nous dit icy que Mʳ l'Intendant doit aller de Vire à Torigny. Si cela est, nous l'attendons en vain. Informez vous en chez luy, et m'en mandez des nouvelles. Ma seur est fort incommodée de sa fluxion sur la peau de sa teste. Je serois d'avis qu'elle se fist saigner. Pour moy, j'ay une petite attaque de goute aux deux gros doits des pieds. On dit que je dois m'en rejouir. Quelque autre sujet de rejouissance me plairoit davantage. Tout à vous.

A Paris, 23 novembre 1699.

Mes chevaux viennent de partir, mon cher neveu. J'avois dessein de les faire aller de Lisieux coucher à Fontenay; mais ayant fait reflexion que les jours sont fort courts, et que cette traitte seroit d'onze lieues, et qu'ils arriveroient bien avant dans la nuit à Fontenay, où toutes choses leur manqueroient, j'ay jugé plus à propos qu'ils couchent à Caen chez Mʳ de Brucourt, pour aller le lendemain matin à Fontenay. J'en écris à Mʳ des Preaux afin qu'ils trouvent toutes choses disposées samedy matin; mais je vous prie de l'en faire aussitost avertir. Mʳ l'Intendant m'ecrit qu'il a donné ordre à Mʳ de Mouy, qu'on sursoie à Avranches les poursuites contre moy pour cette taxe, dont je vous prie de le remercier de ma part. Je l'en remercierois moy mesme par une letre, si la sienne n'estoit pas une réponse à la mienne de Lisieux, par laquelle je le remerciois d'avance. J'envoiay l'autre jour chez Mʳ Cousin savoir comment Mgr de Rheims se defendoit contre la ville de Caen sur cette affaire du pied fourché. Il me manda qu'il préparoit un ecrit de defense contre cette prétention de la ville, lequel il me promettoit de m'apporter avant que de le faire voir à Mgr de Rheims. Il assure fortement que nostre cause est bonne, et que nous avons de quoy nous defendre. Je vous prie de dire à ma seur. que je receus hier une lettre de Mʳ de Freauville, conseiller au Parlement de Paris, beau-père du marquis de Coetenfaut, frere de mon successeur, par laquelle, pour justifier la malhonnesteté du Prélat, il se plaint de celle que j'ay eue pour luy. Cette prétendue malhonnesteté est d'avoir fait enlever mes meubles d'Avranches. N'ay je pas eu grand tort de ne luy avoir pas vendu des meubles dont j'ay besoin, et de ne les luy avoir pas donnez pour rien, pour en racheter d'autres fort cher? Il ajoute dans sa lettre que Mgr d'Avranches a sceu que j'ay traitté avec Mʳ de Chamarande des reparations de Fontenay, pour six mille francs que j'ay receus en argent comptant et deux années du revenu de Fontenay, et qu'il prevoit que Mgr d'Avranches pourra se contenter de la mesme somme. J'ay repondu que je payeray cette somme, comme je l'ay receuë, que Mʳ de Chamarande fait reparer Fontenay, comme je fais reparer Avranches, et que si nous en venions au point de traitter pour de l'argent, je le prierois de s'informer auparavant comment le différent des Religieux de la Lucerne avec les héritiers du dernier Abbé, sur le sujet des reparations vient d'estre terminé à l'arbitrage de Mʳ le Procureur general du Parlement de Paris, et qu'il sauroit que la somme de dix mille écus que les Religieux demandoient aux heritiers, a esté moderée et reduite à la somme de cinq mille livres. Je vous prie d'écrire à Mʳ de Montmaur, religieux de Fontenay, que je le supplie de se souvenir d'avoir l'œil sur mes chevaux, et sur la conduite du Postillon qui en aura soin, comme il me l'a promis. C'est un nouveau postillon. J'ay esté contraint de chasser l'ancien qui estoit devenu tres insolent. Tout a vous, mon cher neveu.

Depuis ma lettre ecrite, Mʳ Cousin m'est venu voir et m'a apporté son ecrit qui est fort bon. Il attend encore quelque eclaircissement de Caen sur les titres de la ville qui ne luy ont esté produits que par extraits. Nous sommes convenus que la reponse qu'il a dressée sera au nom de Mʳ de Rheims et au mien, et que par dessus les raisons de Mʳ de Rheims, qui nous sont communes, on en ajoutera encore une qui m'est particulière, savoir que la concession prétendue du droit de pied fourché faite à la ville n'est que pour la vicomté de Caen, et que Fontenay n'est point dans la vicomté de Caen. Je vous prie de savoir de Mʳ le Prieur de Fontenay ce que je luy dois pour les cloisons qu'il a pris la peine de faire faire à Fontenay.

A Paris, 28 novembre 1699.

Mʳ l'Intendant m'avoit mandé par une lettre du 20 qu'il avoit donné ordre à Mʳ de Mouy de faire surseoir les procédures contre moy pour la taxe de Pontgilbert. Cependant Mr de la Coudraye m'a mandé qu'on la continue, non seulement avec chaleur, mais encore avec fureur. Puisque Mr l'Intendant est en cette ville, je luy feray connoistre la deference de Mr de Mouy pour ses ordres. Je n'ay pas manqué de rendre compte au R. Pere de la Chaize. nostre arbitre, de cette conduite. Nous saurons depuis quand il est permis de prendre les voyes de fait, après les paroles données pour un accommodement. Je vous prie de savoir de Mr de Gruchy, quand mon appartement de Fontenay sera achevé de peindre. Quand j'y passay le 26 d'octobre, la première couche y estoit déjà mise, et il avoit huit ou dix jours qu'on y travailloit. Nous voicy au 28 novembre et je doute que ce barbouillage soit achevé. Je n'ay jamais ouï parler d'une pareille longueur pour un si petit ouvrage. Que seroit-ce si j'avois une maison à bastir. Mr des Préaux m'avoit écrit sur cet appartement que luy et Melle des Preaux, et Mr de Longchamp, me demandent à Fontenay. Je lui ay mandé ce que j'ay déjà dit dix fois la dessus, que j'ay si peu de chambres à Fontenay pour moy et pour tout mon monde. que je cherche les moyens d'augmenter mon logement, bien loin d'en avoir de reste à donner; que les Receveurs d'Aunay ne m'y ont jamais demandé de logement, quoy que bien plus éloignez; que cependant, en attendant mon retour, je veux bien qu'il se serve de quelqu'une de mes chambres, mais à condition qu'il les quittera à mon arrivée.... J'oubliois de vous prier de parler à Mr des Preaux de la dixme des bois de Cinglais, dont il m'a écrit. Exhortez le de s'accommoder avec Vaumorel, fermier de Mʳ le comte de Tury, et luy déclarez, que s'il ne le fait pas, il luy en arrivera infailliblement du déplaisir, auquel cas il ne faut pas qu'il espère que je prendray leurs interests. Je ne sacrifieray point l'amitié de cette maison pour un interest de bibus. Si vous pouviez faire venir à Caen Vauxmorel, qui est un bon homme, vous pourriez les accommoder, en obligeant Vaumorel de leur donner quelque chartée de bois, au moyen de quoy l'ancien traitté de 400 livres s'entretiendroit. Il me semble avoir ouï dire que l'affaire s'accommoda de la mesme manière du tems de Mʳ le Grand.

A Paris, 4 décembre 1699.

J'écrivis avant-hier à ma sœur, assez amplement, pour vous et pour elle. Celle cy est pour vous prier de m'envoyer incessamment une copie collationnée de l'acte de la prise de possession de l'Abbaye de Fontenay. Cet acte m'est nécessaire pour regler ce que je dois pour l'Œconomat de cette abbaye, qui, autant que je puis juger, ira bien à huit cens écus.....

A Paris, 14 décembre 1699.

Je reçois presentement une lettre de ma sœur, qui m'apprend vostre nouvelle avanture. Après ce que je vous ay ouï conter de vostre Breton, je me suis estonné cent fois que vous et M⁹ de Charsigné, si peureuse en carrosse, vous continuassiez à mettre vostre vie entre ses mains, et vous faire mener par luy. Je diray volontiers à mes gens de luy chercher une condition, mais il faut savoir en quel employ, et c'est ce que ma seur ne me dit pas. D'ailleurs vous savez qu'il faut une caution à Paris. Ma seur me dit qu'elle le cautionnera, mais vous jugez bien que sa caution, fort bonne pour Caen, n'est pas recevable à Paris. Je viens à vostre lettre du 6ᵉ : je vous avoüe que je n'entens rien à ce barbouillage de mon appartement, commencé depuis deux mois et demi. Ce peintre se moque de nous. Mʳ le Brun auroit peint la chambre du Roy en moins de tems. S'il faut autant de tems pour peindre les chassis, où en sommes-nous? Je trouve fort bon que M. de Lieurry se soit servi de ma cuisine. Je vous prie de luy écrire de ma part, et en diligence, que je le suplie de s'informer exactement et seurement du revenu de l'abbaye de Sᵗ Pierre sur Dive. Un de mes amis très particuliers m'a prié de faire cette enqueste. On luy a parlé fort diversement de ce revenu. Les uns luy ont dit 7.000 livres de revenu, toutes charges faites. Les autres luy ont dit 7.000 livres, mais qu'il en faut déduire les charges, et que les charges acquittées, il ne reste que 3.000 livres pour l'abbé. Voilà une grande differance. Je prie Mʳ de Lieurry de ne répondre rien que de très seur, et surtout de ne parler point de moy, car on s'imagineroit que j'aurois des veuës, dont je suis très éloigné. Pour le jardinier, je crois bien que Mᵉˡˡᵉ des Preaux auroit esté bien aise de le dégouster et de m'en degouster moy mesme, pour mettre là un homme à elle, et je remarquay cette maneuvre, dès que j'estois à Caen ; mais je vous prie d'assurer le jardinier que je ne change point, que je compte sur luy, et qu'il peut compter sur moy..... Je ne m'arreste pas trop aux estimations des chevaux qui se font à Caen. J'en avois un, à qui Mʳ de Brucourt me conseilloit de faire donner un coup de pistolet dans la teste, qui me servit fort bien, encore deux ans, après cet arrest, et que je vendis 50 livres à Rouen.

A Paris, 15 décembre 1699,

Ce que j'apprehendois de la part du Receveur des Œconomats, homme fertile en anicroches, est arrivé. Mʳ Morin, que j'avois chargé de terminer mon compte avec luy, me rapporta hier qu'il n'arresteroit rien, qu'il n'eust auparavant une copie collationnée en bonne forme de ma prise de possession de l'Abbaye de Fontenay. Je vous prie donc de ne perdre pas un instant à m'envoyer cet acte collationné par un secrétaire du Roy, ou par un notaire royal. Si vous pouviez me l'envoyer le jour mesme que vous recevrez cette lettre, vous seriez un fort brave homme. Cela est difficile, mais il n'est pas impossible. Du moins qu'elle parte le lendemain. Je vous écrivis hier amplement. Ainsi je n'ay rien à ajouster, sinon que je suis le tout vostre, etc.

A Paris, 21 décembre 1699.

J'ay enfin receu la copie bien et deuement collationnée dans la rigueur des formes, de l'acte de ma prise de possession de Fontenay, dont je vous remercie. J'attends l'instruction que vous me promettez sur l'Abbaye de St Pierre sur Dive. C'est pour un de mes amis, a qui on la veut donner a certaines conditions, et qui veut la connoistre avant que de l'accepter...... Je suis fort estonné d'apprendre qu'un de mes chevaux ait esté dessollé. Quand ils sont partis d'icy, aucun n'avoit mal ny aux pieds, ny ailleurs. Il faut que quelqu'un ait pris un clou par les chemins, ou ait esté mal ferré, et par quelque mareschal ignorant. De plus ils sont abandonnez à la conduite d'un postillon, que je ne connois presque point, et de qui je ne scais ny la capacité, ny la sagesse. J'avais prié Mr de Mommor, religieux, d'y avoir l'œil, et il me l'avait promis. Je vous prie de luy reiterer la mesme prière de ma part. Je vous prie aussi de savoir du Postillon quel cheval c'est qui a esté dessollé. Ils ont tous leurs noms. Sachez aussi par quel accident il a esté blessé et par l'ordre de qui le postillon l'a fait dessoller. L'année passee, j'en laissay un piqué, et clochant, à la Meilleraye. Le mareschal le vouloit dessoller, car c'est profit pour eux. Je m'y opposay et Mr de Beuvron aussi, et le cheval se guerit fort bien. Defendez, je vous prie, au Postillon de faire à l'avenir de ces coups sans ordre et qu'il vous avertisse des besoins...... M^r l'Intendant, qui me fit hier l'honneur de venir céans, me demanda des nouvelles de vostre cheute, et me parut y prendre interest de bonne sorte. M. de Longchamps Guerout m'a ecrit pour me demander une place de chapelain vacante à à Fontenay. Depuis que je le vis chez vous pour son accommodement avec un fermier, je n'avais receu de luy aucune marque de l'honneur de son souvenir. Je luy ay fait la reponse au cas appartenante.

A Paris, 23 décembre 1699.

Je vous ecrivis avant hier assez au long : j'y reviens aujourd'hui pour vous prier de voir M. Le Coq avocat et de savoir de luy si l'Abbaye de Fontenay estant immatriculée dans l'Université de Caen et jouissant de ses privilèges, ne doit pas s'addresser au Lieutenant général de Caen, conservateur des Privilèges royaux de l'Université pour l'affaire des reparations ou si elle doit s'addresser au juge de Falaise, dans le ressort duquel elle est..... Je suis inquiet de mon cheval dessollé : je vous prie d'en prendre connoissance. Mes chevaux estant à la conduite d'un nouveau postillon que je ne connois point, et qui pour son coup d'essay met un cheval en cet estat, j'ay sujet d'apprehender les suites. Ce seroit grand pitié que mes chevaux perissent sous les yeux de M. Macé, de M. de Brucourt et sous les vostres. J'ay prié Mlle des Préaux de me mander les offres de ces marchands, qui s'estoient présentez pour acheter les chevaux que je veux vendre..... Du Coudray soupçonne que le mal de ce cheval dessollé pourroit bien venir de quelque malice du Postillon que j'ay chassé. Il est revenu avec mes chevaux, et pour se vanger, il pourroit bien avoir fiché quelque clou dans le pied de mon cheval à la derobée. Cela n'est pas sans apparence. Questionnez, je vous prie, mon postillon la dessus, mais adroitement.

A Paris, le 25 décembre 1699.

Vous devez estre las de mes lettres, mon cher neveu, car je vous ay écrit le 21 et le 23 de ce mois. Cette lettre est pour vous dire que Mr des Préaux me mande que les rats sont à Fontenay parmy mes meubles, et qu'il craint qu'ils n'y fassent du desordre. Je le crains encore plus que luy. Pour prevenir ce mal, je vous prie de faire la un petit voyage le plustost que vous pourrez et d'y porter les clefs et de la mort aux rats et d'en mettre dans tous les lieux où sont mes meubles. Ma seur vous dira comment cette drogue se prepare. Je vous prie de ne confier pas legerement les clefs. Je voudrois bien vous epargner cette peine ; mais il y a peu de personnes à qui je voulusse les confier. Le mal presse cependant. Mgr d'Avranches ne m'a point encore produit sa replique, quoy qu'il eust un grand empressement de sortir d'affaires. C'est tout ce que vous aurez de moy aujourd'huy, encore derobay-je ce tems la au bon Dieu, car en un jour comme celuy cy, on ne devroit penser qu'à le prier. Tout a vous.

Mʳ du Hamel Beaumont me dist avant hier que l'année passée, il avoit veu des cerisiers plantez sur les bords de ce demi cercle de gazon, qui est au bout du jardin de Fontenay, et que s'y promenant avec Mᵉ sa femme et Mʳ le Prieur, ils avoient mangé de ces cerises prises aux arbres. Cependant il n'y a pas presentement un cerisier, marque certaine qu'on les a enlevez, et peut estre bien d'autres arbres. Taschez, je vous prie, de decouvrir qui les a pris et en quel tems.

A Paris, 27 décembre 1699.

Votre lettre du 23 qne je receus avant hier me mit dans une vraye colere contre l'impudence du petit Bruhat d'écrire toutes les sottises que vous m'avez rapportées. Je fus fort surpris aussi du discours que vous tint M. de Gruchy sur ces procez que je dois avoir avec M. de Chamarande, car de ma part, il n'y a eu aucune disposition à la rupture, et de la part de Mʳ de Chamarande, il a plus d'interest à l'éviter que moy. Tout cela m'obligea hier d'aller le voir pour m'expliquer avec luy. Je ne le trouvay point, mais seulement Mᵉ son epouse, qui se mesle bien plus des affaires que luy. Je luy dis que depuis mon retour, j'avois remarqué dans la conduite de Mʳ de Bruhat une envie de me brouiller avec elle et avec Mʳ son mary, que je m'en estois plaint à Mʳ de Bruhat luy mesme, que je voiois cependant qu'il continuoit le mesme train, qu'il ne se contentoit pas d'écrire mille fadaises sur les consultations que nous avions faites ensemble

pour parvenir à l'accommodement, qu'il ecrivoit
mesme en termes injurieux et offençans contre des
personnes qui sont dans mes affaires et dans mes
interests, et qui méritent de la consideration. et qu'il
avoit enfin mandé que j'allois avoir un procez contre
Mʳ son mary ; que si cela arrivoit, ce seroit parce
qu'il le voudroit et que pour moy je ne plaideroy
contre luy qu'en mon corps defendant. Je m'attendois
que cela seroit receu comme il le meritoit, c'est-à-dire
honnestement. Au lieu de cela, la Dame me répondit
qu'elle n'avoit point veu ces lettres de Mʳ de Bruhat,
qu'il ne parloit peut estre pas de ceux que je pensois,
qu'il est bien vray qu'ayant appris toutes les difficultez qu'on faisoit par mes ordres sur les reparations,
elle avoit dit et fait écrire que ces contestations ne
se pourroient terminer sans procez, et que, quand on
vouloit s'accommoder, on estoit plus facile que je ne
suis. Je repondis que veritablement si je voulois
donner une decharge de toutes les réparations bien
ou mal faites, nostre accommodement seroit aisé,
mais que s'il n'y a point de milieu entre une telle
décharge et le procez, elle avoit bien raison de dire
qu'il faudroit plaider ; que j'ay commis des gens pour
examiner les reparations, sans leur donner aucun
ordre particulier, mais seulement de contredire celles
qui seroient mauvaises, que ces gens la l'ont fait,
sans y avoir aucun interest de leur chef, et que pour
moy, qui y suis uniquement interessé je ne scaiz nullement l'estat de ces reparations, ny ce qui s'y est
passé, que comme elle tasche de decharger sa famille
de ce fardeau la, elle ne doit pas trouver mauvais que

j'en veuille décharger la mienne ; que pour luy faire connoistre de quelle manière Mʳ de Bruhat s'y est conduit, il n'a cherché qu'à cacher les desordres sans y remedier, et que quand les experts les ont decouverts et blasmez, il a voulu les corrompre pour de l'argent. Elle repartit que c'estoit une accusation sans fondement contre Mʳ de Bruhat et qu'il a fait venir des certificats du contraire. Sur cela la Dame produisit une espèce de proces verbal de la dernière visite faite par Mʳ des Préaux et Mʳ de Gruchy. A quoy j'aurois pu opposer celuy que j'attends de Mʳ des Préaux et que je n'ay pas encore receu. Elle me dit encore que Mʳ de Gruchy leur avait mandé que Mʳ des Preaux contestoit beaucoup d'articles, en quoy Mʳ Macé mon parent avoit trouvé qu'il n'avoit pas raison. La conclusion de tout cela fut une proposition qu'elle me fit, et que j'acceptay, de choisir chacun un arbitre pour regler les choses, avec pouvoir de choisir un surarbitre, en cas de decord. M. de Chamarande doit venir ceans après demain me nommer son arbitre et savoir le mien. J'ay pensé à cet arbitre et je n'en trouve point de plus propre que Mʳ de Sʳ-Jacques, car je suis très assuré de sa capacité en ces matières, de sa fidelité et de son affection. Je proposeray à Mʳ de Chamarande de choisir un homme de sa sorte pour son arbitre. A l'égard du surarbitre, voicy ceux qui m'ont passé par l'esprit, Mʳ de Noyers, président, Mʳ de Mutrecy, Mʳ de Baneville, ou Mʳ d'Audrin. Dittes m'en vostre avis le plus tost que vous pourrez, et s'il vous vient quelque autre à l'esprit, que vous croyiez plus propre soit pour arbitre ou pour surarbitre, mandez le moy... Souvenez vous aussi des rats de Fontenay qui mangent mes meubles... Je vous remercie de l'instruction que vous me donnez de l'abbaye de St-Pierre-sur-Dive: elle estoit donnée à l'abbé de Camilly, quand vostre lettre est venue, et mon amy y avait renoncé, à cause de la charté (*sic*) des Bulles, qui coustent 9000 fr. Il est venu ceans deux gens de Paris me renouveler les propositions qu'ils me firent l'année passée de prendre mes revenus en gros, en s'obligeant a des redevances par mois. Nous avons eu un grand entretien la dessus. Je dois les revoir. J'oubliois de vous dire, en repondant à vostre lettre qu'on ne reçoit point des reparations par parties. c'est à dire aujourd'huy la maçonnerie, demain les couvertures, et après demain les vitres. On reçoit un corps de bastiment entier, par exemple l'Abbatial, ou la Grange, ou les Ecuries, mais non pas les parties d'un bastiment. Vous avez veu par le narré que je vous ay fait, que je n'ay reçeu de Mr de Chamarande aucune satisfaction sur les impertinences qu'a écrites le petit Bruhat. Tout a vous...

———

À Paris, 4 janv. 1700.

Je vous manday par ma derniere lettre, mon cher neveu, que Mr de Chamarande me proposa que nous terminassions nos differens par des arbitres et que M^r son mary viendroit savoir les noms des miens, et me proposer les siens. Il y vint, en effet, il y a trois ou quatre jours. Je trouvay un homme tres raisonnable, tel que je le connoissois depuis longtems. Il blasma fort le sʳ Bruhat des lettres qu'il a ecrites contre Mʳ de la Coudraye, et me promit de luy laver la coiffe. Je ne savois pas qu'il eust aussi ecrit contre moy : je ne luy en ay donné nul sujet, l'ayant toujours traitté avec toute sorte d'honesteté, hormis depuis que j'ay reconnu ses trigauderies. Je serois bien aise de savoir ce qu'il a écrit sur mon sujet, car je le feray connoistre à Mʳ de Chamarande. Je ne scais pas quels moyens il peut avoir employez pour me brouiller avec les Religieux. Ce que je puis assurer, c'est que j'ay toujours esté tres reservé avec luy sur leur sujet, hormis en ecoutant tout ce qu'il m'en a voulu dire. Je vous prie d'insinuer doucement aux Religieux la malice noire de ce personnage, et son humeur medisante, et que ce seroit une grande imprudence à eux d'ajouter foy à un homme de ce caractère. Pour revenir à Mʳ de Chamarande, je luy fis paroistre toute l'envie possible de terminer avec luy nos differens à l'amiable, je luy dis que j'avois pensé à des arbitres, que je les luy nommerois quand il le voudroit, et que j'apprendrois volontiers les siens... Je vous prie tres instamment de veiller sur les meubles exposez aux rats. Le seul et le seur remede est la mort aux rats qu'il faut renouveller de tems en tems. A propos de cela je ne scais si Mʳ le Prieur songe à quitter au printems le reste de mon logis qu'il occupe. Je vous prie de luy insinuer doucement le besoin indispensable que j'en auray alors. Vous avez bien fait de vous servir de mes chevaux. Ils sont à vostre service, et j'apprendray avec joye qu'ils vous ayent servi pour aller à Fontenay. Je ne comprens rien au peintre de M. de Gruchy, ny que pour barbouiller deux chambres, il faille trois mois. Quand je fis peindre les portes et les fenestres de mon appartement d'Aunay, ce fut une affaire de huit jours. Je ferois barbouiller icy une maison entiere en quinze jours. N'y auroit-il pas moyen que vous envoiassiez querir ce peintre pour luy demander raison de cette horrible longueur? A Avranches, des appartemens entiers et tres grands, furent peints en quinze jours. Dieu me preserve de me servir de ce malheureux broyeur d'ocre pour la sale de Fontenay. M^r des Preaux m'a mandé qu'il n'a pas trouvé la couleur de mon appartement autrement belle. Sachez, s'il vous plaist, si les chassis sont peints. Parlez-en a Mr de Gruchy, et luy dittes de ma part, que si cela tarde plus long tems, il me fera plaisir d'y employer un autre homme. Je suis bien de vostre avis qu'il ne faut donner à des chevaux qui ne travaillent point que du sainfoin, ou de la paille avec leur avoine. Avertissez-en, comme de vous mesme, M. des Preaux, car ils ont avec moy un procédé si honeste, que je n'oserois leur faire de plainte. Ce sont gens d'un tres bon cœur..... Il y a une place de chapelain qui vaquera bien tost à Fontenay, et que Mr Macé m'a demandée pour un prestre de St-Jean, et que je luy ay promise. Mr de Longchamp me l'avoit aussi demandée, mais trop tard. Mg^r d'Avranches a ma duplique à son second ecrit. Je la donnay a nostre arbitre il y a huit jours. M. de la Coudraye fut le trouver l'autre jour, et il fut receu comme un chien dans un jeu de quilles. Mille amitiés à toute vostre petite famille, et mille souhaits pour cette année et plusieurs autres...

A Paris, 11 janvier 1700.

Je ne scais, mon cher neveu, si vous avez entendu parler d'un petit different qui est entre la communauté d'Aunay et moy, touchant les Decimes Ces décimes ont été augmentées depuis quelques années. Je prétens que ces augmentations sont sur le compte des religieux. J'ay consulté icy cette affaire, et la consultation m'a été favorable. Je n'ay pas laissé pourtant de mander aux Religieux que cela ne m'empeschera pas de me rapporter à un arbitre, comme je leur promis avant mon départ Dom Benoist avait coustume cy devant d'avancer toutes les Décimes, et je lui tenois compte de ma part, mais aujourd'huy Melle Merite me mande que Mr Nau, receveur des Décimes, luy a demandé de l'argent pout moy. Je vois bien que Dom Benoist me l'a renvoyé pour se dispenser de payer ces augmentations. Je vous prie de voir Mr Nau, ou de le faire voir par quelqu'un de ses amis, pour obtenir de luy qu'il s'adresse aux Religieux, en luy faisant connoistre le sujet de cette priere. Il ne court aucun risque en cela. Il sera également payé et il me fera plaisir. Si vous n'espérez pas d'obtenir cela par vous mesme, vous pourrez prier M^r d'Anisy, receveur général, et son superieur, de vostre part et de la mienne, d'obtenir cela de luy. Nous eusmes l'autre jour une grande conference, mon successeur et moy, devant le R. P. de la Chaise, qui n'aboutit qu'à resoudre qu'on fera faire un nouveau devis des reparations en presence d'expers J'auray, je crois, besoin pour cela de vostre homme. Mⁱ de la Coudraye y sera et pourra le prendre en passant à Caen. Mgr d'Avranches se déclara. dans cette conference, sur la prétention qu'il a de m'assujettir à payer les 3.000 fr. de pension, dont son evesché est chargé. J'avois préparé sur cela un ecrit que je leus, et le Pere arbitre me dit ensuite qu'il y avoit dans cet ecrit dix raisons, à la moindre desquelles il ne pourra jamais repondre. Il fait présentement monter les reparations à onze mille écus, au lieu qu'il ne demandait d'abord que 27.500 fr. Vous voyez que j'ay affaire à un homme de haut appetit. Il faudra tascher de s'en defendre avec l'aide de Dieu. Tout à vous.

Paris, 15 janvier 1700.

... Vous trouverez aussi dans ce paquet le plan du jardin de Fontenay, que vous rendrez à M¹¹ᵉ des Préaux ; mais comme le parterre qui y est marqué ne m'en plaist pas et que celuy d'Aunay est beaucoup plus agréable, j'ay mandé à M¹¹ᵉ des Preaux de suivre ce plan. Mais la difficulté est de le luy donner. Je crois avoir envoyé ce plan à Fontenay par Honoré, mais il dit qu'il ne s'en souvient pas, et que, s'il y a esté envoyé, il faut qu'il soit dans une petite malle couverte de peaux velues qui est dans la salle du logis qu'occupe M⁺ le Prieur, et que la clef de cette malle est entre vos mains, avec les autres clefs de Fontenay. Je vous prie donc, lorsque vous irez là, d'ouvrir cette malle, et en tirer ce plan, si vous l'y trouvez, pour le donner à Mlle des Préaux... M^r des Preaux me mande que mon cheval dessollé est guéri du pied dessolé, mais qu'il cloche d'un autre pied. Je ne scais ce que c'est que ce nouveau mal ; mais s'il continuoit, comme Me de Brucourt devoit prendre ce cheval, sachez d'elle, je vous prie, si elle voudroit prendre le poussif à la place du boiteux. Mr Macé dit que ce poussif est le meilleur des trois que je voulois vendre. — M^r d'Orville m'a mandé que le barbouilleur de Fontenay n'a point encore achevé sa malheureuse besogne et M^r des Préaux m'écrit que vous avez trouvé aussi bien que luy sa peinture tres vilaine. Je vous conjure de me défaire de ce miserable homme. J'en ay fait mes plaintes à Mr de Gruchy, qui ne m'a pas fait un mot de repounse sur cela ny sur d'autres choses. Je vous prie de luy en parler et de luy dire qu'absolument je veux sortir des mains de ce mauvais ouvrier qu'il a choisi... Je vous prie de dire à ma sœur, pour repondre a sa dernière lettre du 6e que j'ay promis à Mr Macé la place de chapelain à Fontenay, que je seray toujours porté à favoriser celuy qu'elle me recommande, mais qu'avant de me le recommander, elle doit s'assurer de sa vie et de ses meurs pour la seureté de sa conscience et de la mienne...

Paris, 24 janvier 1700.

... M^r des Préaux m'a mandé que ce mal incurable de mon cheval, et inconnu aux plus habiles maréchaux, estoit un petit os démis, qu'il a remis aussitost, asseurant qu'à huit jours d'icy il sera guéri... Touchant les plaintes que vous a faites Mr de Gruchy sur ce peintre et sur le sidre, je ne suis pas responsable des contes qu'on fait à Caen, à Fontenay ou mesme à Paris sur luy et sur moy. Je ne suis responsable que de mon fait, et il auroit bien de la peine à trouver un juste sujet de plainte dans la lettre que je luy ay ecrite. Il m'a paru, dès les commencemens, d'un esprit délicat, pointilleux et difficile. Après toutes les amitiez et les honestetez que je luy ay faites, depuis la rupture de nostre bail, il a dû estre content de moy. Mais il a un secret dépit de nostre rupture ; il a de la jalousie contre ceux qui luy ont succedé, et il cherche des pretextes de se plaindre. J'ay sceu bien d'autres petites plaintes très frivoles qu'il a faites de moy et que j'ay dissimulées ; mais je voudrois bien scavoir comment il accommode les assurances qu'il vous alla faire dernièrement de ne vouloir plus estre dans les interests de Mr de Chamarande, si nous venons à plaider, et néantmoins d'avoir esté stipulant dans l'exploit qui vient de m'estre fait. Mais il ne faut pas luy en rien dire Vous me ferez seulement plaisir de savoir de luy à combien revient un tonneau de gros sidre qu'il m'a fait faire. Ce qui m'oblige à faire cette enqueste, c'est que j'avois mandé à Aunay qu'on me cherche du sidre à acheter, et l'on me mande qu'on veut vendre 120 fr. un tonneau de 600 pots. Or si le sidre que m'a fait faire Mr de Gruchy revient à moins, je le prierois de m'en faire faire encore à Fontenay pour Aunay, autant que la premiere fois, si toutefois on trouve encore des pommes...

A Paris, 31 janvier 1700.

Ce sera a vous que j'écriray aujourd'huy, quand ce ne seroit que pour empescher la prescription. Je commenceray par ce qui me tient le plus au cœur, qui est le mal de Mr Macé, qui me paroist un signal pour déloger. Bourbon m'a fait savant en ces sortes de maux : c'est une espèce d'apoplexie, Mr de Camilly et M^r l'abbé de St Pierre sur Dive furent attaquez de la mesme sorte, et enfin ils y ont succombé. Bourbon pourroit secourir Mr Macé, car il secourut ces M^{rs}, quoy qu'il n'y ait guère de ressource dans l'âge ou il est ; mais d'ailleurs il ne se résoudra jamais à faire ce voyage. Je luy écris, principalement pour luy parler de sa conscience, sur quoy vous estes obligée (1) de luy donner les avis convenables. Ce mal m'afflige plus que vous ne sauriez croire, car j'ay toujours aimé et honoré Mr Macé comme mon père, et je me sens une très vive tendresse pour luy. Je prie Dieu de l'assister..... Puisqu'on n'a point trouvé à Fontenay le plan du parterre d'Aunay, il sera aisé

(1) C'est à Mme de Charsigné que cette lettre est écrite.

de lever le plan sur le lieu. Je vous prie de mander à M^r des Preaux l'estat de mon cheval boiteux, afin qu'il le face encore voir par celuy qui luy remit l'os démis. Je ne m'estonne pas beaucoup du discours de Mg^r d'Avranches. Nous l'avons reconnu Mr de la Coudraye et moy pour un homme qui avance bien des choses a tort et a travers. Il n'est point vray qu'il m'ait demandé quarante mille francs, ny que je luy en aye offert huit cens. Mais il est vray que par ses écrits il me demanda d'abord 27 à 28.000 francs. et en suite esperant que j'offrirois quelque chose de proportionné à ses demandes, il les poussa à onze mille écus. Son frere, qui vint icy l'autre jour, les enfla jusqu'a douze mille écus. Je luy dis, ce qui arrive aujourd'hui, que je ne doutois pas que cela n'allast bien tost à quarante mille francs, et ce qui est de bon, c'est que plus on luy fait voir combien le devis sur quoy il se fonde est outré, et que je luy aye fait voir, clair comme le jour, devant le P. de la Chaize, qu'il y a bien dix mille francs de son devis qui n'ont nul fondement, il ne laisse pas de l'augmenter tous les jours. Moy, suivant les mémoires bien plus certains que j'ay receus, j'offre par mes ecrits 2.500 francs. Son pere m'a fait dire depuis peu que, si je voulois hausser mes offres a vint mille francs, on pourroit s'accommoder. J'ay repondu qu'il est bien loin de son compte et de la justice, et je n'ay pas fait un pas en avant. A l'égard de la pension, j'avois mandé a mon neveu que Mr de Soissons m'avoit mandé par Mr de la Coudraye qu'il croyoit que ma démission le déchargeoit de cette pension, que neantmoins il consulteroit. Il a consulté, et hier il me manda qu'on luy a repondu qu'en toutes jurisdictions il seroit condamné, qu'ainsi il se soumettoit à continuer le payement de la pension. Ce matin il m'est venu voir et m'a dit la mesme chose, et il se mocque, aussi bien que tout le monde, de la pretention de Mʳ d'Avranches. C'est un petit homme qui ne doute de rien, qui va viste et parle de mesme, vray Gascon né en Bretagne et fecond en Bretonnades. Il a fait arrest sur ma pension entre les mains de Mʳ de Soissons; mais je m'en demesleray bien, et si ce n'est que je ne veux pas luy donner sujet de rompre l'arbitrage, je ne le marchanderois pas et je le ferois venir au Grand Conseil, comme aussy feray-je, si tost que l'affaire des reparations sera reglée. La raison qui a obligé Mʳ de Chamarande à vouloir prendre les voyes de rigueur, c'est une fausse idée qu'on luy a donnée, que par ce que le revenant bon de la somme destinée aux réparations doit aller aux Pauvres, il faut y appeller le Procureur du roy. Je luy ay tousjours dit et redit que cela se pourroit faire après les reparations, mais qu'il n'estoit nullement nécessaire presentement. Le petit des Ifs est aux Mousquetaires. Je ne l'ay veu qu'un instant à son arrivée. Il est revenu depuis céans et ne m'a pas trouvé. J'ay oublié de vous dire que Mʳ de Soissons m'a dit qu'il dist nettement à Mʳ d'Avranches que sa pretention pour la pension n'estoit pas soutenable. Pour la mienne, de le faire renvoyer sur la succession de Mʳ de Froullay, j'ay la consultation de quatre avocats qui n'en font aucun doute, et j'ay de plus un arrest de la grand chambre du Parlement de Paris et une sentence des Requestes du Palais qui l'ont ordonné en cas tout pareil... Le sieur Barbier, prestre, dont j'ay ecrit par deux fois à M⁰ de Brucourt, pour vous le dire, a esté decreté en prise de corps et mis au Petit Chastelet, d'où en suite il a esté transféré dans les prisons de l'Officialité, où il est encore. Il ne m'importe guères ce qu'il deviendra, presentement que les prisons l'ont dû corriger.

A Paris, le 4 février 1700.

..... Ce prélat (l'evêque d'Avranches), continue d'exercer contre moy les dernières rigueurs et a me faire tout le mal qu'il peut. Je me défendray, Dieu aidant. Dittes, s'il vous plaist, à Mr de Brucourt que j'ay écrit à M. Macé sur son estat et sur son devoir, doucement mais fortement, et je ne m'en lasseray pas, s'il le faut.... Je remercie Linotte, et la Mamman, de leur souvenir. Quand me ferez-vous les compliments d'un Linot ?

A Paris, 17 février 1700.

Je receus hier, mon cher neveu, vostre lettre du 13, et j'y repons aujourd'huy, et je repondray par un mesme (?) a la lettre de ma seur du 7 du mesme mois. Je vous prie de dire a Mlle des Preaux que j'ay demandé dix fois à Mr de Chamarande ce memoire des traittez faits par un Mʳ Fonton, agent de feu Mʳ de Chamarande avec les curez dependans de Fontenay, et dix fois il me l'a promis, sans aucune execution. Je luy en reparleray encore, et si je puis dès aujourd'huy. Je ne doute pas que l'encloüeure ne vienne de M. Bruat, plein sans doute de mauvaise volonté, depuis que je me suis plaint à son patron des lettres qu'il a écrites contre moy. Pour le consentement que me demande Mˡˡᵉ des Preaux d'agir contre les curez, et indépendamment de Mʳ de Longchamp, taschez de parler à son mary avec elle, et de leur dire que je ne leur conseille point d'agir contre les curez qu'à la dernière extrémité, et après avoir tenté toute sorte d'autre voye, et que je ne negligeray rien pour avoir le memoire de Mʳ Fonton qui leur servira de regle; que s'ils sont forcez d'agir contre les curez, je ne veux point y estre appelé qu'a l'egard du refus que fait Mʳ de Longchamps d'entrer dans cette affaire: cela depend des partages et des traittez qu'ils ont faits ensemble que je ne scais point; que, s'ils m'en croyent, ils eviteront sur toutes choses de se brouiller ensemble et d'en venir au procez qui leur sera fort ruineux, et a moy fort incommode. Voila ce que je vous prie de leur dire; mais ne laissez pas d'envoyer prier Mʳ de Longchamp de vous venir voir et de l'exhorter à agir de concert, en luy remonstrant les consequences de leur division, et taschez de les concilier sur leurs differens... Vous avez bien raison de dire qu'il me seroit fort désavantageux que Mʳ d'Avranches fust present à une visite des reparations, moy estant absent. J'ay remonstré cela au Pere arbitre plus de dix fois, et il a dit et redit qu'il falloit que Mr d'Avranches fust à St Filbert, tandis qu'on visitera Avranches, et qu'il fust à Avranches tandis qu'on visitera St Filbert. On m'écrit d'Avranches qu'il fait tous ses efforts pour me consumer en frais. Il pretend faire aller Mr de Chamarande comme juge du chef lieu, faire la visite des reparations de St Filbert. Il fait monter présentement la somme des réparations à plus de 40.000 fr. quoy que Mr son frère ait desavoüé icy devant le P. de la Chaize qu'il ait jamais tenu ce discours à Caen. Il m'a voulu faire donner icy une assignation pour m'obliger de fonder un procureur à Avranches, et y eslire un domicile. Je luy ay fait dire que je le prie de se souvenir que nous sommes en arbitrage, que je ne feray rien qui y donne atteinte; que s'il fait contre moy quelque procédure, je protesteray de nullité; que je n'ay aucun procez à Avranches, ny partant besoin d'y élire domicile ny de fonder un procureur. Cependant j'ay fait expédier un *Committimus* dont je le serviray a la première procedure qu'il fera pour l'envoyer icy, et luy faire perdre terre et le tirer du tribunal des jugemens d'Avranches. Nous attendons aujourduy reponse de la derniere proposition que luy a faite le R. P. de la Chaize, de convenir d'un ami commun, qui visite les reparations et de choisir un des quatre que j'ay proposez. Je vous ay mandé qu'il a fait une saisie sur ma pension entre les mains de Mr de Soissons, qui rit le premier de cette folle pretention. Je ne laisse pas de me preparer a poursuivre vigoureusement cette affaire au grand Conseil, dont j'ay déjà veu quelques juges ; mais je ne veux point entamer cette affaire que la partie ne soit liée pour les reparations, de peur d'aigrir les choses et de le porter à chercher de nouvelles anicroches — Ayant l'autre jour occasion d'écrire à Mʳ le Curé de Sᵗ Jean, en réponse d'une lettre qu'il m'a écrite, je le prie et Mʳ Marie avec luy de gouverner un peu Mʳ Macé sur les affaires de sa conscience, après avoir pris langue de ma seur. Il pourra traisner après l'accident qui luy est arrivé, mais tost ou tard ce mal l'emportera, et le voilà marqué pour demarer... Il ne faut pas se rebuter de parler de Dieu à Mʳ Macé. Il croit estre engagé d'honneur à faire le bon compagnon, mais je suis persuadé qu'il ne laisse pas l'estre ebranslé... Je vous fais compliment sur l'esperance prochaine d'un linot, mais je plains bien celle qui en est chargée. — Mʳ de Gruchy m'a mandé que le peintre a peint six chambres à l'Abbatial de Fontenay. Cela m'a fort surpris, car je ne l'avois prié que de faire peindre que mon appartement, c'est à dire ma chambre, mon cabinet et le petit bouge qui est au passage, sans mesme y comprendre la garderobe ; et je vois bien qu'il a fait peindre tout, hormis la grande salle. Cependant il n'en faut rien dire à Mʳ de Gruchy, car épineux et délicat comme il est, il seroit bien le plus fasché. Tout à vous, mon cher neveu.

A Paris, 9 mars 1700.

J'ay receu vos deux lettres du 4 et du 6 mars. Je suis très aise de l'affaire que vous avez faite dans les partages de Mr de Cauvigny. Vous avez evité beaucoup d'embarras, vous avez nettoyé vos affaires et vous avez augmenté vostre revenu Je suis bien aise aussi des avantages que Mr de Brucourt a trouvez dans son acquisition. Mais du costé de l'agrément, je n'y en vois pas beaucoup. Cette terre est éloignée de Caen et hors de la Vicomté. J'aurois souhaitté de les voir proches de Caen, et à portée pour pouvoir les visiter. Parlons de nos plans. Je trouve a tous un défaut qui me choque fort, c'est que ces allées qui traversent me paroissent beaucoup trop grandes et ne laissent presque aucun espace a ce qu'on appelle proprement le parterre. Il s'en faut beaucoup qu'elles ne ressemblent à celles d'Aunay, qui sont beaucoup plus étroites. Je scais bien que la mode met beaucoup d'espace en allées, et fort peu en parterres, mais je vous avoüe que cette mode me deplaist fort. Un jardin est pour voir de la verdure et de l'email, et pour rejouir la veüe. On ne se promenera pas dans ces allées traversieres qui menent au jet d'eau. Ainsi je vous prie de les faire étrecir. Je ne vois point que l'on ait suivi le plan d'Aunay. Les plattes bandes d'Aunay qui entourent le parterre sont continues, et assez larges pour recevoir beaucoup de fleurs. Celles des plans que vous m'envoyez sont fort estroites et fort interrompues. Je les aimerois plus larges, pour y voir

plus d'émail, et serviteur à la mode. Le remede de
cette diversité de figures des plans d'Aunay et de Fontenay est aisé. Il faut, s'il vous plaist, que celuy de
Fontenay soit un quarré parfait, et faire aussi les
allées qui l'entourent, égales ; et parce qu'elles se
trouvent inégales par la disposition du terrein, il faut
les égaler par des plates bandes de gazon ou de fleurs
qui seront de l'austre costé de l'allée, c'est à dire qu'il
faut que l'allée soit entre le parterre et la plate bande.
J'ay marqué celuy des trois plans auquel je m'arreste,
mais il faut prendre garde de ne le charger pas trop
de compartimens, car cela fait de la confusion. J'écris
présentement à M^r des Preaux pour le prier de me
marquer les graines de fleurs et de légumes, et
mesme d'arbustes, qu'ils veulent que je leur envoye
d'icy. Le tems presse et j'écrivis hier à Mr de la Coudraye de se haster pour le bouïs et pour les ifs. Un
second voyage qu'il a fait icy m'a un peu retardez (sic).
Il avoit esté arresté avec le jardinier que j'ay retenu
qu'il iroit à Fontenay s'établir et travailler au commencement de Mars. Marquez, s'il vous plaist, le
jour qu'il ira demeurer la, et luy faites entendre que
ses gages ne courront que de ce jour la. J'ay dejà
dit et redit plusieurs fois qu'il occupera la chambre
qui est sur le pressoir. M^{rs} les Receveurs, entre nous,
ont grande envie de cette chambre. Ils me l'ont
demandée chacun en particulier, et je leur ay fait la
mesme reponse, que j'ay si peu de logement pour
moy à Fontenay, que je ne puis leur en donner
aucun; que la proximité de Caen et de leurs terres
leur rendoit fort inutile un logement à Fontenay, et

qu'a Aunay, qui est bien plus eloigné, jamais les Receveurs n'y ont eu de logement. Tenez bon sur cela, je vous prie, car je n'en demorderay (*sic*) pas. Il pourroit y avoir un petit menage a faire, qui seroit que le jardinier fust portier : cela me conserveroit un logement, et diminueroit la depense, en donnant quelque petite augmentation au jardinier. Voyez de loin ce qui se peut faire, mais sans efaroucher le portier. Il ne me paroist point necessaire de fournir des lieux aux locataires du devant de la maison de M° Laurent (?). Il y a des lieux publics ou ils peuvent aller. Presque toutes les boutiques des environs du Carrefour, et de la Grand'Rue, vont aux lieux publics. Il faut leur louer moins cher leurs logemens. L'appenty que vous proposez sera fort puant, fort mal propre, et coustera a faire. Je seray fort aise que Mrs de Longchamp et des Preaux soient d'accord. Le dernier est un fort bon homme et tout plein de bonne volonté ; mais dès les commencemens Mr de Longchamp m'a paru d'un esprit fort different, et je scais d'ailleurs que sa femme est un peu fiere et croyant s'estre fort rabaissee d'avoir pris ma ferme. J'avois envie de vous prier de renouveller la mort aux rats aupres de mes meubles de Fontenay : cela est fort nécessaire. Ce que vous me mandez de mon postillon me suffit pour le chasser dès qu'il sera revenu : Son procès est fait et parfait... Je vous prie de demander à ce jardinier que j'ay retenu quelles graines de fleurs et de legumes il veut que je luy envoye.

———

A Paris, 16 mars 1700.

Je repons a vostre lettre du 13 Mars, en achevant de la lire, pour vous prier, aussitost la presente receue, de chasser mon postillon, et de trouver quelqu'un qui pense (*sic*) mes chevaux, en attendant que vous m'ayez trouvé un autre postillon, si cela se peut trouver à Caen. Il est entré céans le 21 novembre 1699. Je luy ay promis pour vin et pour gages cent francs quand il sera par les chemins et à Paris. Mais quand il sera à Caen, à Aunay et a Fontenay, où je luy fourniray du cidre en essence, il n'aura que 50 fr. de gages. Il faut donc le payer sur le pied de cinquante francs, depuis le jour qu'il est arrivé à Caen. ou a Fontenay, jusqu'au jour que vous luy donnerez son congé. Il faut luy faire rendre son habit, savoir son justaucorps, sa culotte et sa veste. Il faudra le payer sur le prix de cent francs, depuis le 21 novembre qu'il entra ceans jusqu'au jour qu'il arriva a Caen ou a Fontenay, ce qui fut, ce me semble le samedy 28 de novembre, estant parti de Paris avec le coche, qui part, ce me semble, le mardy. Je vous prie de prendre bien garde, après que vous luy aurez déclaré son congé, de ne le laisser pas rapprocher des chevaux, car souvent ces gens se vangent sur les chevaux. Mᵉ de Brucourt me mande que ce qu'on leur donne d'avoine et de foin ne leur suffit pas. Je ne scais point ce qu'on leur donne ; c'est un détail ou je n'ay jamais entré. J'ay supposé qu'on suivoit la regle establie ceans depuis si long temps, et qu'on les nourriroit comme ils ont esté nourris à Aunay tous les autres hyvers. Quoy qu'il en soit, je vous prie de consulter sur cela M⁰ de Brucourt, ou M⁰ Macé, ou qui vous jugerez a propos. J'ecris sur tout cela presentement à M⁰ des Preaux. M⁰ de Brucourt me mande qu'elle ne prendra pas mes chevaux en l'estat ou ils sont. Je mande a M⁰ des Preaux de vendre le poussif et le Danfernet a quelque prix que ce soit. Je chercheray icy des chevaux quand je seray prest de m'en retourner. Je n'envoieray point mes chevaux à Aunay. Je ne les y envoyois que pour faire du fumier pour mon jardin, et frere Nicolas m'a promis de m'en prester. Je m'estonne du long retardement du jardinier à s'aller establir à Fontenay, veu l'empressement qu'il avoit pour y aller..... M⁰ d'Hieville m'avoit parlé de vos demeslez avec M⁰ de Chauvigny. Je ne le croiois pas de l'humeur dont vous me le representez. Je vous souhaitte la paix : on n'en connoist jamais mieux le prix que pendant la guerre où je suis engagé bien avant, mais Dieu m'en tirera.....

———

À Paris, le 18 mars 1700.

..... Je n'avois point veu M⁰ le comte de Tury depuis ce different touchant les Dixmes du bois de Cinglais; nous nous estions seulement fait faire des complimens; mais j'ay disné depuis avec luy, et luy et M.

de Beuvron m'ont fait mille remerciemens de la maniere dont je me suis conduit avec eux dans cette affaire. Je souhaitterois fort que vous eussiez occasion de le dire en presence de M. de Segrais qui fit tous ses efforts l'année passée, et en ma presence et en mon absence chez Mʳ l'Intendant, devant toute la ville, pour empoisonner la conduite que j'ay tenue, pour la faire trouver mauvaise a tout le monde et en particulier a Mᵉˢ de Beuvron religieuses et pour me brouiller avec cette famille. M. de Brucourt en sçait des nouvelles et Mᵉ de Vendeuvre.

A Paris, 27 mars 1700.

Je suis bien aise d'apprendre que mes chevaux ne sont pas en si mauvais estat que Mᵉ de Brucourt m'avoit mandé. Si tost qu'ils furent arrivez en Normandie, je priay M. des Preaux de vendre les trois maleficiez, le poussif, le Danfernet et le Farcineux. Les propositions d'échange que me fit Mᵉ de Brucourt me les a fait garder et nourrir si longtems, et cela a abouti a ne les plus vouloir. Si tost que je l'ay sceu, j'ay prié de nouveau Mʳ des Preaux de vendre les deux premiers a quelque prix que ce soit, car pour le farcineux, puisqu'il peut encore rendre quelque service, il me sera utile pour revenir me querir avec les autres. Taschez donc, je vous prie, d'engager Mʳ des Preaux a me défaire promptement des deux autres Le Postillon que vous avez chassé est icy. Il a veu mon cocher : il s'excuse

fort et proteste de son innocence, mais je scais ce
que j'en dois croire. J'ay ecrit a ma seur touchant
un postillon qui se presente et j'attens sa reponse.
Le Breton est venu prier du Coudré de m'engager
a le prendre. Ses bonnes qualitez que vous me representez m'inclineroient fort a me servir de luy, s'il ne
s'agissoit que de penser des chevaux ; mais il s'agit
bien plus de mener le devant d'un train, comme
postillon, le fourgon et mesme le carosse au defaut
du cocher, et après tout ce que j'ay sceu qui luy est
arrivé, il faudroit que je fusse insensé si je mettois
ma vie entre ses mains. Les mesmes raisons qui
vous ont obligé de vous defaire de luy m'empeschent
de le prendre. S'il ne luy estoit arrivé qu'un accident, j'en excuserois. mais j'en scais tant de luy sur
la conduite des voitures qu'il n'y a pas moyen de me
rassurer la dessus. J'en suis très fasché, car je regrette ses bonnes qualitez, et je fais grand cas des
vieilles connoissances ; et mesme l'envie qu'il témoigne de me servir me touche fort. Mais je suis
fort estonné que M' des Ifs se deface de luy, s'il n'y
a quelque raison secrette. et je ne saurois approuver
qu'il demeure sans valet, et je vous prie de dire a
M' des Ifs qu'elle ne devroit pas y consentir Il peut
arriver mille accidens a son fils qui luy rendent un
valet nécessaire, outre l'honnesteté et la bienséance,
et quand dans sa compagnie il y en auroit plusieurs
sans valets. ce seroit une distinction qui luy feroit
honneur. Quand je me figure un gentilhomme se
dechaussant luy mesme ou se faisant déchausser le
soir par le vendeur d'oublies, et chausser le matin

par le crieur d'eau de vie. je ne saurois m'empescher de le regarder comme un gredin. Je le diray icy a mon petit neveu. M⁕ des Ifs doit encore avoir une consideration, qui est qu'un valet est un tesmoin de la conduite de son fils, et dont la presence empeschera une partie des echapées de la jeunesse..... (Encore de nouvelles instructions à propos de ses chevaux, de son jardinier, des buis à planter, etc. — des colombiers de Fontenay, — quelques mots sur ses differends avec l'Evêque d'Avranches).. ..

A Paris, 13 avril 1700.

(Huet refuse absolument de loger plus longtemps Mʳ de Longchamps à Fontenay. Je n'ay jamais donné de logement aux Receveurs d'Aunay : j'en donneray bien moins à Fontenay. en ayant moins à donner. et la ville et les terres de ces Mʳˢ en estant si proches..... Je suis bien fasché du vin gasté : il m'a cousté fort cher et beaucoup de soin Les vins de 1698 n'ont pas esté bons..... Vous ne me dittes rien du Breton, ny s'il est entré à mon service, ny s'il est à Aunay, car la décision de cela dependoit de Mᵉ des Ifs. Si elle a consenti qu'il me serve, mandez moy, je vous prie, le jour qu'il est entré à mon service, afin que je le marque dans mon Registre.

A Paris, 22 avril 1700.

(Titres du Chartrier égarés ou vendus)..... Je suis surpris de cette disposition où vous me mandez qu'est M^r d'Orville..... et je n'en puis deviner le sujet. Il ne faut pas entretenir entre eux la division : il faut mesme la terminer quand on le peut, mais il faut en profiter quand elle dure, pour connoistre la conduite des uns et des autres..... Vous ne me dittes rien de M^r le Prieur, ny quel parti il prend, et quel personnage il jouë. Il peut se servir de mon appartement jusqu'a mon retour, mais alors je seray bien aise de le trouver vuide sans retardement. Je ne scais quand sera ce retour. cela depend de la suite de mes affaires, qui, Dieu mercy, ne vont pas mal, nonobstant les fausses propheties, à commencer par le R. P. de la Ch., continuer par M^r le Vaillant, et finir par M. de la Coudraye, qui tous opinoient au Procez verbal, comme aussi mon bon amy Mr de Bellefontaine. Contre leur avis uni formes (sic) j'ay mis les choses en estat d'estre jugez (sic) sans procez verbal. Mr de la Coudraye mesme me soustenoit fortement et a ma seur, que je ne pouvois pretendre de renvoyer mon successeur sur la succession de Mr de Froullay, pour les reparations de son tems. Les plus habiles avocats de Paris, dont j'ay les consultations, ont esté d'un avis contraire, et j'ay ramassé plusieurs arrests en cas pareil. Je manderay demain a ma seur, Dieu aidant, le detail de mon affaire. Vous l'apprendrez d'elle. Cependant je vous prie de dire à

Mʳ de Mondehare, prestre de Sᵗ Jean, que j'aurois esté très aise de l'obliger en la personne de son neveu et plus encore en la sienne, mais que je donnay hier à Mʳ le Vaillant la cure de Culley, dont il est seigneur, pour un de ses parens. J'appris la vacance par luy, et luy donnay la cure en mesme tems. Il me semble que la femme grosse ne pense guere a moy. J'ay fait mon devoir envers Mᵉ d'Hieville et Mᵉ sa fille dans leur mariage, et je n'ay pas receu d'eux la moindre marque de souvenir.

A Paris, 2 may 1700.

(Huet se plaint que son neveu ne lui réponde pas exactement... Reparations...) Mʳ de la Coudraye m'écrivit il y a quatre jours une lettre à son retour de Caen. Il estoit de mauvaise humeur quand il l'écrivit, et comme il voudroit bien m'imputer les procedures de Mʳ d'Avranches contre luy et contre ses sous fermiers, il s'en prend à ce que je n'ay pas fait un procez verbal des reparations d'Avranches, et de ce qu'au lieu de me défendre vigoureusement par les formes de la justice j'ay pris la voye de l'arbitrage. Il me predisoit au commencement que le Pere arbitre nous rendroit nos paroles sans nous juger. Presentement qu'il voit le contraire, il me bat sur ce que les reparations augmentent par le retardement et courent sur moy et cousteront bien plus que n'auroit fait un procez verbal. Il ajoute qu'il vous a conté tout cela à Caen et que vous estes tout a fait entré dans son sentiment. Je ne scais pas ce qui en est. mais il est vray pourtant que Mr de Bellefontaine m'a mandé depuis trois jours que j'évitasse surtout un procez verbal. dont la depense seroit immense : ce sont ses termes et Mr de Coetenfaut m'a dit icy dix fois qu'un procez verbal coustera deux mille ecus. Jugez si le chommage d'un moulin qui fait crier ainsi Mr de la Coudraye est comparable à cette depense. D'ailleurs il ne songe pas que dans la disposition malveillante et chicaneuse où sont mes parties. je suis tres assuré que pour me chagriner et allonger la matière et m'obliger en me fatigant (*sic*) a venir a un traitté avantageux pour eux, ils feront naistre cent et cent incidens, qui feront autant de procez qui seront poursuivis aux Requestes du Palais à Paris et par appel (?. au Parlement. et quand je me trouveray dans ces longs et infinis embarras, et que je me plaindray à Mr de la Coudraye de m'y avoir plongé par son conseil. il ne voudra pas s'en souvenir et me rejettera la faute. Il me conseilla au commencement de ma démission de rompre avec Mr de Bellefontaine qu'il n'aime pas. Si je l'avois fait, non seulement je me serois privé des secours que j'en ai tirez et sans lesquels je serois noyé sans ressource. mais mesme je me serois fait un très dangereux ennemi. Jugez sur tout cela si Mr de la Coudraye a raison de blasmer ma conduite et de la faire blasmer aux autres.

A Paris, 6 may 1700.

..... Je fus condamné a reparer le cœur (sic) de Grainville. et je l'ay fait. Mr de Saint-Jacques vous le dira; mais pourveu que j'en sois decharge, il ne m'importe. Je ne scais pas quels sujets de dépit peut avoir eu (sic) le Prieur contre moy, hormis de luy avoir redemandé ma maison, si ce n'est qu'il ait pris pour un sujet de dépit, de ce que je suis devenu son Abbé; mais devant Dieu, je n'ay jamais rien dit, ny fait a son egard, qui ait deu le fascher contre moy avec justice..... Puisque du Celier veut faire retourner les chevaux à Fontenay pour la conservation des pailles. c'est marque qu'il n'a plus besoin de leur fumier. Ainsi, vous pouvez les faire retourner; mais prenez garde que ce ne soit un tour du Breton qui s'ennuye là et qui veut se rapprocher de Caen. Je vous prie que l'on me deface du Danfernet, puisque son mal est incurable Je vous prie de faire payer par Mlle Merite le quartier des gages du jardinier de Fontenay, dont je ne scais point le nom. Je crois bien estre obligé de luy fournir en entrant des graines pour ensemencer le jardin, mais non pas dans la suite, car je l'ay pris sur le pied de Du Célier, a qui je n'en fournis point. Quand vous serez en decord sur quelque point, vous pourrez savoir de du Cellier a quoy il est obligé, auquel cas il devra me laisser le jardin ensemencé. Pour les rames, parlez-en à Mr ou a Mlle des Preaux. Je crois qu'on en pourra prendre dans les hayes éloignées, mais pas une feuille dans les arbres voisins de l'abbaye.... Je suis surpris plus que vous du procédé de M⁰ d'Hieville. Venant a Paris, elle ne me fit pas l'honneur de m'envoyer un laquais. Je sceus par hasard son arrivée, et je l'allay voir aussi tost. J'y trouvay M︎ʳ d'Artagnan. Elle me dist devant d'autres gens la recherche de ce cavalier, et a ma seconde visite, ayant oublié sa confidence publique, elle m'en vouloit faire un mistere. Depuis ce tems la, sur le bruit de la proximité du mariage, j'allay a sa porte deux ou trois fois, sans la trouver. Le mariage se fit. Ils allerent demeurer chez le gendre. et furent presque toujours a la campagne. J'escrivis a M⁰ d'Hieville sur cela, et je n'en receus aucune reponse. Mʳ d'Hieville est venu en ce paÿs cy, et je n'ay pas ouï parler de luy. Voila le procedé qu'ils ont tenu avec moy. L'année passée, lorsque Mᵉ d'Hieville avoit besoin de moy pour les interets de sa famille, elle ne plaignoit pas ses pas pour venir de chez elle me trouver a Falaise. Mille complimens a vostre chere epouse. Je repondray a son obligeant billet, quand j'auray le loisir de respirer. Tout a vous.

A Paris, 9 may 1700.

(Reparations qui n'en finissent pas.....) ..... Souvenez vous, je vous prie, de ne laisser point mes meubles sans mort aux rats. Vous me ferez plaisir de les visiter souvent. Mʳ l'Intendant m'a répondu fort honestement : vous trouverez cy jointe une lettre que je lui ecris : je vous prie de la luy porter vous mesme et d'observer comment il la recevra. Le sujet est que le R. P. de la Chaize, accablé des affaires de son emploi, et rebuté des oppositions de mes parties, de nostre éloignement, me menace a toute heure de se décharger de l'arbitrage, auquel cas je propose a M. Foucaud de vouloir s'en charger. Ne dittes rien de cela a personne, et ne luy faites pas paroistre de le savoir, mais voyez un peu comment la proposition sera receuë. Je vous embrasse, et l'épouse aussi, si vous le permettez.....

---

12 may, à Paris 1700.

Je reçois vostre lettre du 8 may, mon cher neveu, et comme elle contient plusieurs articles qui demandent une prompte reponse, je ne veux pas differer a vous la donner. Je commenceray par ce M. de Pellevé, dont vous me parlez, que je ne connois point du tout, et je vous avouë que je suis fort surpris d'apprendre qu'un homme entre dans mes affaires, les manie ouvertement, paye mes dettes, reçoive mes revenus, sans que j'aye jamais ouï parler de luy. Il n'y a gueres d'exemples d'un tel procedé, et je ne scais pas comment M. des Preaux croit me faire gouster cette menée. Je ne vois pas mesme la raison de cette dissimulation, et ces manieres obliques sont fort contraires a mon humeur. Au fond, il m'est plus avantageux d'avoir trois fermiers que deux, et dans l'estat des choses, M. des Preaux estant peu propre aux affaires, et ayant en la personne de Longchamp un associé qui prendroit de grands avantages sur luy, je le tiens heureux d'avoir un homme seur qu'il luy puisse opposer. La chose ne me deplaist donc point en elle mesme, mais dans la forme dont on l'a conduite. elle me deplaist fort..... Pour cette affaire des Decimes, il y a eu du malentendu. M' Nau ne peut pas avoir dit que je luy ay dit que je ne payeray point les Decimes de Fontenay, puisque je ne luy en ay jamais parlé, mais il a voulu parler de celles d'Aunay pour lesquelles je suis en different avec les Religieux, et il en a fait l'application sur celles de Fontenay. De savoir maintenant si je les payeray (j'entens les Decimes extraordinaires ou don gratuit. car pour les ordinaires elles sont dans les charges de l'Abbaye, et c'est aux Receveurs à les payer), je vous prie de vous faire informer par sous main comment en usent M' l'Archevêque de Rheims et M' l'abbé de Trouard, et M' l'abbé d'Ardenne pour les decimes extraordinaires de leurs Abbayes, particulierement les deux premiers, qui ont affaire comme moy a des Benedictins non reformez. Je seray bien aise de savoir sur cela ce que je dois et ce que je ne dois pas, afin que si je ne les dois pas. ils m'en sachent gré lorsque je les payeray pour eux. M' de Bruat qui ne fait que de sortir de ceans, m'a dit que M' de Chamarande paya pour eux le don gratuit et la capitation. Ce que M' le Prieur vous a dit est vray, que les Religieux perdent bien de petites douceurs qu'ils avoient du tems de M' de Chamarande ; mais entre nous la plus part de ces douceurs estoient des entreprises sur les biens ne l'Abbé. On a pillé la maison abbatiale d'une maniere indigne : on coupait du bois en tous lieux, sans droit, sans forme et sans justice, et il sembloit que cette maison étoit au pillage. Je ne crois pas qu'ils osent se plaindre que la mesme chose ne se fasse pas de mon tems. Vous pourriez entretenir sur cela Mr le Prieur, luy parlant comme de de vostre chef, et luy faisant entendre qu'ils ne doivent pas conter sur ce qui se faisoit injustement dans l'absence de 35 ans des Abbés, mais sur ce qui se doit faire, et ce qui se faisoit du tems de Mr l'abbé de Montmorel, qui y residoit, et qui n'eust pas laissé prendre une feuille a un arbre. Je me suis informé de Mr de Bruat, quel droit avoient de son tems les Religieux a la pesche. Il me dit que jamais il n'a rien ouï sur cet article, et que feu Mr de Chamarande se rapportoit de cela aux fermiers. Entre nous, je ne vois nulle raison à la pretention des Religieux, car en leur payant leur pension, on ne leur doit rien que le logement ; mais si on leur accordoit cela par le passé, par connivence des fermiers, exhortez ceux cy à y fermer les yeux, et les autres à n'en pas abuser. Et du reste, faites tout cela comme de vous mesme, et leur dittes que j'ay tant d'autres affaires importantes sur les bras, que vous feriez scrupule de me fatiguer de ces minuties. Je ne m'oppose point que mes fermiers ne facent aux Religieux les mesmes plaisirs que les precedens, mais il n'y en a rien dans leurs baux, non plus que dans le mien. C'est aux Religieux à menager cela avec les fermiers...

Paris, 15 may 1700.

« Mʳ d'Avranches a parlé à Rouen chez Mʳ le 1ᵉʳ président, devant beaucoup de personnes, aux mesmes termes qu'il a parlé à Mʳ l'Intendant, que je dois quarante mille francs et choses pareilles. Nous aurons occasion, s'il plaist à Dieu, de destruire ces hableries et faire connoistre la vérité.

. . . .

« Je ne veux de different avec personne et moins avec mes Religieux qu'avec d'autres; ils sont mes enfans, et je veux bien vivre avec eux ».

. . . .

Il faut faire (à Fontenay) un gazon du Rond point du bout du jardin, suivant le plan. A Dieu ne plaise que je consente à cette villenie d'y faire des pois ou des fèves.

———

A Paris, ce 26 mai 1700.

..... Je ne saurais cependant assez m'estonner de cet acharnement de Mʳ de Segrais contre moy, et que plus il me fait d'offenses, plus il cherche à m'en faire, sans que je lui en aye donné aucun sujet sinon de n'estre pas aussi misérable qu'il voudroit que je fusse. Pour Mʳ de Croisilles, je ne le connois ni d'Eve ni d'Adam : je ne l'ay jamais offensé, et il faut avoir bien l'esprit de Caen pour chercher à nuire à son compatriote, de qui on n'a aucun sujet de plainte, et de luy préférer des étrangers.

27 may 1700.

..... Souvenez-vous d'avertir M' des Préaux de dresser un mémoire des soustractions, larrecins, degradations, usurpations, alienations, deperissemens, ruines arrivées sous le dernier Abbé...

(M. de Gruchy) C'est un homme naturellement sombre et de mauvaise humeur, et qui par dessus cela a un secret dépit de la sottise qu'il a faite de sortir de la ferme par sa fierté mal entendue, et dont il se trouve la dupe, de sorte qu'il s'en prend à moy et aux miens en toutes rencontres.....

A Paris, 4 juin 1700.

. ... M' d'Avranches me fit demander cet hyver ma chappe d'eglise à vendre par M' de Bellefontaine. J'ecrivis a M' de Bellefontaine une lettre exprés pour luy estre envoyée, par laquelle je mandois que cette chappe estoit rompue, et que je m'en estois fait faire une cimarre que j'avois actuellement sur le dos ; qu'il auroit bien fait de la prendre quand je la luy offris, parce que les étoffes estoient fort encheries. M' de la Coudraye me mande aujoud'huy qu'il dit qu'il a fait voir cette lettre a Mgr le Daufin, comme une marque de ma lezine, voulant luy vendre cet habit un tiers plus qu'il ne m'a cousté. Il est faux premierement qu'il ait fait voir ma lettre a Mgr le

D. puisqu'il n'est pas venu à Paris depuis qu'elle a esté ecrite Il est faux encore que je luy aye voulu vendre cet habit plus cher qu'il ne m'a cousté, puisqu'il est rompu, comme porte la lettre et que j'en ay fait faire une cimarre, et je suis seur qu'il n'oseroit monstrer ma lettre en faisant ce discours, car elle le convaincroit clairement de sa fausseté. Jugez par la à qui j'ay affaire. Je vous prie d'aller voir le commis de la Douane de ma part. pour luy dire que je fais venir de Hollande deux livres de Thé, qu'on pourra addresser à Caen, et que je le prie de vous dire combien il me doit couster pour l'entrée de cette bouëtte.

A Paris, 6 juin 1700.

..... La présence de M le Grand n'est nullement nécessaire pour cela. Je vois clairement que toute cette partie est faite à la main; mais il faut eventer toutes ces meches. Je suis bien aise du retardement de la visite, pour empescher que M‍ʳ de Croisilles n'y assiste, quoy que je ne sache point la cause de ses mauvais desseins, car de croire qu'il veuille me faire du mal, pour satisfaire la haine de Mʳ de Segrais, je ne saurois penser qu'ils ayent tous deux une conscience assez dépravée pour cela..... Je vous prie de dire ou de mander a Mᵉ des Ifs, sur le conseil qu'elle me demanda, si elle feroit apprendre les mathematiques à son fils : je le luy conseillay, comme une chose qui luy seroit honeste, utile et mesme nécessaire. J'en parlay au jeune homme, et je l'adressay à un de mes amis pour le choix d'un bon maistre. Il n'a point veu cet homme. je luy en ay fait reproche. Je ne l'ay pas veu depuis. Je crois qu'il n'y a pas grande inclination, et qu'il aime mieux passer tous les jours et sa jeunesse a battre le pavé de Paris Je vous embrasse, mon cher neveu, et Argine et Linotte.

A Paris. 15 juin 1700.

Pour Mʳ de Gruchy, ce que vous me mandez me confirme dans l'opinion que j'ay de luy, et dont je suis très aise que vous luy ayez fait part C'est un homme ulcéré, et qui a un ressentiment secret et se vange sous le nom de Mʳ de Chamarande. Autrement il ne chercheroit pas si ardemment les moyens d'avancer les intérêts de celuy qui le met en besogne. Il luy doit la fidélité, mais il ne luy doit pas mille mauvais rapports propres à mettre entre nous la division. Il ne luy doit pas toutes les difficultés qu'il fait naître; il ne luy doit pas mille detours pour traverser la droiture de ma conduite. Il ne luy doit pas beaucoup d'artifice et peu de sincerité. Je ne le verray pas que je ne luy en dise mon sentiment, car, en effet, j'attendois autre chose de luy..... Je crois être jugé aujourd'uy pour l'affaire d'Avranches. Je vous ay mandé que les choses y estoient acheminées. Depuis ce tems nostre arbitre m'a communiqué les calculs qu'il a faits pour voir ce que je puis devoir. J'y ay fait mes reponses. Il eut une pensée d'abord, de me condamner à une somme que ma partie luy dist que je luy avois fait offrir. Je desavoüay le fait, comme une suite des indignes faussetez que ces M[rs] debitent journellement contre moy. Je ne me contentay pas de cela. J'écrivis à celuy par qui ils disoient que j'avois fait faire ces offres, pour savoir la verité du fait Il m'a répondu au bas de mon billet que ce discours estoit entierement faux, qu'il n'avoit jamais fait aucune offre de ma part, et que je ne luy en avois jamais donné la commission. ny le pouvoir. Mon billet et la reponse furent mis entre les mains de l'arbitre, qui en fut frappé. Ce médiateur ne se contenta pas de cela, il alla trouver l'auteur de la fausseté et luy en demanda raison. Il repondit qu'il n'avoit pas dit cela a l'arbitre. excusant une fausseté par une fausseté. Avant hier l'arbitre me fit proposer une somme, violente a la verité. mais enfin qui me menoit à la paix. Je m'en plaignis, esperant la faire modérer. mais ma partie estoit céans au mesme tems, qui crioit et se tourmentoit, et comme dans les accommodemens, ce sont toujours les plus deraisonnables qui y trouvent leur compte, l'arbitre, touché de ces cris, augmenta la somme et partit pour aller à leur maison de campagne. J'y envoiay hier coup sur coup messagers, billets, entremetteurs. L'arbitre repondit qu'il diroit aujourduy la messe, et demanderoit la lumiere du St Esprit pour nous juger. Ainsi je crois que cela sera dans une heure ou deux qu'il sera icy de retour. Je prevois que cette somme sera si forte que je ne scais pas comment faire pour m'en acquitter, venant de payer les Œconomats et les Bulles de Fontenay. J'aurois un moyen court, ce seroit de prendre une somme de Mʳ de Chamarande, après la visite, et me chargeant des reparations. Le sʳ Bruhat me l'a offert cent fois, mais vostre consideration m'en empescha, comme je vous l'ay mandé. Je considère cependant, que, comment que ce soit, vous perdrez vos esperances sur la somme que je payeray, et ce sera autant de diminué pour vous. De sorte que de diminuer mon bien de cette sorte, en la payant; ou bien me rendant redevable des reparations cela revient a la mesme chose, et je pourrois peu à peu faire ces reparations et m'en acquiter. De tout cela, mon cher neveu, il n'en sera que ce que vous voudrez, je vous le promets; mais il est bien certain que sans vostre consideration, je n'y balancerois pas. Pensez y et m'en dittes vostre avis, mais que cela ne s'evente pas, je vous prie. Vous en voyez les consequences. Je vous embrasse et suis tout a vous. Si j'estois mort evesque d'Avranches, vous auriez esté sujet aux reparations d'Avranches, comme vous le seriez à celle de Fontenay. Tout cela me semble revenir à la mesme chose, mais, encore un coup, vous en estes le maistre. Je ne vous dissimuleray pourtant pas que je vois Mᵉ de Chamarande si attachée aux formes que je ne scais si elle auroit agréé la proposition de Bruhat.

A Paris, 22 juin 1700.

J'ay mandé à Mᵉ de Brucourt le jugement que m'a rendu votre arbitre. Il m'a condamné à 13.000 f. Je

me suis veu prest à subir une bien plus grosse somme.
J'ay eu des inquiétudes et des peines infinies à en
venir là. Nous allons travailler à une transaction, a
laquelle il y aura encore bien chamaillé. Je ne saurois encore vous marquer le tems que vous m'envoyerez icy mes chevaux, cela depend de cette transaction. Une cheute dangereuse qu'a faite M^r le
Vaillant la pourra retarder, car je veux qu'il y soit
present. Outre que Mr de la Coudraye m'écrit de
Rouën aujourduy de differer à transiger jusqu'a ce
qu'il ait veu M^r d'Avranches. Il y va pour cela et
passera par Caen, ou vous le verrez. Je ne concluray
rien avec Mr de Chamarande sans vostre participation et peut estre les choses n'iront elles pas, comme
le s^r Bruhat l'avoit pensé..... Je suis fort surpris que
Mr de Gruchy soit saisi de la clef d'un des lieux ou
sont mes meubles. Je n'ay nulle memoire de la luy
avoir donnée, et je ne vois pas pourquoy vous en
ayant une partie des clefs, vous ne les avez pas
toutes. Je vous prie de prendre vostre tems pour
aller à Fontenay, lorsque Mr de Gruchy sera a Caen,
pour luy demander cette clef, et pour visiter ce lieu,
et tous les autres, ou je crains bien que les rats n'ayent
fait bien du ravage. Il y a bien apparence que dans
ce grenier de Mr de Gruchy il n'y aura pas mis de
mort aux rats, et qu'ainsi ils n'ayent pu se souler de
mes tapis et de mes meubles. Si vous m'aviez mandé
que M^r des Preaux ne faisoit rien faire au jardin, je
luy en aurois écrit, ou j'aurois pris d'autres mesures.
Je voy bien que je trouveray le jardin a peu près
comme je l'ay laissé.....La lettre que j'ay trouvée dans

la vostre estoit sans nom et pleine d'injures atroces contre moy. Cela vient apparemment de quelque ecclésiastique d'Avranches que j'ay puni, ou de quel ordinand que j'ay refusé.

A Paris, 26 juin 1700.

..... Je vous prie de faire tenir les lieux de Fontenay vuides pour mon retour, en sorte que je n'y trouve plus rien que mes meubles; et si quelques uns de M^{rs} les Receveurs se sont logez dans quelques uns des appartemens et des chambres, priez les de ma part d'en sortir. Mr de Pellevé m'écrivit l'autre jour pour me demander un logement. M^r et Mlle des Preaux m'ont souvent fait la mesme demande. Je leur ay repondu à tous la mesme chose, que j'ay tant de monde à loger qu'il s'en faudra beaucoup que je n'aye un logement suffisant pour les mettre un peu commodement, que jamais aucun receveur ne m'a demandé de logement a Aunay, et qu'enfin je les prie que cette question finisse, qui fut décidée dans le tems mesme que nous signasmes nostre bail, car je leur declaray des lors, et je l'ay repeté cent fois depuis, sans avoir jamais changé de langage, que je ne pouvais ny leur accorder, ny leur promettre aucun logement. Je suis bien aise de la visite que vous avez faite à Fontenay, et de l'estat ou vous avez trouvé mes meubles. Je feray partir demain par la charette de Des Prez messager plusieurs gros paquets et ballots a 4 liv. 10 s. du cent, prix fait par Mlle des

Preaux, qui m'a envoyé le billet de Des Prez. Je vous prie de donner ordre que M`<sup>lle</sup>` Merite en paye le port. Faites apporter ces paquets chez vous et les faites porter à Fontenay par une charrette que M`<sup>rs</sup>` les Receveurs vous fourniront suivant l'obligation de leur bail. Quoy que j'envoye ces pacquets. je ne scais encore quand je partiray Cela depend uniquement de la transaction avec M`<sup>r</sup>` d'Avranches. Comme ny l'arbitre, ny ma partie n'en parloient point, j'en ay fait dresser un projet que je mettray entre les mains de l'arbitre pour estre communiqué à ma partie. Je crains bien que M`<sup>r</sup>` de Coetenfaut ne veuille l'envoyer à Avranches à son pere, qui y fera cent difficultez. Voilà ou j'en suis. Je suis tres fasché de l'estat de M`<sup>r</sup>` des Preaux pour toutes les raisons que vous savez comme moy. Si Dieu dispose de luy, taschez de retirer ces memoires des degradations, soustractions, etc. Donnez ordre, je vous prie, à quelqu'un de me faire chercher du bois de menuiserie, qui soit bien sec. J'en auray besoin pour Fontenay, et je n'en ay presque plus à Aunay. Vous avez veu sans doute M`<sup>r</sup>` de la Coudraye, à son passage pour aller à Avranches Tout à vous, etc.

———

A Paris, 29 juin 1700.

(Difficultés avec M`<sup>r</sup>` de Chamarande au sujet des reparations de Fontenay.....) Mes ballots doivent partir ce matin par la charette de Des Prez. Ils pesent sept cens, tant de livres. Je vous prie en les faisant retirer et emporter à Fontenay de bien recommander qu'on ne les charge pas trop, ny qu'on ne les manie pas rudement, car il y a un ballot qui n'est plain que de meubles fort fragiles. La demande du jardinier de Fontenay est raisonnable pour le rond point et le nettoyement des allées. Faites mettre, je vous prie, cela en estat. La veüe qu'ont eu M^r et Mlle des Preaux de me forcer à prendre leur jardinier me deplaist fort. Ma seur m'a mandé que la D^{lle} pretendoit aussi me donner un aumosnier, mais c'est de quoy je n'ay eu nulle nouvelle. Ne vous lassez point je vous prie, de me faire chercher du bois sec de menuiserie. Il faut bien qu'il y en ait à Caen, car qu'employeroient les menuisiers? Mr de Benneville pourroit vous en indiquer. Tout à vous. Serviteur à la dame de Treffle et à Linotte.

N'allez pas vous imaginer que je veuille effectivement assister à la visite des reparations, mais faites comme si je le voulois en effet, cela brouillera un peu leurs mesures.

A Paris, 3 juillet 1700.

Je suis très fasché de la mort de M^r des Preaux et pour luy et pour sa famille et pour mon interest. Cela dérange fort mes affaires de Fontenay. Soit que sa veuve et ses enfans prennent ou laissent sa succession, il faut voir ce que j'ay à faire de mon costé à cet egard. Je vous prie de voir sur cela M^r le Cocq et le plus tost que vous pourrez. En l'estat ou sont les choses, je n'ay affaire qu'à M' de Longchamp, qui ne m'accommode pas et je vois M' de Pellevé plein de grands egards pour luy, jusqu'à n'oser faire connoistre qu'il m'ait demandé un logement, de peur de luy déplaire, mais le principal est, qu'il n'agit point, pour se mettre en droit de se servir de son traitté, et tant que les choses seront en cet estat, je ne pourray avoir aucune relation avec luy pour les affaires de Fontenay. Je dis les affaires du bail, car pour de petits offices je ne les compte pour rien, ou pour fort peu de chose. Dans l'affaire mesme des reparations, je ne vois pas comment il y entrera autrement que par une entremise volontaire. Je voudrois que cette mort pust causer la dissolution du bail, et si vous y voyez jour, ne la manquez pas, en prenant les precautions et les seuretez necessaires. M' de la Coudraye prendroit volontiers ce bail, s'il n'a changé d'avis depuis l'automne dernier, et à son défaut je crois que M' de Gruchy ne demanderoit pas mieux que de reparer la faute qu'il fist l'année passée.... Je ne doute pas que vous n'ayez fait tout de vostre mieux pour le bail de cette maison des Monniers, mais elle me paroist excessivement chere, car elle se trouve, a dix francs près, autant baillée que la mienne ou vous demeurez estoit baillée, et considerez en la différence. Je ne doute pas que vous n'ayez exclu les locataires du devant de tout le derrière, en bouchant l'allée, non seulement afin qu'il (*sic*) ne viennent ny aux lieux, ni aux celliers, ny dans la court, et que l'on ne soit point assujeti à cette incommodité qui seroit tres grande, mais encore pour la seureté, car mes gens et les vostres ayant deux issues, nous n'en seriens pas les maistres, et toutes sortes de gens du dehors pourroient venir jusque dans ma chambre. Vous savez que je vous ay ecrit plusieurs fois sur cela. Faites, s'il vous plaist, payer le quartier echeu à Mlle Merite. Je crois que mes paquets arriveront aujourduy à Caen. Souvenez vous, s'il vous plaist, de recommander et à Mr de Pellevé et aux chartiers, de manier doucement les paquets et balots et de ne les pas trop charger, car il y a des meubles fort fragiles.... Souvenez vous de faire vuider Mr de Longchamp de l'appartement qu'il a envahi à Fontenay. Je vous prie aussi de faire tenir libre et vuide toute la maison qu'occupoit M^r le Prieur, car je fais mon compte d'aller d'abord camper la, pour avoir loisir de faire preparer mon appartement et le meubler et le reste de la grande maison, et comme il me faut assez de logement pour moy et pour mes gens pour coucher et pour manger, vous jugez bien que ce corps de logis pourra à peine suffire pour cela. Souvenez vous aussi de retirer ces memoires des degradations de chez M^r des Preaux. Quand vous ne feriez pas connoistre a Mr de Longchamp que Mr de Pellevé demande un appartement à Fontenay, vous estes en droit de luy dire que et luy et Mlle des Preaux me le peuvent demander comme luy, et que si je le luy avois accordé, je ne pourrois pas avec justice le refuser aux autres. Tout vostre, mon cher neveu.

A Paris, 7 juillet 1700.

(Huet desire la dissolution du bail de la ferme de Fontenay, etc., etc.)..... Je vous prie de voir quelle provision de foin l'on a faite à Fontenay et quelle provision vous jugez à propos de faire. J'espere y estre quelque tems cette année. J'ay donné ordre à celle d'Aunay. J'ay pensé qu'il n'y avoit point d'inconvénient que j'en fisse aussi à Caen, car je suppose qu'il y aura des greniers pour cela.

———

A Paris, le 9 juillet 1700.

(Il est toujours question de la dissolution du bail de Fontenay... Huet ne semble pas satisfait de la façon dont Charsigné a disposé la maison des Monniers... Détails relatifs à la transaction entre Huet et son successeur à l'évêché d'Avranches)..... « (L'arbitre) me demandoit ma parole. comme il avoit demandé celle de ma partie, de n'aller point voir nostre avocat. Je le luy promis, mais je ne luy promis pas de ne point écrire. Je l'ay fait, pour lui représenter mes raisons, principalement sur les dispositions ou les lettres de Mr de la Coudraye m'ont appris qu'est le Prélat... »

———

A Paris, 11 juillet 1700.

Cette lettre enfin, mon cher neveu, est pour vous prier de m'envoyer mes chevaux. Ce n'est pas que nostre transaction soit signée, ny mesme que je sache ce qu'elle contient, mais nostre arbitre en parle comme d'une affaire consommée. Il y a déjà eu deux séances entre luy et l'avocat, seuls. Avant hier au soir que je croiois aller signer, il me manda qu'il restoit encore quelque chose qui seroit pour hier au soir. J'attendis hier au soir et je n'entendis parler de rien. Je ne scais quelles mesures l'on a prises, mais je vois une disposition prochaine à finir. Mr de Pellevé m'a ecrit au long la deliberation des parens de Mlle des Preaux, à quelles conditions elle est tutrice et ce qui a esté resolu à son egard sur la ferme de Fontenay. Comme elle doit se faire agréer par moy, je crois qu'elle vous en parlera.. Je vous prie de luy dire que, veu l'offre qu'elle vous a faite de son pere et de son frere pour cautions, vous ne doutez pas que je ne l'accepte. Vous pourrez mesme luy faire entendre cela par le s^r de Pellevé, si vous avez de la repugnance à le luy dire. Lors qu'elle m'en ecrira, je vous prie de trouver bon que je vous la renvoye, luy promettant d'agréer ce que vous arresterez avec elle. Les affaires que j'ay icy et la proximité de mon depart sont une excuse fort juste pour me decharger de ce soin. Souvenez vous, je vous prie, d'une écurie, d'un grenier, et d'une remise pour moy, car sans cela la maison que vous m'avez louée ne me sera d'aucun usage. Tout à vous. Ne m'ecrivez point sans me dire des nouvelles de la santé de la femme grosse... (1).

(1) Mme de Charsigné.

A Paris, 13 juillet 1700.

(Ferme de Fontenay... Transaction imminente...)
..... Quand je vous ay mandé que j'irois d'abord à Fontenay, je n'ay pas entendu que ce seroit avant que d'avoir esté à Caen. Vous savez que Fontenay n'est pas en estat de me recevoir. Mon dessein est donc d'aller debarquer à Caen chez M° de Brucourt, comme à l'ordinaire, et d'envoyer dès le lendemain St Jacques et Honoré à Fontenay, avec mon lit de campagne et le petit meuble de mon fourgon pour y disposer les choses, en sorte que je puisse y aller camper, ce qui sera si tost qu'ils m'auront assuré que j'y puis aller. Je feray deballer mes meubles et mettre mon appartement en estat de me recevoir et moy et mes gens. Après quoy je disposeray le reste à loisir. Pourveu que nous soyons assurez de trouver du bois chez ce marchand à point nommé, j'attendray que Corbet soit à Fontenay pour resoudre avec luy quel bois il me faut et l'envoyer à Caen en choisir. Je puis vous dire par avance que j'ay encore beaucoup de bois quarré à Aunay et que ce sont des planches qui me manquent. Mandez, je vous prie, à du Cellier de ne rien negliger pour tuer cette beste qui depeuple le colombier d'Aunay. Le P. Prieur à qui vous me dittes d'en ecrire n'y fera rien que par du Celier. Mandez moy promtement, je vous prie, que M° de Charsigné soit hors de crainte et de danger. Tout vostre.

A Paris, 17 juillet 1700.

...,. Mon affaire n'est point encore finie : c'est une peine et une longueur infinie que de ramasser trois personnes à Paris, et trois personnes qui ont plus d'une affaire. Il ne me reste plus qu'à signer la transaction. L'arbitre m'a dit et redit qu'elle est toute dressée et qu'il n'y a plus qu'à signer, mais il n'a pas voulu en donner communication ny à ma partie ny à moi, et cela me fait craindre ou qu'il ne s'y trouve des clauses peu favorables pour moy, ou que si l'on a egard aux remonstrances que je pourray faire, ce ne soient de nouveaux retardemens. Cette crainte me pensa vous faire écrire l'autre jour en diligence de ne m'envoyer point encore mes chevaux ; mais le pis qui en pourra arriver sera ou d'en demeurer chargé icy quelques jours plus que je n'avois compté, ou peut estre laisseray je une procuration à M^r le Vaillant pour signer pour moy. Les affaires de Mr de la Coudraye qui sont tombées justement au tems que j'avois le plus besoin de luy et de son instruction sur mes interests d'Avranches, qu'il connoist bien mieux que moy, estant entré dans un détail dont je n'avois que faire, et la maladie de M^r le Vaillant survenue au mesme tems, ont esté deux inconveniens tres fascheux et tres desavantageux pour moy, car je me suis trouvé sans soulagement, sans instruction et presque sans conseil, lorsqu'il a fallu travailler à cette transaction d'où depend le repos de ma vie. Dieu en soit béni..... En relisant cet extrait du bail qui regarde les logemens, il me semble que je n'y vois point ce logement qu'occupoient les Dixmeurs, où j'ay fait faire un garde meuble. Je ne scais s'il est compris dans la maison qu'occupoit Mʳ le Prieur. Comme vous m'avez mandé par vos lettres précédentes que je pourrais faire fermer l'allée du logis des Monniers qui va de la court au jardin, cela suppose que vous avez osté aux Locataires l'usage des lieux et du puits. Si cela n'estoit pas ainsi et qu'ils eussent la liberté de s'en servir, ce seroit un assujetissement insupportable et qui rendroit mesme vostre jardin et vostre maison commune, et qui me mettroit pesle mesle avec toute cette canaille, et qui ne me permettroit pas de pouvoir habiter cette maison.

———

A Paris, 20 juillet 1700.

J'ay appris ce matin à mon reveil que mes chevaux arriverent hier au soir sur les neuf heures. Je ne scais point encore en quel estat ils sont, et je n'ay point veu le Breton, car vous savez que mon equipage ne loge pas avec moy. Vous voyez que le Breton est venu en cinq jours, nonobstant l'ordre que vous luy aviez donné de venir à petites journées. Apparemment ils partirent hier de Mante et firent une journée de douze lieües par une assez grande chaleur. Je vous prie de vous faire rendre par Mᶫᶫᵉ Merite l'argent que vous avez avancé. J'ecris présentement à Mᶫᶫᵉ des Preaux et je luy mande que je suis trop peu instruit des affaires de Fontenay, pour luy pouvoir rien dire de positif, que je l'ay priée, comme je l'en prie encore, de s'adresser à vous, luy promettant d'agréer tout ce que vous arresterez, et que si elle à dessein de le faire, elle doit le faire sans differer, que j'ay appris avec beaucoup de surprise qu'elle a renoncé à la succession du defunt, que je croiois ses affaires au meilleur estat du monde, et que je n'avois presque compté que sur luy dans les engagemens que nous avons pris ensemble, que je vois peu d'union dans leur société, et que M⁺ de Pellevé me paroist fort peu empressé à faire reconnoistre son traitté et à se faire agréer à moy, que toutes ces dispositions m'empeschent de pouvoir prendre aucunes mesures certaines, et que cela luy fait voir la nécessité où je suis de la renvoyer à vous. J'ay esté bien aise de luy faire pressentir que je ne trouve pas ma ferme aussi assurée que je le voudrois. J'ay pressé nostre arbitre pour finir nostre affaire. Il me manda hier de la campagne ou il est, que demain à quatre heures de l'après midy il nous feroit signer la transaction ; mais comme il m'a deja donné plusieurs paroles semblables, qui n'ont point eu d'execution par les divers obstacles qui surviennent, je l'ay prié de trouver bon que, si cela manque, je laisse une procuration à un de mes amis qui signera pour moy, et il l'a agréé. M⁺ le Vaillant sera porteur de cette procuration, et comme il est fort instruit de mon affaire il ne signera rien que de bien à propos. Cela estant ainsi, je vais me disposer tout de bon à partir ; mais quelque diligence que je face, cela ne sauroit estre que dans deux ou trois jours, quand ce ne seroit que pour laisser reposer mes chevaux. Je ne scais si

Mʳ de la Coudraye a fait payer 950 liv. à Mᵉ de Brucourt. Il me manda l'autre jour que cela ne tenoit à rien. Je ne scais pas où Mʳ de Longchamp prend que je l'aye obligé de prendre les Crevels pour fermiers. Cela est très faux et je vois que cet homme est fort hardi affirmateur : c'est par ce mesme esprit qu'il soustenoit que je lui avois promis un logement. Il avoit un demeslé avec un de ces Crevels. Ils me vinrent trouver chez vous, et m'exposerent leur sujet de contestation, et je les accommoday. Je vous prie de ne manquer point dans l'occasion de luy dire que je m'estonne fort qu'il me face dire si souvent des choses à quoy je n'ay jamais pensé et que je desavoüe entièrement le fait des Crevels qui sont gens que je ne connois en façon quelconque. Taschez, de (*sic*) vous prie, de vous assurer de la garantie que promet Mˡˡᵉ des Preaux. Il pourroit bien estre qu'elle s'est avancée de cela, sans en estre trop assurée, car elle est d'un bon cœur, elle croit tout le monde de mesme. Mais je doute que son pere qui est sage, et son frère qui a une femme et peut estre des enfans, veuillent se jeter à corps perdu dans des affaires qui pourroient leur devenir de consequence. Je serois fort aise d'estre eclairci sur ce point en arrivant. Je ne crois point que vous deviez m'ecrire davantage, car je pourray partir samedy, Dieu aidant, et vos lettres viendroient trop tard. Il pourroit pourtant survenir telle rencontre qui me feroit differer d'un jour ou de deux. Je vous manderay le jour de mon départ. Mʳ du Hamel Beaumont me vint voir hier, et en me parlant de feu Mʳ des Preaux, il me dit que M⁺ du Hamel luy avoit mandé qu'il peschoit dans la riviere avec acharnement.

A Paris, 23 juillet 1700.

(Affaire de Mlle des Préaux ; comment de Charsigné doit agir à son égard)..... Enfin nostre transaction fut hier signée. Je n'en suis nullement content, et j'ay mandé mes griefs à M⁺ de la Coudraye. Mais, telle qu'elle est, j'ay eu des peines infinies à parvenir à la faire signer. Il y a six semaines qu'on remettoit de jour en jour. Tous mes amis me parloient comme vous du dessein que j'avois de laisser une procuration, que je ferois bien mieux de ne point desemparer que cela ne fut fait ; mais pas un d'eux à qui j'ay dit mes raisons, n'est disconvenu que ce que je voulois faire estoit encore meilleur, car M⁺ le Vaillant qui eust esté porteur de ma procuration, qui estoit instruit de mon affaire comme moy mesme et qui eust esté meilleur juge que moy de l'importance des clauses de la transaction, eust esté en droit de faire des remonstrances avec bienséance que je n'aurois pas osé faire. Quoy qu'il en soit, l'affaire est faite. Il y a plusieurs choses à mon desavantage, et ce qui est de pire, c'est qu'il s'en faut bien qu'on n'ait (sic) coupé toutes les racines des contestations et des procez, comme je l'avois demandé cent fois, mais ces procez ne seront pas si dangereux, ny si onereux que m'eussent esté ceux qui seroient resultez des voyes ordinaires, si nous les avions prises, et je puis dire que je suis revenu de bien loin. La

plus part des choses sur quoy on n'a rien statué me
sont deuës par le droit commun, et ainsi je seray
tres bien fondé à les demander. Mʳ le Vaillant, à qui
je rendis compte hier de cette trasaction en est assez
content et dit qu'elle n'est point trop mauvaise. J'aurois fait plus de bruit, mais j'avois affaire à un arbitre rebuté au dernier point de la difficulté et de la
longueur de nostre different. Le tems et l'application que cette discussion demandoit luy deroboient
celle qu'il devoit à des affaires plus grandes et plus
aisées, et je vis l'heure que les contestations qui se
firent devant luy entre ma partie et moy, luy firent
déchirer la transaction, et jugez où j'en aurois esté.
Il a donc fallu faire le cane (sic) et filler doux et se
tirer d'un mauvais pas par la plus sure voye. L'arbitre n'a pas voulu connoistre du different de ma
pension de Soissons. Je fis declarer ma partie la
dessus, et il dist qu'il y persistoit. Je luy dis que s'il
vouloit mettre encore mille louys au bout de ce procez pour celuy qui le gagnera, j'estois prest de m'y
engager devant le notaire qui estoit present Lors
que je luy dis qu'il faudroit precompter sur la somme
que je luy dois payer, les sommes que Mʳ d'Avranches a receues au dela de ce qui luy appartient, il se
recria comme devant avoir huit procez au lieu de recevoir de l'argent, car ces Mʳˢ auroient esté bien aises
d'estre payez deux ou trois fois des reparations. Il
me sembla en cette occasion luy voir les larmes aux
yeux. Je crois partir Lundy, Dieu aidant, 26 juillet.
J'iray par Lisieux et je mettray six jours à venir, de
sorte que je crois avoir la joye de vous embrasser le

31 de ce mois. Faites part de cecy à ma seur. J'oubliois de vous dire que par la transaction le P. de la Chaize demeure juge des differens qui pourront resulter de son explication ou de son execution. Je ne vous ecriray plus avant mon depart, s'il ne survient quelque chose.

A Fontenay, 10 aoust 1700.

Je vous prie, mon cher neveu, d'envoyer dire à M⁰ des Jardins qu'elle m'envoye icy les Gazettes comme elle me les envoioit à Aunay : elle n'aura qu'à en faire un paquet et les mettre chez vous, et vous donnerez ordre, s'il vous plaist, qu'on me les rende icy. Nos meusniers passeront chez vous et les prendront avec les lettres qui vous viendront pour moy. Si vous allez à la campagne, donnez ordre, je vous prie, qu'on les mette chez du Chemin, cirier, devant les Peres de l'Oratoire, en luy recommandant de les donner à nos meusniers. Mr de Pellevé a fait faire un exploit à Mr de Longchamp pour l'execution de son traitté. Ils se sont rendus ceans, et j'ay rabatu les coups. Mr de Longchamp a parlé raisonnablement: je ne scais s'il fera de mesme. Je reçois icy force visites du voisinage : je crains d'estre plus achalandé que je ne voudrois. M⁰ de Jores vient de partir de ceans : elle m'a dit que la femme grosse est toujours grosse. Tout vostre.

A Fontenay, 12 aoust 1700.

Je vous renvoye les gazettes pour les faire rendre, s'il vous plaist, à M⁰ des Jardins. Je crois qu'il sera nécessaire de rompre la cloison qui est dans la chambre des Monnïers, qui me doit servir de Cabinet, afin que j'aye où placer ma chaise : elle me pourra servir en la transportant auprès de l'autre fenestre sur la Court, mais pour cela il faudra y ajuster quelques aix, sur quoy je puisse placer des livres et des papiers. Il faut ou oster, ou couvrir la dalle qui est une vilaine parure en un tel lieu, sur tout il faut oster la goutiere. En desposant icy mes ameublemens, je pense à ma chambre de Caen, et je me trouve fort embarrassé, car je n'y en puis mettre d'honneste, à cause de la bassesse du plancher, et principalement de la poutre, et il me fasche d'y en mettre un vilain. Le Cocq serrurier que vous avez employé, à ce que j'apprens, à ferrer les cloisons et portes de mon nouveau cabinet d'icy, s'en est tres mal acquitté. Il y a mis des serrures si courtes et si petites qu'on s'écorche les doits pour les ouvrir et mesme il a esté assez mal avisé pour avoir dolé et entaillé fort vilainement et mal proprement le nouveau jambage de menuiserie de la porte. De plus il n'a point mis de crampon pour arrester le pesne de la principale serrure, ce qui fait qu'on ne peut la fermer, et il n'y a aucun bouton ny anse aux portes pour les attirer. Il faut de nécessité faire oster cette serrure courte et estroite. Nous avons icy M* de Jores qui est une jolie femme. M* l'Intendant m'envoya hier icy son garde, pour me demander la cure de Semilly. Je luy manday, comme je l'avois mandé à M* de Brucourt, qu'elle est destinee pour M* de Belfontaine. J'ay sceu que M* du Gué temoigna icy quelque chagrin de s'en retourner les mains vuides. J'en eus aussi de ne pouvoir le contenter ; mais dans la demande aussi bien que dans la distribution des graces, il faut se faire justice, et il ne doit pas pretendre d'estre preferé à des gens à qui j'ay de tres particulieres obligations. Tout à vous. Je vous prie de faire rendre la lettre cy jointe à Mr Marie et de parler à vostre fichu serrurier le Cocq. Il faut de nécessité faire mettre une autre serrure que cette petite qui rompt les doits. et un crampon à l'autre serrure, des boutons aux portes et des verroux par dedans. Il meriteroit qu'on lui fist refaire le chambransle de la porte à ses depens, pour luy apprendre à ajuster sa besogne aux lieux, et non pas les lieux à sa besogne. Le serrurier d'icy, qui paroist un bon homme et intelligent m'a dit qu'il fera pour 10 liv. ce que le Cocq a vendu 20 liv., que sa besogne ne vaut rien, et il m'en a fait voir les defauts.

À Fontenay, 14 aoust 1700.

Le Cocq serrurier est venu ceans. Il a reconnu sa faute et a promis de la reparer. Je ne suis point de l'avis de vos dames, pour placer mon lit du costé du degré. Il est certain qu'il n'y auroit aucune ruelle, que j'aurois la porte contre mon chevet, et mesme que si je mettais là un de mes grands lits, il occuperoit une partie de la porte, outre qu'il seroit à gauche. Quand il n'y aurait point de poutre, le plancher est si bas qu'un lit honneste n'y pourroit pas. J'arrestay hier avec le Tapissier que j'ay ceans et avec Honoré l'ameublement que j'y mettray. Si les connoisseurs de Caen ne s'en contentent pas, ils s'en riront, s'ils veulent et je les laisseray rire. Le pis qui en pourra arriver sera de recevoir le monde dans vostre sale voisine ; et apres tout je ne pretens pas tenir cour pleniere à Caen. Il n'y a icy qu'une seule chambre d'un honneste exaucement, et il faut que le peintre y passe avant que de la meubler. Vous me feriez plaisir de m'en envoyer un, pour luy faire voir cette chambre et la sale. La cure que j'ay donnée à M⁰ de Bellefontaine n'est pas pour la posséder luy mesme, mais il me pria il y a long tems de luy en donner une pour servir à l'accomodement entre luy et un gradué qui luy conteste un canonicat. De sorte que de luy donner cette cure, c'est le faire chanoine. Je voudrois faire davantage pour reconnoistre les obligations capitales que je luy ay. Vous me dittes que ce n'est pas cela qui a fasché M⁰ le Gué et Mᵉ de Brucourt. Si ce n'est cela, je ne comprens pas ce que ce peut estre. On m'ecrit d'Avranches que le Prelat pretend que je n'ay pas dû partir de Paris avant que de luy avoir payé le moitié des 13.000 liv. et que ce manquement rend nulle nostre transaction. Il a dit cela dans le premier mouvement de dépit qu'il a eu de ce que je luy ay fait dire par M⁰ de Bellefontaine, aussitost apres la transaction, que j'estois prest de le payer et de satisfaire à toutes les clauses, mais que c'estoit à luy à faire le premier pas, en m'envoyant la ratification dans la quinzaine, suivant les termes de la transaction, apres quoy je le payerois incontinent, apres avoir precompté et deduit les sommes qu'il a recues de mes fermiers au dela de ce qui luy est dû, et celles qu'il me doit pour les meubles que je luy ay laissez dans l'Evesché. Je vous embrasse et suis tout à vous.

A Fontenay, 15 aoust 1700.

Je vous prie, mon cher neveu, d'envoyer un de vos gens chez le Cordier relieur, demeurant vers St Etienne, savoir si les livres que je luy donnay à relier sont prests. Il y a douze jours qu'il les a. S'ils sont prests, qu'il me mande le prix, afin que je le face payer. Qu'il enveloppe les livres et vous les donne pour me les envoyer par le premier Meusnier. Je vous prie aussi d'envoyer ce livre au P. Martin Cordelier, avec le billet que je luy adresse. Tout à vous.

A Fontenay, 16 aoust 1700.

Je repons à vostre dernière lettre en achevant de la lire. Je ne sais pas où les Tapissiers ont pris que je doive me servir de vos tapisseries, ny de vos meubles : c'est ce que je ne leur ay jamais dit ny pensé. Je vous remercie de l'offre que vous m'en faites. La bassesse du plancher de la chambre que j'auray dans la maison des Monniers m'empesche d'y mettre l'ameublement que j'y avois destiné. Je la feray tapisser d'un brocard que vous n'avez point veu et qui est assez joli, et j'y mettray ce lit violet dans quoy M⁰ de Charsigné couchoit à Avranches avec les chaises qui l'accompagnoient. Cela me suffira, quoy qu'en puisse dire la propreté et la magnificence de Caen. Je ne repugne point à ce chambransle que vous me proposez, mais je voudrois en savoir le prix auparavant. Souvenez vous de faire mettre les vitres en bon estat, car elles sont horribles. Faites aussi visiter et ramonner les cheminées. J'ay chargé le Meusnier de m'apporter les guéridons qui sont chez M⁰ de Brucourt. Si on ne peut pas les apporter sans les hazarder, il faut attendre que j'envoye mon chariot à Caen pour m'apporter du bois. On les apportera en mesme tems. Lors que je vous proposay, il y a quelque tems, de donner à mon nouveau jardinier l'office de portier, vous me mandastes, ce me semble, que cela choqueroit les religieux qui affectionnoient l'ancien officier. Je vous prie de m'expliquer un peu cela davantage et de me mander quelle connoissance vous en avez, car, aujourd'huy que je commence à connoistre les choses, il me paroist que c'est peut estre à cause de cette affection mesme que je dois me defaire de luy. Neantmoins je ne me hasteray pas. Je ne suis pas pressé d'avoir un peintre et j'attendray aisement le retour de Guibray. Envoyez moy celuy que vous connoistrez le plus raisonnable et le plus expéditif... J'ay esté contraint de mettre ceans dans la chambre de feu M⁰ l'abbé de Montmorel qui sera la plus frequentée un lit horrible et qui à peine seroit propre à coucher une femme de chambre ; mais la bassesse de l'alcove n'y en peut souffrir d'autre, et je ne suis pas d'avis d'en faire exprès. Je ne pretens nullement de concourir avec Mr de Croismare ny avec Mr de Benouville sur le prix de la propreté. Je vous prie de donner ordre à quelqu'un de vos gens de m'acheter et de m'envoyer une petite provision de clouds, de toute grandeur, environ cinquante de chacune, pour les besoins pressans, car il est desagreable d'envoyer à Caen pour avoir un clou. Mandez moy si vous avez un exemplaire de mon ouvrage de Caen, que j'y avois laissé pour estre communiqué aux curieux. Vous me ferez plaisir de me le renvoyer. J'attens des nouvelles du relieur dont je vous ecrivis hier. Encore un coup tenez vous une bonne fois pour dit que et icy et à Caen je ne cherche qu'à me loger cahin caha : je travaille seulement à me donner le necessaire. Je prens le commode fort volontiers quand je le trouve, mais je n'aspire nullement au propre, et je renonce de tout mon cœur au magnifique. Ny l'estat de mes affaires, ny la disposition de cette masure où je suis, ny mon humeur ne le comportent pas. Je mande la mesme chose à Me de Pleneville, qui s'imagine que je vais avoir icy un palais enchanté et qui le voudroit bien ainsi.

A Fontenay, 17 aoust 1700.

Je veux bien faire la depense que vous me proposez pour la cheminee de ma chambre dans le logis des Monniers Je dis de ma chambre seulement et non du cabinet, c'est à dire de la chambre du second estage. Le peintre est venu ; je ne luy ay pas encore parlé. Vous m'ecrivez une grande page de justifications sur la decoration de cette maison cy, et je n'en scais pas le sujet, car je ne vous accuse de rien, et n'ay nullement pensé à vous rien imputer, mais seulement à vous justifier ma malpropreté, car je vois par l'estat où vous avez mis vostre maison que vous avez le goust des embellissemens, et pour moi je me retranche à la commodité. J'entre dans tout ce que vous me dittes du portier : j'ay mesme sceu de certaines choses de luy, qui meriteroient bien un congé. La seule et unique raison qui me l'a fait menager jusqu'à cette heure, ç'a esté ce que vous m'en ecrivistes cet hyver touchant ce ressentiment des Religieux. Presentement que je suis instruit de tous costez, je vais prendre mon parti. En relisant le bail, je trouve que je me suis reservé tout ce qui estoit occupé par M^r l'abbé de Montmorel. Or Mr de Lonchamp s'est impatronisé d'une petite ecurie pour en faire son cellier, qui m'est absolument necessaire pour me servir d'ecurie, n'en ayant pas assez de la grande. De plus il tient une grange qui servoit de remise à M^r l'abbé de Montmorel, et au lieu de me la rendre il m'a proposé d'en faire faire une ailleurs, qui me coustera 300 liv. Mais je ne l'entens pas ainsi, et je pretens jouir de tous les lieux dont jouissaient mes predecesseurs. Je ne savois point que Mr Marie fust confesseur de Mr Macé. Je ne me suis addressé à luy que comme à son amy assez autorisé pour luy parler de sa conscience. Je vous prie de luy dire que je le crois encore plus obligé que je ne pensois à remonstrer le devoir à son penitent, et qu'il ne se doit point contenter de promesses pour l'avenir, ny du lendemain, aujourduy plus tost que demain, et ce matin plus tost que cette apres disnée. Mʳ de Bellefontaine me mande qu'il m'ecrivit le 11ᵉ de ce mois. Je n'ay point receu cette lettre. M. Lausier en fera recherche à Caen. Employez-vous y de vostre costé. Cette lettre doit estre de conséquence, car il me parle de cette pretendue rupture, comme m'en ayant ecrit amplement, et il m'exhorte fort à renouer. Je ne scais ce que c'est que tout cela, car mon intention est de satisfaire a toutes les clauses de la transaction, dont la première est la ratification. Sitost que je l'auray, je seray prest de payer, deduction faite de ce qui m'est deu. Cette lettre pourrait bien avoir esté escamottée à Avranches. Je prie Dieu de donner une heure (*sic*) delivrance à la femme enceinte.

Jeudy (26 aoust).

J'approuve fort que mes livres soient un peu menagez en les apportant, mais il y a pour cela une précaution à prendre, sans quoy ils s'ecorcheront sans doute, c'est qu'il faut que chaque livre ait son enveloppe separée, et pour cela j'ay fait faire des sacs de cuir pour transporter dans les voyages les livres dont j'ay besoin. J'en ay plus de 150 : je vous en envoye onze, à peu près de la taille dont sont les onze livres que vous me devez envoyer, et outre cela un douzième très grand où ils pourront tous. Moyennant cela, le Breton pourra les apporter sur ses chevaux. La resolution est prise de me defaire du fils du jardinier. J'en donneray l'ordre au Père, qui part tantost pour aller promptement chez luy, empescher que ce compère là qui y alla hier n'y face quelque désordre. M. le Curé de S⁺ Pierre qui m'a donné le Père me defera du fils, par le moyen d'un billet d'engagement, dont il est saisi, que ce fils donna pour aller à la guerre, et d'où M. de S⁺ Pierre le dégagea. Je tasche d'accommoder toutes choses pour le logement du jardinier et de M. de Longchamp. Je ne forceray jamais le jardinier à quitter son logement, luy ayant donné ma parole ; mais j'envisage un expédient qui pourra concilier toutes choses, quoy qu'il y ait aussi son inconvénient. C'est que M. de Montmaur s'est impatronisé de la porterie : c'est un lieu où il y a une cheminée, tout contre la porte et qui a toujours esté la demeure du portier. Je pourrois mettre là le portier, mettre le jardinier dans le logement qu'occupe le portier, et M. de Longchamp dans la demeure du jardinier. Reste à retirer cela de M. de Montmaur sans le fascher ; mais je luy en feray parler par M. le Prieur pour plus d'une raison, et je luy feray offrir un autre lieu à mettre son bois. Quand vous aurez bien envie de me venir voir, et que vous manquerez de cocher, je vous envoyeray le mien. Je vous prie d'envoyer le meschant petit livre cy joint chez le Cordier, pour le relier en parchemin. Il est de M. d'Auge.

A Fontenay, 28 aoust 1700.

Je vous prie, mon cher neveu, de me faire faire encore une chaize de paille, pareille à la dernière que l'on m'a faite, à la réserve seulement qu'elle soit plus haute d'un pouce, c'est à dire qu'elle ait vint pouces de largeur par le devant, vint pouces de profondeur et vint et un pouces de hauteur, au lieu que la précédente n'est haute que de vint pouces. Il faut qu'elle soit du moins aussi forte que l'autre ; mais il faut qu'elle soit mieux empaillée, car la paille de celle cy quitte en quelques endroits, c'est à dire que les cordons de paille se detachent et mesme qu'il y a quelque vuide au milieu. Faites, s'il vous plaist, avertir nostre vitrier qui demeure dans la rue de Geosle, proche le Soleil, de venir lundy matin attacher son verre. Il me semble qu'il s'appelle La Planche. Envoyez aussi chez Le Cocq, serrurier, luy dire qu'il me fait bien attendre après les serrures qu'il devoit apporter dès mercredy, et faute desquelles toutes mes portes ne peuvent fermer ; que j'ay mesme beaucoup d'autre besogne à faire et qui me presse, et je vous prie, enfin, vous et ma seur, de repandre doucement et sans affectation, que je regarde ce lieu cy comme une retraitte, que j'y viens en quittant Paris pour y trouver de la solitude et du repos, que je ne suis pas un homme de parties ; et cela afin d'ecarter d'icy les faineants et les faineantes ; car effectivement, si cela estoit trop frequent, je regagnerois Aunay. Pour mes bons et mes vieux amis, je seray ravi de les y voir, parce qu'ils me laisseront dans ma liberté. Vous pouvez mesme ajouter, si vous voulez, que j'ay esté tenté de mettre sur ma porte ce que le Maréchal de Brezé mit sur celle de sa maison de campagne : « *Nemo veniat, nisi vocatus* ». On me traittera de sauvage et de bourru, mais j'aime encore mieux cela que l'importunité des survenans et la perte de mon tems.

A Fontenay, 29 aoust 1700.

..... J'ay envie d'aller un de ces jours à Caen pour voir un peu le travail de ma chambre et pour consulter Mʳ Le Cocq sur l'affaire de Mʳ de Nerval et sur quelques autres. Je disneray de fort bonne heure. J'iray descendre chez vous. J'y laisseray ma chaise de poste et prendray vostre carosse, que mes chevaux tireront. J'iray me rabattre à la Visitation, d'où je vous renvoieray vostre carosse. Ma chaise m'y viendra prendre et me ramènera icy par Breteville et par Maletot. J'ay bien envie d'embrasser l'accouchée. Envoyez encore, je vous prie, presser Le Cocq de m'apporter ses serrures.

Lundy 30 aoust.

Le retardement du serrurier m'incommode extremement. Il me devoit apporter des serrures dès mercredy, mes portes ne ferment point. J'en souffre le jour et la nuit. C'est Mʳ de Gruchy qui le met en besogne, et s'il tarde davantage à venir, je demanderay à Mʳ de Gruchy de m'en amener un autre. Je suis bien plus pressé de mes serrures que de la ferrure de la roüe. Souvenez vous, s'il vous plaist, du faiseur de chaises et de luy bien donner toutes les dimensions que je vous ay marquées. Je ne m'estois point encore appliqué au parterre, qui n'est pas tolérable. Il me semble que vous m'aviez mandé qu'on auroit suivi celuy d'Aunay. Il n'y a nul rapport de l'un à l'autre. Je suis resolu de le faire rompre et d'en faire venir un autre de Paris ou de reprendre celuy d'Aunay. Je seray fort aise de voir icy mes amis. Je les prieray souvent d'y venir, parce que je scais bien qu'ils ne me dérangeront pas. Pour les autres qui n'y viennent que pour eux et non pour moy, ce sont ceux-là que je veux écarter. Je ne scais pas qui vous a dit que l'on n'alloit point manger chez Mʳ Du Quesnay. J'y ay esté mille fois, et il y avoit toujours bonne compagnie. On alloit aussi chez Mʳ de Chamboy sans prier. Les gens de Caen qui ne savoient point vivre, n'y alloient pas. Ils s'imaginoient que c'eust été gueuser, et qu'on auroit cru qu'ils n'avoient pas à disner chez eux. Ils auroient été desabusez, s'ils avoient esté trois mois à la Cour. Mᵉ de la Ferté et Mgʳ de Bayeux, qui ont veu autre chose que le carrefour de Caen, m'ont déjà demandé à disner icy plus d'une fois. Ce ne seront pas ces regales qui me feront peur, ce sera la continuité et la foule. Ayez bien soin de l'accouchée. Je crois que son clou vient de son lait. Si elle nourrissoit son enfant, cela n'arriveroit pas. Ces clous sont quelquefois traîtres : il faut y prendre garde. Renvoyez encore chez le serrurier.

A Fontenay, 2 septembre 1700.

Puisque vous ne venez pas icy comme je l'avais espéré, je vous prie de savoir quand M^r Le Cocq viendra à Caen, car en ce tems de vacation, il n'y est pas toujours. Lorsqu'il y sera, demandez luy, je vous prie, une heure où je puisse l'entretenir. Il faudroit que ce fust une après-midy. On me dit que ce ne pourra estre qu'un lundy, et que le lundy, au sortir de disner, il va tenir la jurisdiction de la Grande Abbaye. Enfin voyez, je vous prie, quelle heure et quel jour je le pourray voir. Mr de Grouchy m'a dit ce matin qu'on travaillera à la visite quand je voudray et qu'il en avoit l'ordre. J'ay repondu que je serois toujours prest et que je ferois avertir les expers. Je vous prie de savoir si Nourry est libre pour cela. M^r de St-Jacques estoit hier ceans, et est toujours prest. Si Guilbert vient à la visite comme expert de Mr de Chamarande, je luy parleray de mon parterre. Tout à vous.

A Fontenay, 3 septembre 1700.

Les choses estant comme vous me le mandez, je me rendray demain, Dieu aidant, chez vous vers une heure. Je disneray ceans avant que de partir. On m'a donné un bon turbot que je suis obligé de manger sur les lieux avec ceux qui me l'ont donné. Je ne ferois aucune façon d'aller disner chez vous. Je vous prie seulement de me faire tenir vostre carosse prest. Tout à vous. Il n'y aura point d'inconvénient que vous faciez savoir à Mʳ Le Cocq que j'espere estre chez luy sur les deux heures.

A Fontenay, 6 septembre 1700.

Je vous envoye ma tapisserie comme nous en sommes convenus. Je vous prie de la présenter contre les murs de ma chambre, et de marquer les endroits où elle manquera, pour les faire peindre... Envoyez moy ma chaise. Si le peintre commençoit de bonne heure à peindre ma chambre, et qu'elle pust estre seiche promptement, je crois que j'y pourrois loger dès cette année. Mes complimens à l'accouchée.

A Fontenay, 7 septembre 1700.

Vous me ferez plaisir de rendre service à Mʳ de Bellefontaine, et de luy mander que je vous en ay prié. Si vous avez de la repugnance à demander quelque bon office à Mʳ de Grandchamp, je crois que vous pourrez aisement le luy faire demander par un autre, et il vous propose divers expédients. Cette affaire est importante à son neveu. Il n'est pas le seul qui parle de cette rupture de ma transaction. Mr d'Avranches a si bien abbreuvé le public de cette fadaise qu'il a honte de s'en dedire. Je vous prie de mander à Mr de Bellefontaine, mais comme de vostre chef, que vous ne comprenez pas comment Mr d'Avranches peut dire qu'une transaction est rompue, lors que vous me voyez fort resolu de l'entretenir en tous ses chefs, que je suis prest de payer ce que je dois, lors que Mr d'Avranches voudra me payer ce qu'il me doit ; que l'obligation de payer ses dettes est réciproque, que le R. P. de la Chaize l'a ainsi ordonné, et qu'il est nostre juge convenu par la transaction mesme, et que vous ne comprenez pas comment luy Mr de Bellefontaine et les gens d'Avranches, si expers dans les affaires, donnent dans ce panneau là.

Je vous laisse le maistre des ajustemens de ma chambre tant pour la peinture que pour le reste. Je serois très aise qu'elle pust estre logeable, aussi tost que vous me le marquez Je ne scais encore où j'en suis pour l'écurie, pour la remise et pour le grenier, car cela est nécessaire. et j'y ferois mettre quelque provision. Je suis fort fasché que la tapisserie soit trop haute, car il faudra nécessairement la replier, et ce qui sera pris dans le ply conservera sa couleur, tandis que le reste se déteindra. Je vous donneray volontiers mon portrait, mais il faut attendre que mes affaires soient en meilleur estat, car je n'en veux point, s'il n'est bon, et un bon coustera fort cher... Voilà Mr de la Coudraye qui m'apprend que

Mr d'Avranches, dans le tems mesme qu'il debite que notre transaction est rompue, ne laisse pas de l'executer, car comme elle le condamne à la taxe du Pontgilbert, il prend des mesures pour s'en faire décharger....

A Fontenay, 9 septembre 1700.

J'attens que vous me mandiez ce que je dois payer au vitrier pour chaque carreau de vitre. Il me paroist qu'il les enchérit à cause de l'éloignement et du transport. Je me suis souvenu que lors que les Jesuites me firent préparer mon logement de Paris, ils firent peindre les portes d'une certaine peinture en detrempe, de couleur feuille morte, sur laquelle on mit un vernix qui la rendoit luisante et plus belle que de la peinture en huile. Cette peinture est à très bon marché et ne sent pas si long tems ny si fort que l'huile. Informez-vous, je vous prie, de vos barbouilleurs, s'ils ont cette méthode, ou s'ils la connoissent, et de mon costé, je vais écrire à Paris pour savoir tous les ingrediens et les recettes de cette peinture. Mandez moy comment se porte votre fille et si vous viendrez tous demain.

A Fontenay, 10 septembre 1700.

... Je vous prie d'envoyer querir la Planche vitrier et d'arrester ce que je luy dois payer. J'y satisferay aussitost. J'ay déjà ecrit à Paris pour cette peinture vernissée : je suis bien fasché de n'y avoir pas pensé plustost. Je vous attendois aujourduy en bonne devotion avec M' Cavelier. Amenez le moy dimanche mort ou vif. Vous serez estonné, quand je vous diray les ravages que l'on a faits dans cette pauvre abbaye. Je demanderay pour un article plus de 500 pieds d'arbres. Si M' de Chamarande avoit vescu encore dix ans, il n'y seroit pas demeuré un arbre sur pieds ny pierre sur pierre. Vous avez un très grand interest à faire bien rendre ces reparations. Pour moy, il m'importe peu ce qu'elles deviendront quand je seray mort, et elles retomberont uniquement sur vous. Ainsi preparez vous à y avoir l'œil, et à y defendre vos interests. On m'a donné avis qu'il y a pour 500 escus de bois de chesne à la Meslière, qui est sur son retour, et n'est bon qu'à couper. Si je le fais, je le feray dans les formes. C'est pourquoy, consultez, je vous prie, M' le Cocq, sur la forme qu'il y faut garder. Je crois qu'il faut s'addresser au Maistre des eaux et forests de Caen ; si ce n'est pas à luy, il faut savoir si c'est au juge de Falaise, dans le ressort duquel est cette Abbaye, ou si c'est au bailly de Caen. conservateur des Privilèges de l'Université, où cette Abbaye est immatriculée, ou si c'est aux Requestes du Palais, à Paris, où mes causes sont commises. Je vous prie de faire avertir le Cocq, serrurier, de venir comme il me l'a promis....

A SON NEVEU DE CHARSIGNÉ.

A Fontenay, 11 septembre, samedy.

Je viens de recevoir un exploit qui m'a esté fait par M^r d'Avranches à la Maison Professe des Jésuites, à Paris, et qui m'a esté renvoyé. Il est nécessaire que j'y reponde incessamment. Je pourrois fort bien faire la reponse, et j'ay assez bonne opinion de ma capacité pour le croire ; mais, comme je suis bien aise de ne rien faire en ces matières que par bon conseil, je suis résolu d'aller tantost à Caen pour consulter M^r le Cocq, ou M^r le Tremançois, ou Mr de Chaumontel. Je disneray icy, et seray, s'il plaist à Dieu, à Caen vers une heure. Dittes le, s'il vous plaist, à Mr de Charsigné (*), et que je le prie de donner ordre que je puisse avoir son carosse. Je n'entreray que dans vostre sans aller dans l'air de petite verole Faites dire cependant, je vous prie, au serrurier le Cocq, que je suis fort mecontent de son manque de parole.

A Fontenay, 15 septembre 1700.

Les refuites et les manques de parole de Mr Cavelier commencent à me mettre en quelque doute de ses

(*) Cette lettre n'a pas dû être envoyée directement à M. de Charsigné ; mais elle lui aura été remise par celui à qui la lettre de Huet était adressée. Voilà pourquoi elle se trouve parmi les lettres de Huet à Charsigné.
A. G.

intentions. Il y a un an que nous sommes sur les mesmes erremens, et nous ne sommes pas plus avancez que le premier jour. Ce n'est pas là mon compte. Je vous ay mandé que je voulois voir la besogne entamée avant mon depart, afin de la pouvoir continuer pendant l'hyver; autrement il faudroit la remettre au Printems, ce qui ne m'accommoderoit pas. On ne peut commencer l'ouvrage sans avoir reglé toutes choses, et on ne peut les regler sans se voir et sans voir l'ouvrage. Je vous prie donc de luy parler une bonne fois et de savoir ses dernières intentions, afin que je regle les miennes. Une après disnée de son tems éclaircira tout cela. J'offre de luy envoyer un cheval ; mais je le prie de ne point manquer aux paroles qu'il donnera, comme il a dejà fait plusieurs fois, et de vous en donner une positive. Souvenez vous de savoir à qui je dois m'addresser pour les bois de la Meslière.

A Fontenay, 17 septembre 1700.

... Nous attendons l'accouchée en bonne devotion. Je pensois l'avoir aujourduy ou demain. C'est bon signe que vous ne me disiez rien de vostre petite verole. Tout vostre...

A Fontenay, 19 septembre 1700.

... (Quel jour aura lieu la visite des réparations de l'abbaye de Fontenay) .. Je suis bien aise d'apprendre que vous vous resolviez de nous venir voir, mais j'ay prié ce matin ma seur de vous mander que Mᵣ le Myère et sa famille et Mᵣ Macé et nostre Prieur doivent disner céans demain mardy ou mercredy. De plus j'attends ceans Mᵉ de Moutons. Tout cela feroit une cohue à ne se reconnoistre pas. Je vous prie d'attendre que nous soyons plus libres pour vous recevoir comme vous le méritez, vous et vostre épouse. Je ne suis nullement content de la reponse de Mᵣ Cavelier.

A Fontenay, mardy 21 septembre.

(Instructions au sujet de la visite de Fontenay).....
Je ne veux point de vos indiennes. Pour estre défendues elles n'en sont pas plus belles, et c'est un meuble fort bourgeois. Outre que je les trouve fort chères, car il coustera encore beaucoup à les faire piquer, et j'auray à Paris les courtepointes de tafetas toutes piquées pour 36 fr. ou 40 fr....

A Fontenay, 22 septembre 1700.

(Toujours la visite)... Je ne scais pas combien de tems dureront vos promenades, mais je doute fort que la visite soit si proche que je le voudrois, car je crains toujours que Mᵣ de Chamarande, sachant que je dois retourner à Paris avant l'hyver, ne cherche des moyens pour retarder. Ne manquez pas toujours d'avoir des gens à Caen, qui vous aillent quérir, s'il le faut...

Paris, 21 novembre 1701.

... Ils (mes chevaux) seroient partis dès aujourduy, si je n'avois voulu me servir de leur retour pour vous envoyer des picea. Honoré, homme très difficultueux, et les gens d'écurie, fort paresseux, ne croyent pas que cela puisse s'accommoder et veulent que je me serve du Messager. Nous verrons aujourduy ce qui se pourra faire. Du Celier avoit tasché d'en elever quelques uns à Aunay. Vous pourrez vous en servir si vous en avez besoin. M^r de St-Aignan me promit des ifs cet esté. J'en vis quelques uns chez Mr Macé. Du Celier pourra vous chercher des houx dans les hayes d'Aunay. Quand vous aurez ramassé tout cela, nous verrons où nous les pourrons placer. Pour le surplus qui regarde le jardin, vous en estes le maistre et je vous prie de vous y appliquer tant pour les arbres fruitiers que pour les fleurs. J'espere que vous ne negligerez pas la recolte et la conservation des fruits pendant cet hyver. Envoyez moy ceux qui ne se pourront pas conserver et qui valent la peine d'estre envoyez... (Difficultés avec les Religieux)... Dieu scait que je souhaite la paix, et que je me presteray pour l'obtenir, mais jusqu'à un certain point... (Affaire des bois et des pailles à terminer avec Mlle Merite).

.. Je vous embrasse, mon cher Neveu, et l'aimable Argine et la jazeuse Linotte (1). Nous convinmes Mr Lausier et moy, qu'elle estoit yvre, quand nous

---

(1) La fillette de M. de Charsigné.

partimes de Bourguebus du vin presque pur qu'elle buvoit à gogo.

Cette lettre estoit ecrite, lors que j'ay receu la vostre d'avant hier. Je ne doute pas que l'on ne face tous les efforts possibles pour empescher les Religieux de s'accommoder avec moy. M' de Chamarande espere se fortifier d'eux contre moi. Mais remonstrez leur que leur veritable interest est de se tenir liez avec moy, qui dois vivre avec eux le reste de mes jours plus tost qu'avec un homme qui, apres nos affaires terminées, n'aura jamais de relation avec eux.

... J'ay esté averti que le jardinier ne fait rien du tout au jardin. Il auroit fallu tourner la terre avant l'hyver; les fruits des petits arbres, et des légumes en feroient mieux. Cela merite un avertissement de vostre part...

A Paris, le 23 novembre 1701.

Le Breton partit bier avec mes chevaux et avec 24 picea. Il doit arriver samedy à Fontenay. Je vous prie de donner les ordres nécessaires pour planter promptement ces arbres Mon avis seroit que l'on en mist sur la Terrasse, deux de chaque costé des degrez par où l'on y monte, deux aux deux bouts de la Terrasse, et comme ces deux degrez ne sont pas disposez si regulierement qu'ils laissent des intervalles egaux, je serois d'avis que pour tascher d'y observer quelque régularité, l'on en fist planter quelques unes dans ces intervalles, mais fort loin à loin. Je crois que ces arbres, quelque grands qu'ils deviennent, feront un assez bel effet, estant veus des fenestres de la sale et du milieu du jardin. Je suppose donc que le nombre aille à dix. Il en faut quatre aux quatre coins du parterre, quatre aux quatre coins du potager, deux au (*sic*) deux angles du Rond-point. Tout cela fait vint picea. Il en restera quatre dont je vous laisse la disposition, et s'il en faut davantage, du Celier pourra vous les fournir. Il faut seulement observer de n'en point planter dans les milieux du Jardin, de peur d'oster la veüe des fenestr... Je vous envoieray au premier jour de quoy faire une jolie petite robbe à Linotte. J'aurois bien voulu luy envoyer la robbe toute faite, à la manière de Paris, mais il faudroit avoir sa mesure, prise par le Tailleur de Paris. Je vous recommande de ne la point accoustumer au vin, comme vous faites. Outre l'habitude qu'elle en prendra, qui ne convient guere à son sexe, l'usage en est très contraire à la santé. Quand je vous dis de faire planter deux picea aux deux costez des degrez par ou l'on monte sur la terrasse, j'entens sur le haut de ces degrez et non au pied.

A Paris, 24 novembre 1701.

... Je vous prie de dire à la Mare jardinier, que je pretens qu'il sera assidu à mon jardin, sans faire des absences frequentes selon sa coustume, et sans laisser mon jardin à ses enfans qui ne font que le piller, que si j'apprens à l'avenir la moindre friponnerie de ces petites gens là, je les chasseray comme j'ay chassé l'aisné.....

A SON NEVEU DE CHARSIGNÉ.

A Paris, 27 novembre 1701.

Vous aurez soin, s'il vous plaist, de faire prendre chez le Menager un paquet dont le port est payé. Il arrivera vendredy soir. Je crains que l'estofe n'ait pris des plis, estant trop serrée. Le remede en sera aisé, comme je crois. J'avais prié qu'on achetast aussi de quoy faire la doublure, mais on me mande en propres termes qu'une robe d'enfant ne porte point d'autre doublure que de la toile de coton, qu'on y mettra en la faisant, que cela n'est pas comme un manteau et que cela suffit pour une robe à bavette. Ce sont les termes du billet que l'on m'écrist..... Remarquez..... la continuation de leur procédé (des Religieux de Fontenay) malhoneste, de faire des demarches contre moy, sans aucun menagement, moitié incivilité, moitié férocité. ...

A Paris, 28 novembre 1701.

(Huet a besoin d'argent) (1)..... La conclusion de tout cela, c'est que je me trouve proprement entre deux selles le cul à terre, et que je me trouve reduit à la nécessité de vendre ma vaisselle d'argent, car d'emprunter, c'est ce que je n'ay jamais fait, et que je ne scais à qui m'addresser pour cela et que j'y ay

(1) De Charsigné a été assez maladroit dans ses négociations sur ce sujet, et Huet ajoute : La conclusion, etc.

une si extreme repugnance que je regarde cela comme la derniere extremité. Je vous dis tout cela au long, pour vous faire connoistre le trouble ou vous m'avez jeté.

(Toujours des difficultés avec les Religieux)..... Les Piceas de du Celier pour estre petits n'en vallent pas moins, car ces arbres croissent extremement.....

A Paris, 30 novembre 1701.

(Toujours des difficultés avec les Religieux)..... Mandez moy à combien vous croyez que pourra aller la depense de ces terres que vous voulez qu'on rapporte pour des fleurs. Si vous remettez à cet esté à planter des fleurs, nous voilà reculés d'un an.....

(Besoin d'argent)..... La peur ou vous m'avez jetté m'a obligé de mettre en vente ma Chapelle. Je l'ay fait offrir à Mr le Coadjuteur de Strasbourg et j'ay fait prier mon orfevre de me la faire vendre.

A Paris, 1ᵉʳ décembre 1701.

.....Sur le fait de cette capitation des Religieux..... vous pourrez proposer que je la payeray, moyennant un ecrit de leur part, par lequel ils reconnoistront que c'est une pure grace, qui ne tirera à aucune consequence pour l'avenir, et s'obligeront de me la restituer, s'ils viennent à demander leur tiers. Ces deux conditions sont tres justes et pour cela je suis tres resolu à ne la pas payer. Mais souvenez-vous de n'en venir à cette proposition qu'à la derniere extremité.

A Paris, 5 décembre 1701.

(Entretien avec Mʳ de Beuvron au sujet de ses difficultés avec Mʳ de Chamarande. Mʳ de Beuvron cherche à l'accommoder avec Mʳ de Chamarande) — Huet parle dans cette lettre d'une « grande fluxion qu'il a sur un œil et qui le tourmente fort ».

Lundy, 5 décembre 1701, à Paris.

Je viens de vous ecrire une grande lettre, que j'ay deja envoyée à la poste. Je ne laisse pas de revenir à la Charge, pour vous dire que M. Foucaud vient de partir de ceans, qu'il m'a parlé de vostre affaire et m'a dit qu'il la croit fort bonne, que Mʳ de Chamillard luy a renvoyé vostre requeste, avec ordre d'écrire à Mʳˢ du Bureau pour savoir leurs raisons, qu'il a mandé à Mʳ de Vallainville de les luy envoyer incessamment. Ainsi voila vostre affaire en assez beau chemin. Mʳ Foucaud m'a aussi parlé de l'entretien qu'il a eu avec Mʳ de Beuvron, et m'a fait paroistre un grand desir de concourir avec luy pour terminer nos differens. Il doit retourner le chercher pour cela.

A Paris, 7 décembre 1701.

(Toujours difficultez avec les Religieux au sujet de la capitation)..... Je l'aurois payée très volontiers, et leur aurois rendu ce service, et tous les autres qui auroient dependu de moy, sans attendre qu'ils me les eussent demandez, si j'avois trouvé en eux l'amitié et l'honesteté qu'ils me devoient, et que je m'en estois promise; mais qu'ayant receu d'eux toutes sortes d'offenses, par leurs medisances noires, par le procez qu'ils m'ont fait en termes injurieux..... que tout cela ne sont pas des moyens d'attirer des graces de moy, que s'ils pretendent que le payement de leur capitation est une dette, je ne la payeray jamais, au hazard de tout ce qui pourra en arriver.....

A Paris, le 9 décembre 1701.

.....(Si Huet ne s'accommode pas avec les Religieux, il se propose de publier un Factum)..... par où j'exposeray toutes les malversations qui se sont faites, degradations d'arbres, demolitions de bastimens, serrures, goutieres, escaliers enlevez et cent choses pareilles.....

.....Vous savez.... que je receus hier une lettre sans signature pleine d'injures et d'outrages contre moy. La fin de cette lettre est de m'obliger d'empescher le mauvais traittement que mes fermiers font aux Curez. Tirez de là vos conséquences.

H. a reçu une lettre du Prieur « fort honeste, et qu'il croit sincère »... mais cela servira de peu, s'il agit par le mouvement d'autruy et qu'il n'ait pas la force de resister aux mauvais conseils et à l'esprit de division qu'on luy inspira...

A Paris, 10 décembre 1701.

(M. de Beuvron a vu Huet pour lui apprendre ce qui venait de se passer entre luy et M⁰ de Chamarande.
Les difficultés ne semblent pas s'aplanir).

Paris, 14 décembre 1701.

.... Tout ce que vous avez proposé à Mʳ le Prieur d'ecrire à Mʳ de Chamarande, à son frere, et d'obliger son frere à vous ecrire, tout cela est fort bon, particulierement dans ce temps cy, où Mʳ de Beuvron et Mʳ Foucaud, qui sont à Versailles, ne manqueront pas comme ils m'en ont assuré, de presser vivement Mʳ de Chamarande sur l'accommodement. Je leur ay donné la carte blanche, et pourveu que je sois dechargé de ce qu'on ne fera point, je seray fort traittable sur le reste.

... Je vous prie de demander à Mᵉ de Charsigné si elle pense à mon canapé. Qu'elle voye avant toutes choses s'il y aura assez de velours ; qu'elle ne face pas attacher le velours au canapé, car on le gasteroit en le transportant à Fontenay. On l'attachera là.

(Difficultés avec le curé de Vieux, touchant l'aumosne) violentes récriminations contre le Prieur...

A Paris, 15 décembre 1701.

(Procès avec l'évêque d'Avranches).
Je vous manday l'autre jour que j'avois fait signi-

fier un avenir à Mr d'Avranches pour plaider lundy. Cela fit l'effet que je m'estois proposé. car il se mit aussitost en devoir de signer le compromis. Il n'est pourtant pas encore signé pour une petite anicroche qui est parvenue. Cependant Mr de la Coudraye a donné ordre de faire saisir ses revenus de sr Filbert, tant en son nom qu'au mien, pour les depens qu'il nous doit de l'arrest du Grand Conseil. Mr de la Coudraye luy a fait faire un autre exploit, pour luy faire payer les pensions dont son Evesché est chargé. Voilà le stile que j'ay toujours esté d'avis qu'on tint avec luy. Pour un procez qu'il fera, de luy en faire quatre et de le fouëtter de ses propres verges....

A Paris, 19 décembre 1701.

.....On m'a mandé que Mr Suhert et Mr de Gruchy se font donner des mémoires par les ouvriers qu'ils ont employez aux reparations, dont ils rabbattent le plus qu'ils peuvent, et cependant se font donner des quittances de la totalité des mémoires.

Si vous pouviez prendre des connoissances seures de ce fait par les ouvriers mesme, au gens qui les gouvernent, cela me serviroit contre Mr de Chamarande pour faire voir toutes les supercheries qui ont esté employées dans la suite des reparations, et cela me serviroit encore à faire voir à Mr de Chamarande avec quelle infidélité il est servi. On m'avoit deja dit que Mr de Gruchy avoit joué ce jeu là à la Mistière (?).

..... Mr d'Avranches a enfin signé le compromis.

Ainsi voilà bien des procez et des procédures arrestées. Il fit l'autre jour un coup qui me donnoit beau champ contre luy et que je ne luy aurois pas pardonné. Après que son avocat et le mien eurent dressé chez le Notaire le compromis que nous devions signer, on me l'apporta et je le signé (*sic*). On le luy porta ensuite pour le signer. On le trouva par la rue : il lut cet acte dans son carosse, et ensuite il le tira des mains du Notaire avec l'acte d'un compromis precedent que nos avocats n'avoient pas approuvé, et par lequel j'avois biffé ma signature. S'en estant saisi moitié par violence, moitié par surprise, il repoussa le Notaire, ferma sa portière, et Touche Cocher ! Le Notaire m'en vint faire sa plainte, et je n'aurois pas manqué aujourd'huy de m'en plaindre en justice, mais le Prelat revint dès le lendemain à resipiscence, reporta le tout chez le Notaire avec force excuses et signa le compromis. Je suis bien fasché de l'incommodité de M* de Charsigné.

A Paris, le 23 décembre 1701.

..... Il paroist par la reponse que vous a faite M* le Prieur, que ce qu'on dit des R^r luy convient bien, savoir qu'un R^x en particulier et un R^x en chapitre sont deux hommes très differens, car les termes de la lettre qu'il vous a ecrite ne conviennent gueres ny a ce qu'il vous dist estant chez vous, ny aux dispositions de la lettre qu'il m'a ecrite, et c'est de quoy vous devriez luy faire des plaintes, quand vous le verrez, en luy remonstrant qu'on ne peut prendre aucunes mesures avec luy, estant si different de luy mesme et agissant peu par ses propres lumieres, et qu'il est indigne d'un supérieur, d'un honeste homme et d'un homme mesme raisonnable de se rendre ainsi la sarbacane et l'instrument de la passion de gens brouillons, qui luy font tirer les marrons du feu, et profitent de sa faiblesse. Et dans le cas present, il faut luy demonstrer que la paix dependant des trois articles dont il estoit convenu par l'avis de M[r] le Tremançois j'en ay relasché deux de bonne grace, et qu'il devroit bien faire le mesme sur le 3e comme je le luy mandois, et que luy et ses confreres se trompent s'ils croyent que par opiniastreté ils emporteront tout sur moy...

.....Mr de Pellevé m'a mandé que le valet de M[r] de l'Aunay chapelain de Fontenay a coupé des branches des arbres sur l'eau et les a jettez par dessus la muraille dans le jardin de Mr de Lieurry. Parlez en, je vous prie, à M[r] de l'Aunay et l'exhortez à ne souffrir pas de pareilles friponneries, laquelle vous croyez bien avoir esté commise sans sa participation. Il seroit bon aussi d'envoyer querir ce valet et luy parler des grosses dents.

Je vous ay mandé que le compromis est signé avec M[r] d'Avranches. Hier il me vint voir avec force protestations et reverences. Je le payay en pareille monnoye. Mais tout cela rancune tenant, et je crois que son but est de m'engager à agir avec luy sans rigueur et de prendre des mesures d'honesteté pour avoir du tems de restituer les sommes qu'il doit. Je retourneray le voir.

A Paris, 29 décembre 1701.

.... Je ne suis pas trop surpris du changement du Prieur, ny de ses faux montans, car je connois par mon experience son esprit et son humeur. Mais ce qui m'estonne, c'est qu'il soit si bouché qu'il ne reconnoisse pas sa faiblesse. Après les voyes et les entretiens amiables que vous eustes ensemble et après la lettre qu'il m'a ecrite, oublier tout cela le lendemain et passer d'une extrémité à l'autre, il faut estre un peu fou ou extrememement beste ou peut estre tous les deux. Mais pour venir au fait, le billet que vous m'envoyez pour modele d'un escrit entre les R. et moy ne me deplaist point, pourveu qu'il soit un peu plus expliqué, car de mettre simplement *sans que ledit payement le puisse préjudicier, ny les R⁸ à toutes leurs demandes respectives*, il ne paroist pas que la Capitation dont il s'agit dans ce billet soit comprise dans ces *demandes respectives*, ainsi ce billet passeroit, selon eux, pour une reconnoissance de l'obligation où je serois de payer leur capitation, et c'est ce que je ne veux pas. Je voudrois donc qu'on mist *à toutes leurs demandes et prétentions respectives, tant au sujet du payement de la capitation que toutes autres....* Je vous remercie des demarches que vous avez faites pour me trouver de l'argent. Mais il n'est plus mention de cela. M' de Soissons me vint voir avant hier pour me prier de luy donner du tems pour payer parce que M' de la Coudraye le pressoit. Je fis venir M' de la Coudraye et j'obtins quelque tems en faveur d'un homme qui, quand je fus condamné, il y a douze ans, à luy payer 9000 fr. pour les reparations de Soissons, et que je luy fis demander un peu de tems, me fit reponse qu'il ne me donneroit pas un jour. Je l'en fis souvenir, et comme depuis cette affaire il s'en est passé de bien pires entre luy et moy, tant dans le jugement arbitral qui nous fut rendu par les 3 eveques que dans l'arrest du Conseil, et que je n'avois jamais eu d'explication avec luy sur tout cela, je fus fort aise d'avoir occasion de luy decharger mon cœur et je luy dis fort vertement tout ce qu'il luy falloit dire et je me dechargeay pleinement le cœur. Mais au bout du compte il obtint de Mr de la Coudraye et de moy un peu de répit pour payer. Par là je perdis l'espérance de toucher l'année qu'il doit et que j'avois demandée à Mr de la Coudraye par une lettre....

..... On m'a mandé l'accident qui est arrivé à M^{rs} d'Orville et de Baussen qui travaillant à brasser leur cidre dans le pressoir ont pensé estre tuez. Mr de Baussen en a craché le sang, et M^r d'Orville a cessé quelque tems d'aller à l'Eglise.....

A Paris, 30 décembre 1701.

..... J'allay hier voir M. l'abbé de Trouar pour prendre langue sur les affaires presentes de Fontenay. Il me donna beaucoup de lumières, me promit ses soins, ses avis et ses secours, le plus honestement du monde. Il m'apprit qu'outre l'arrest des enquestes du Parlement de Rouën, dont j'ay la copie, il y a eu une sentence arbitrale, rendue par des avocats de Paris, entre luy et ses R^x. dont il m'a promis une copie collationnée, ainsi que de tous les actes dont j'auray besoin. Il m'assura que les Religieux doivent leur capitation et leur don gratuit incontestablement, et je crois qu'il n'y auroit pas d'inconvénient de prendre les mesmes precautions en payant ce qui reste du Don gratuit que pour le (*sic*) Capitation des R^x, car ils sont imposez separement pour l'un comme pour l'autre. Il me dist aussi que s'il survient quelque difficulté sur cela qu'il faut procéder à la Chambre ecctiq. de Bayeux et par appel à la Chambre ecctiq. metropolitaine. Il scait fort bien la liaison qui est entre ses R^x et les miens. Ce jugement arbitral qui a reglé ses demeslez pourra vous donner lieu, en cas de rupture, à glisser de vostre chef à ces M^{rs} que sans en venir au procez, qui leur coustera ainsi qu'à moy, ce jugement arbitral de Trouar pourra nous servir de regle, ou en cas que les matieres soient differentes, nous pourrons avoir recours aux mesmes arbitres. Me de Sourches, mere de l'Abbé, se trouva presente, et entra en matiere, dont elle est bien instruite et me fit des offres fort obligeantes..... Je rendis hier la visite à M^r d'Avranches. Je fus deux heures avec luy sans parler d'affaires. Il me dit seulement, sans que je le luy demandasse, que dans un an et demi, il feroit juger le Parfait des Reparations dont je l'ay chargé. Mr de Soissons me dist de son costé qu'il fit juger le Parfait de Soissons il y a trois ans et qu'il m'en remettroit l'arrest entre les mains.

A Paris, 5 janvier 1702.

..... Pour venir à nos R^x je suis fort fatigué de tous ces procedez de Moine et je vous assure que je commence à ne me soucier guere d'eux. Je suis tout prest de leur bailler leur tiers, et cette crainte ne me fera jamais rechercher rien. Puis que je vois que je ne puis vivre en paix avec ces esprits farouches, je leur feray bonne guerre. On m'ecrit qu'ils doivent faire venir à Fontenay un moine de Trouar, nommé Saint-Marc, maistre plaideur, pour me tenir teste, comme il a fait à M. l'abbé de Trouar, et que pour cela M^r d'Orville luy doit resigner son office claustral de chantre. Je crois que c'est un bruit repandu exprès pour m'effrayer, car ce moyne a plus de bien à Trouar qu'il n'en auroit à Fontenay. Finesse monachale....

..... Je vous remercie par avance de vos lapins, c'est un grand mets pour moy.....

A Paris, 10 janvier 1702.

.... Mr de Montmor m'a ecrit une lettre d'honesteté au commencement de l'année, mais pas un mot des demeslez, seulement des protestations générales. Je lui ay ecrit d'une manière qui l'obligera sans doute de monstrer ma lettre à ses Confreres. Je luy fais paroistre apprehender fort peu la rupture et estre tout preparé à plaider à fer emoulu, tant pour les degradations que pour le tiers, que je me suis instruit icy de mes droits sur ce tiers, et que je ne seray pas celuy qui y perdra le plus, et que s'ils m'attaquent la dessus, ils feront comme celuy qui se coupa le nez pour faire depit à son voisin, que je souhaitte la paix, comme Dieu me le commande, mais que nonobstant cette inclination, je plaide fort bien quand il le faut, et qu'à chicaneur, chicaneur et demy, et que j'ai foüetté plusieurs chicaneurs de leurs propres verges, et que ses confreres l'eprouveront quand ils voudront....

..... Donnez ordre, je vous prie, au Breton de bien promener mes chevaux et de leur donner de la paille pour eviter la pousse, et à celuy qui en est menacé de le mettre souvent au filet le matin, avec une charge d'ail, de sel et de vinaigre. Formule revint icy pleine, dont nous fusmes fort estonnez Elle a fait six chiens. Bien des gens me les demandent. Elle estoit pleine du levrier noir de Mr de Cantelou, car plusieurs des petits chiens sont noirs.

A Paris, 13 janvier 1710.

..... Vos lapins furent trouvez incomparables. Il y avoit des perdrix d'Aunay qui ne furent pas regardées.....

A Paris, 18 janvier 1702.

..... Mandez, je vous prie, à M^r le Sauvage de voir cette femme malade et de la faire assister selon son besoin, et mandez en mesme tems à Mr de Pellevé de luy donner l'argent pour cela, qu'il jugera à propos.

Je donnay ordre, il n'y a pas plus de huit jours, à Mr le Sauvage et à Mr de Pellevé, d'assister les pauvres du voisinage.

A Paris, 18 janvier 1702.

..... Je vous prie de faire savoir à Mr de Cantelou et à Mr de Saint-Aignan fils que Formule a eu des chiens et que je suis obligé de leur en faire part, mais que je ne pourrois pas me charger de leur porter des chiens, n'ayant pas de voye commode, et que si quelqu'un de leurs amis vouloit les prendre icy, je les leur donnerois.....

A Paris, 20 janvier 1702.

..... Le curé de Saint-Martin se plaint fort amerement qu'on ne luy paye point sa portion congrue, et qu'il n'a rien touché, nonobstant dix paroles qu'on luy a données. Je vous prie de le faire savoir à Mr de Lonchamp et à Mr de Pellevé, et d'adjouster que jamais je n'avois esté fatigué par les curez pour pareilles choses, et que si ce curé fait des frais pour cela, ils retomberont infailliblement sur eux, et je l'y vois assez disposé......

..... Le curé de Saint-Martin me mande que Mr du Hamel presenta des billets à signer à l'issue de la messe Par{lle} pour le service de son moulin, dans lesquels il se qualifie sg{r} et Patron de Saint-Martin-de-Fontenay, et qu'il refusa de signer, et que l'on luy en monstra un, signé du curé de Saint-André ou [la] mesme qualité estoit employée. Vous voyez comme l'on pesche en [eau] trouble.....

A Paris, 21 janvier 1702.

..... Mʳ Foucaud vint hier céans et y fut jusqu'à 9 heures du soir. Il venoit de chez Mᵉ de Chamarande. Il me parla le premier de vostre affaire, et s'offrit à en reparler à Mʳ d'Armenonville. Je luy rendis compte de ce que j'avois fait par la voye du P. Fleuriau, de qui je crois que je recevray quelque reponse, avant que cette lettre parte, et si elle vient vous l'y trouverez. Mʳ Foucaud ajouta qu'il verra demain à onze heures Mʳ d'Armenonville, et que si le P. Fleuriau veut s'y trouver, ils se joindront pour vos interests. Si le P. Fleuriau n'a encore rien fait, je l'en prieray. Tout cela est bon jusque-là, mais la suite ne me plut pas, car comme je dis à Mʳ l'Intendant que l'on ne pouvoit pas vous taxer autrement que sur le pied de vostre Annuel sans contrevenir à la Declaration, et que et luy et moy nous avions pris l'affaire autrement, en croyant que la taxe se feroit sur le prix de vos gages, il me repondit, comme il avait déjà fait, que Mʳ d'Armenonville ne vouloit point entrer dans ces discussions. Je repartis qu'il ne s'agissoit d'aucune discussion, mais seulement de faire executer la declaration à vostre egard, comme elle a esté executée à Paris et à Alençon, il me repliqua que l'on n'avoit pas seulement egard à l'Annuel, mais aux emolumens (ce que j'avois toujours bien cru). Je repondis que la Declaration ne disoit point cela, et que c'estoit une voye de l'aneantir. Pour moy. je suis persuadé que si M⁻ d'Armenonville ne vous fait pas raison, vous l'obtiendrez au Conseil sur une Requeste. Mais vous ne devez pas m'en croire : consultez de plus habiles gens que moy.

M⁻ Foucaud me fit un ample rapport de ce qui s'estoit passé entre luy et Mᵉ de Chamarande. Il debuta fort bien avec elle, en luy remonstrant les defectuositez de la visite, et les demandes que j'ay à faire ensuite sur les degradations, sur la dispersion des titres, sur les demolitions, sur les prescriptions. La Dame repondit qu'elle n'avoit point de procez avec moy, et qu'ainsi il ne falloit point d'accommodement, que la visite estoit faite et bien faite, qu'elle la soustiendra bien contre mes chicaneries, que pour les degradations, c'estoit l'affaire des Religieux, que pour les titres, j'en avois donné une decharge sans reservation, *et que s'il y avoit des titres soustraits je devois m'addresser aux Religieux et non à M⁻ de Chamarande, qui n'estoit jamais venu à Fontenay, que les Demolitions estoient encore du fait du R*. Les prescriptions et usurpations* passerent sous silence. M⁻ Foucaud me rapportoit tout cela sans paroistre le desapprouver. Il me remontra que de vetiller et de plaidailler pour des minuties contre un homme de service, chargé d'une famille, moy qui suis bien dans mes affaires, cela paroistroit odieux. Je luy demanday ce qu'il feroit donc s'il estoit à ma place, si j'abandonnerois le soin et la conservation de l'Abbaye. Il me repondit qu'il verroit encore Mᵉ de Chamarande, qu'elle luy avoit déclaré qu'elle ne me donneroit point d'argent, et qu'elle ne pourroit luy demander que d'achever les reparations. Je repliquay que Mᵉ de Chamarande savoit bien que c'estoit ce que j'avois demandé d'abord, sans vouloir de son argent. La conclusion fut qu'il la prieroit de surseoir la procedure, jusqu'à ce qu'il luy eust ecrit de Caen, où il s'en va mardy prochain, afin qu'il voye l'estat des choses. Voilà l'estat de l'affaire. Je ne compte nullement sur ces ecritures de Mʳ Foucaud. C'est un moyen pour luy de se decharger de cette affaire, dans laquelle je ne l'ay fait entrer qu'à vive force, et laquelle il reculoit tant de fois que je jugeay bien qu'elle tomberoit par un depart brusque. Ces reponses de Mᵉ de Chamarande reviennent à peu près à celles qu'elle fit à Mʳ de Beuvron. Ainsy je n'ay qu'à me bien tenir et me préparer à bien plaider. Par là vous voyez la necessité de s'accommoder avec les Rˣ sur les retours de Mᵉ de Chamarande sur eux. Comme vous voilà en quelque sorte de commerce avec Mʳ de Beaussen, vous pouvez vous addresser à luy ou à Mʳ le Prieur par Mʳ du Hamel. *S'ils sont lents à se resoudre comme à leur ordinaire, l'affaire s'enfournera, et quand la pierre sera jettée, on ne pourra la rappeller.*

Sur ce que vous a dit Mʳ de Beaussen qu'ils ne demanderont jamais leur tiers, tant qu'ils demeureront en l'estat où ils sont, cela est captieux, car ils n'ont qu'à former toutes sortes de demandes, en disant qu'ils en ont joüi sous M. de Chamarande, et il faudra les leur accorder ou plaider pour le tiers.

Je reçois du P. Fleuriau les Mémoires que je luy avois donnez avec une apostille, de la main de Mʳ d'Armenonville, concertée avec Mʳ Chamillard. dont voicy les termes : *Le Roy n'entre point dans ces contestations. Les Bureaux des finances acquerent les augmentations de gages en corps, c'est à eux à s'accorder ; comme ils ont toujours fait, ou à se faire regler, s'ils ne peuvent convenir.* Vous voyez qu'il y a lieu au pourvoy, qui est sans doute la voye du Conseil. Consultez, si cela vous faisoit venir icy, nous trouverons moyen de vous y recevoir.

A Paris. 25 janvier 1702.

..... Je crois vous avoir mandé par ma derniere lettre, que Mʳ Foucaud qui s'estoit chargé de revoir encore Mᵉ de Chamarande pour la porter à l'accommodement, me manda deux jours apres qu'elle vouloit un jugement, et qu'il ne partiroit qu'aujourduy mercredy, que je ne l'allasse point chercher, parce que je ne le trouverois pas, et qu'il viendroit ceans. Cela m'a empesché de sortir pendant deux jours, dans l'envie que j'avois de savoir le détail de son entretien avec cette dame, mais il n'est point venu. Ainsi vous voyez la necessité ou je suis de me preparer au combat ....

..... Mʳ d'Avranches à deja deux fois conferé devant nos deux Avocats arbitres, avec Mʳ de la Coudraye. On ebauche les matieres. Il fait des soustiens à perte de veüe, et n'a point de honte de s'en desister un moment après. Si on ne m'envoye point les actes dont vous estes convenu avec Mʳ le Prieur devant Mʳ le Tremançois, et que je sois poursuivi par Mᵉ de Chamarande, comme cela ne manquera ny ne tardera pas, je me defendray et exposeray la verité des choses. Faites le entendre aux bons Peres. Souvenez (*sic*) de parler à Mʳ de Lonchamp de la pension du curé de Saint-Martin.

A Paris, 28 janvier 1702.

..... Donnez ordre, s'il vous plaist, que les lapins que vous m'envoierez soient tuez le plus fraischement qu'il sera possible, car il en est venu quelques uns qui commençoient un peu à s'echaufer. Il est vray que ce tems n'est pas favorable. Dittes, je vous prie, bien severement au Breton de vostre part et de la mienne qu'il gouverne les chevaux comme on luy a ordonné. J'apprens que quelque défense qu'on luy face, il les creve de foin et ne veut jamais leur donner de la paille. Mʳ de Beuvron m'a conté depuis deux jours un grand entretien qu'il eut avec Mʳ de Chamarande dans une visite qu'il en receut, sur le mesme ton de Mᵉ son epouse, croyant avoir satisfait à tout. Outre qu'il n'entend rien au fonds de l'affaire. Je feray savoir à Mʳ Merite l'impertinente conduite de sa mere. Cette petite femme est folle, mutine, et ecoute sa passion bien plus que la raison.

A Paris, 2 février 1702.

Mr de Saint-Jacques m'écrit que Mlle Merite à entrepris un procez de consequence sous mon nom, quoy que je n'y aye aucun interest. Je luy avois dit et redit que je ne voulois pas qu'elle entreprist aucune affaire en mon nom, sans me l'avoir communiquée et avoir pris mon consentement. Vous voyez cependant qu'elle ne s'en contraint pas. Il est vray qu'elle a une procuration de moy, mais cette procuration est sous le nom de son defunt mary, et est seulement pour faire valoir sa ferme, et j'en ay une indemnité, mais nonobstant cela, je ne veux point que mon nom soit timpanisé au caprice de cette petite femme.....

———

A Paris, 3 février 1702.

..... Voila Honoré qui revient de chez Aumont, et voicy ce qu'il me rapporte, que la caisse que vous avez envoyée est pleine de papiers et peze onze livres, que vous l'avez envoyée par un laquais qui a dit de vostre part, qu'elle est pleine de papiers de consequence, et qu'on en ait grand soin, et que quand on les charge de papiers, et qu'on les declare, il leur appartient 20 francs par livre. Ainsi m'y voila pour mes onze francs pour un paquet qui à 2 francs la livre n'eust du que 22 francs. Dieu soit loué !

..... Je n'ay point reveu Mr l'Intendant depuis le dernier entretien qu'il a eu avec Me de Chamarande.

Il me manda seulement par un de mes laquais qu'elle vouloit un jugement, dont je ne doute pas. Je voulois l'aller voir, mais il m'en empescha, me mandant qu'il ne partiroit pas sans me voir et me conter tout son entretien. Je ne l'ay pourtant pas veu. Je seray fort aise que vous sachiez par luy ce qui fut dit entre eux. C'est bien mon intention de faire ce que je pourray pour faire casser le procez verbal, mais non pas en demandant une contre visite, et moins encore d'experts de toutes professions. Ce seroit une depense certaine et d'un succez fort douteux et cette depense seroit très grande. Je soustiendray cette affaire, mais sans opiniastreté. Je n'ay pas les rieurs de mon costé. On regarde Mr de Chamarande comme un homme de service, persecuté par un gros beneficier pour un mal qu'il n'a point fait et chargé de famille. Ces considerations font qu'on le plaint et qu'on incline à le favoriser, outre que Me de Chamarande est d'une grande maison qui a de longues branches, au lieu qu'on me regarde comme un homme qui en aura toujours assez. Outre qu'on favorise plus tost le Defendeur que le Demandeur, et que si je faisois paroistre trop d'opiniastreté et d'acharnement, je me rendrois fort odieux. Je veux paroistre ne chercher que la decharge de ma conscience et me defendre d'estre puni en ma personne, ou en celle de mes heritiers de la faute d'autruy. Voila le parti que je dois prendre si je suis sage.....

A Paris, 4 février 1702.

..... Vous ne me dittes rien de Mʳ de Cantelou et de Saint-Aignan pour ces chiens. Il en est mort deux. Il y en a un autre qui ne se porte pas trop bien. J'en garde un pour moy. J'en ay deja donné deux. De sorte qu'il n'en reste plus que deux, dont l'un est malade. Si je n'ay pas de leurs nouvelles, je les donneray, car on ne peut pas les garder sans trop d'incommodité.....

..... Mes onze francs me tiennent fort au cœur. C'est une friponnerie insigne que parce qu'un laquais luy a dit qu'il y a des papiers dans ce paquet, il faille que j'en paye 20 francs de la livre. Il y a papiers et papiers. Il faut les donner à cette condition pour le mettre en droit de l'exiger. Il eust bien mieux valu les envoyer par le roulier.

A Paris, 11 février 1702.

..... Ce que vous a dit Mʳ l'Intendant que mes parties tirent avantage de la recherche que je fais pour l'accommodement, Mʳ de Beuvron me l'a dit aussi et je le crois, mais je ne vois pas que cette opinion me face autre mal que de les rendre difficiles, car le pis sera de plaider, où nous nous trouverons sur nos pieds. Je n'ay plus qu'une tentative, qui est de faire dire au President mesme de la Chambre où nous plaidons, et qui me reprochoit que je ne voulois pas d'accommodement, que s'il veut nous donner des arbitres je les accepteray. Ou cela reussira, et c'est ce que je demande, ou cela ne reussira pas et le Président verra qu'il ne tient pas à moy qu'on ne s'accommode. C'est le P. Bourdaloüe qui luy doit parler. Mr l'Intendant ne devoit pas me refuser une lettre. Le pis qui en seroit arrivé c'est qu'elle seroit inutile. Je ne scais pas où il prend que le Roy ne donne point de commissaires pour ces sortes d'affaires. Quand les parties les demandent de concert, il ne les refuse pas.

..... Je suis bien aise que vous ayez lavé la coiffe au Portier. Je croiois cet homme à moy. C'est à luy à charier droit, car à la première marque qu'il me donnera d'infidelité, je le chasseray aussitost.

Mr le Curé de Barenton, qui me fait tous les ans un present de six gros fromages de Livarot, m'a mandé que son present est prest, et à qui je veux qu'il l'addresse. Je luy ay mandé de vous l'addresser. Lorsque vous les recevrez faites les mettre en lieu, et en sorte qu'ils se conservent. Consultez sur cela les experts. Il faudroit tascher de les mettre de maniere qu'on peust les transporter commodement, comme dans quelque pot ou terrine, car en les transportant d'ordinaire on les gaste. Cela me sera d'un grand secours entre Pasques et la Pentecoste.....

A Paris, 18 février 1702.

..... Mr le curé de Saint-Martin m'a ecrit. Il crie les hauts cris, sur ce qu'il luy est deu 14 mois de sa pension. Il dit qu'il ne demande que ce qu'on luy a toujours donné, savoir sa portion congrue et les mesmes dixmes pour son vicaire. Il appelle son vicaire celuy qui desert (*sic*) la chapelle de Verrière. C'est le s⁺ Lancelin qui y a toujours esté depuis que je suis abbé. Je vous prie d'examiner cela de près, et vous faites representer le traitté fait avec Fouton (?) au tems de M⁺ de Chamarande. Mais quelque puisse estre le sujet de la contestation, faites toujours qu'on luy paye une partie de ce qui luy est deu. Car il n'est pas juste que sous ce pretexte on retienne tout ce qui luy appartient et qu'on le face perir de faim......

M⁺ l'Intendant m'a ecrit aux mesmes termes qu'il vous a parlé. Je n'ay jamais douté que M⁺ de Chamarande ne vist bien clairement que je luy faisois proposer l'accommodement et que la proposition venoit de moy. J'en ay si peu fait un mistere, que le Pere Bourdaloüe, amy de M⁺ le President Ferrand, doit le voir aujourduy de ma part, pour le prier de nous donner luy mesme des arbitres. J'ecrivis cet esté à ce President tous les pas que j'ay faits pour terminer nos differens à l'amiable, et dans les commencemens M⁺ de Chamarande scait fort bien combien je m'opposay à prendre les voyes de rigueur. Quel prejudice me peuvent faire toutes ces demarches, nul au monde. Le pis qui peut arriver, c'est de plaider, et dans la plaidoyerie, il me sera avantageux que l'on connoisse que je plaide malgré moy, et cela diminuera l'opinion qu'on peut avoir que c'est moy qui tourmente M⁺ de Chamarande, et cela fera voir la fausseté du discours qu'il repand par tout que je suis un plaideur outré, comme M⁺ de Beuvron me le disoit il n'y a que deux jours.

Nous nous assemblasmes avant hier devant M⁏ˢ nos arbitres. Mʳ d'Avranches et moy nous y fusmes toute l'après-disnée et nous ne fismes rien, mais on reconnut bien clairement l'humeur et l'esprit de Mʳ d'Avranches, car la premiere question fut le Declinatoire qu'il proposa de deux chefs de contestation. Il fut condamné tout d'une voix par son arbitre mesme et par son avocat. Je crois qu'il reviendra à resipiscence. S'il le fait, je ne laisseray pas d'avoir grand regret à l'apres disnée perdue, car Mʳˢ les Arbitres declarerent qu'ils ne jugeroient point une partie s'ils ne jugeoient le tout. S'il persiste dans son refus, je vais le poursuivre sans quartier.....

A Paris, 14 février 1701.

..... Il se passa hier icy une chose qui merite que vous la sachiez. Je vous avois mandé que le P. Bourdaloüe devoit voir de ma part Mʳ le President Ferrand Il le vit et luy fit connoistre que lorsque nous estions en terme de terminer nos affaires à l'amiable avec Mᵉ de Chamarande, elle avoit voulu prendre les voyes de rigueur, et me l'avoit ainsi declaré, que je m'y estois opposé inutilement, que cependant et elle et son mary avoient eu l'artifice de repandre en tous lieux et de persuader à luy President que je ne voulois point d'accommodement, que Mʳˢ de Beuvron, de Montatere et Foucaud s'y estoient employez auprès d'elle inutilement, tandis que je leur offrois des blancs signez, que j'avois mesme voulu faire arbitre le Directeur de Mᵉ de Chamarande, que pour mieux faire connoistre à luy President les dispositions où je suis pour l'accommodement auquel il m'a exhorté, je le suppliois de nous nommer des arbitres et que je les recevrois de sa main avec soumission. Le President repondit qu'il savoit la plus part des choses qu'il venoit d'entendre (et ce fut apparemment par une lettre que je luy ecrivis cet esté) qu'il estoit fort aise de connoistre les dispositions où je suis pour la paix, qu'il verroit Mᵉ de Chamarande et l'obligeroit de nommer un arbitre, que lors qu'elle l'auroit fait, il iroit voir luy (sic) P. Bourdaloüe pour le luy faire savoir, et pour demander le mien. Après cet entretien le P. Bourdaloüe alla en une maison où il devoit disner avec Mʳ le President de Lamoignon auquel il conta ce qu'il venoit de negotier pour mes interests avec M. le President Ferrand. Mʳ de Lamoignon luy dit qu'il ne savoit rien de cette affaire que j'ay à demesler avec Mʳ de Chamarande, qu'il en estoit fasché et qu'il vouloit l'accommoder, que Mᵉ de Chamarande estoit une chicaneuse, mais que Mʳ de Chamarande estoit bon homme, estoit son voisin à la campagne et son amy, et qu'il croioit qu'il ne le desiroit pas. Le P. Bourdaloüe m'estant venu voir le soir pour me rendre compte de tout cela, je le priay de faire savoir à Mʳ le President Ferrand l'offre que M. de Lamoignon faisoit de sa mediation, afin qu'il la propose à Mᵉ de Chamarande. Voilà l'estat de cette affaire qui promet quelque bonne fin. Mais quand la paix ne s'ensuivroit pas, voila nos juges et gens d'un grand poids, qui connoissent mes intentions, et qui ne se laisseront pas prevenir contre moy.

Mʳ de Lamoignon parla aussi au P. Bourdaloüe de ce qui se passa samedy entre Mʳ d'Avranches et moy. Il luy dit que j'avois affaire à un grand chicanier, mais qu'il croioit que ce qui le rendoit si difficultueux, c'estoit son impecuniosité, ce que je crois vray en partie.

A Paris, 18 février 1702.

..... A l'occasion de cette assignation, j'allay voir hier Mʳ le Président Ferrand, il me reitera la parole qu'il avait donnée au P. Bourdaloüe de porter Mᵉ de Chamarande à l'accommodement. Je luy dis que Mʳ le President de Lamoignon s'estoit offert de luy mesme au P. Bourdaloüe pour nous accommoder. Il promit de le proposer, et Mʳ de Lamoignon de son costé me promit hier de parler comme de son chef à Mᵉ de Chamarande.

A Paris, 20 février 1702.

..... Vous me mandez que vous ferez mettre mes equipages chez Mʳ du Hamel. Il me paroist que c'est le vray moyen de les faire piller. Ces remises sont ouvertes et ne ferment point. Ils sont à Caen : ces equipages sont donc à la merci de leurs valets et des paysans qui couperont courroyes, cuirs, velours à leur discretion, et puis courez derriere. A Aunay on a arraché les clous de ma litière, dans mes propres remises. J'avais mandé à Mʳ de Pellevé et mesme à vous, comme je crois, de les faire amener à Caen et de les mettre dans quelque remise seure. J'y en dois avoir une. Si cela ne suffit pas, il en faut emprunter ou loüer quelqu'autre qui ferme et qui soit seure.

Souvenez vous de faire mettre mes equipages en seureté, ce qui ne se trouvera point chez Mʳ du Hamel en son absence.

Je vous prie de prendre 6 f. 10 s. sur l'argent du bois d'Aunay pour le donner à Mʳ le Sauvage, pour en faire des aumosnes.

A Paris, 24 février 1702.

..... Pour vous faire voir que ce n'est pas sans raison que je ne trouve pas à propos de presenter une requeste sur les nouvelles reparations, vous saurez que lundy, jour de l'assignation qui m'avoit esté donnée pour voir enteriner le procez verbal de Cardon, la cause ne fut point appellée. Cela m'a fait juger que Mʳ le Président Ferrand ne l'avoit pas voulu appeller dans l'esperance de nous concilier. Et ce matin le P. Bourdaloüe luy a escrit un billet pour savoir en quel estat il a mis cette negotiation. Jugez si j'aurois eu bonne grace de luy presenter une requeste tendante à une procedure de rigueur, lorsque je tasche de l'engager à menager la paix, et si je ne donnerois pas un beau pretexte à Mʳ de Chamarande de refuser l'accommodement.....

A Paris, 26 février 1702.

..... Mʳ de Pellevé m'a mandé qu'il a trouvé le jardinier derobant du bois. Je ne m'estonne pas si les fils sont fripons, ayant un tel exemple domestique. Parlez luy en quand vous le verrez....

A Paris, 28 février 1702.

..... Je vis hier Mʳ le President de Lamoignon. Il me dist qu'il avoit proposé l'accommodement à Mʳ de Chamarande et s'estoit offert pour mediateur, qu'il avoit repondu que nos affaires estoient presque toutes terminées, et n'estoient plus en estat d'estre terminées autrement que par un jugement. C'est la reponse qu'ils ont faite à Mʳ de Beuvron et à Mʳ Foucaud. D'ailleurs le President Ferrand n'en a rendu aucune reponse au P. Bourdaloüe, ainsi il en faut decoudre, et je ne m'y endormiray pas.....

..... Si vous decouvriez quelque bon jardinier, je serois bien aise d'estre delivré de ce fripon de la Mare.....

A Paris, 2 mars 1702.

Mˢʳ de Bayeux estoit ceans quand on m'apporta vostre lettre du 26. L'occasion estoit favorable, mais je ne la lus que le lendemain qui estoit hier. J'ecrivis aussitost au Prelat. Je vous avoüe que je le fis avec une grande repugnance parce qu'il s'est fait un plastron contre mes prieres et une habitude de me refuser. Je luy en ecrivis mesme en ces termes. Cependant l'effet a surpassé mon espérance, car il m'a accordé vostre demande, et il me mande qu'il l'auroit ecrit au curé s'il le connoissoit, ne sachant pas vostre demeure. Vous pourrez cependant le dire à M^r le curé de Saint-Jean et luy monstrer mesme cet endroit de ma lettre pour plus grande assurance. La grace n'a pourtant pas esté pure, car il a une si grande habitude à refuser, et il est d'une humeur si negative que tout le debut de sa lettre est qu'il seroit fort aise de faire nommer vostre enfant par Procureur, que les consequences de ces retardemens sont grandes, mais neantmoins que si je le veux absolument, il y consent.

Il y a près de deux mois que M^e d'Hieville m'avoit ecrit pour obtenir de luy un Dimissoire en faveur de Mr de Lieury, nostre Religieux. Je luy remonstray que ce n'estoit pas par une vaine impatience, que c'estoit pour joüir plus tost de sa pension monacale, qu'il ne touche qu'à moitié tant qu'il n'est point prestre et pour fortifier par sa présence le chœur de Fontenay. Je luy en ay parlé dix fois. Il m'a toujours repondu qu'il ecrira à Bayeux pour connoistre sa conduite, qu'il a deja ecrit et qu'on ne luy a point repondu. En un mot il me laisse toujours esperer et n'accorde rien. Je vous prie de mander ce detail à M^e d'Hieville. Je serois bien aise aussi que le Patient en fust informé.....

..... Taschez d'expedier avant toutes choses les nullités du Procez verbal, car cela est presentement sur le tapis. Ma requeste est presentée et je n'ay plus aucune esperance d'accommodement, le President Ferrand n'ayant pas repondu au dernier billet du P. Bourdaloüe.....

A Paris, 7 mars 1702.

.....Je viens à vostre lettre que je reçois. Je garderay la lettre de M{sr} de Bayeux pour la faire voir à Mr le Curé de Saint-Jean, et cependant je luy ecriray à luy mesme quand vous voudrez.....

.....Je suis icy traitté par Mr de la Coudraye le plus indignement du monde.....

A Paris, 9 mars 1702.

Mgr de Bayeux fut hier fort long tems ceans. Il me dit qu'il seroit inutile de donner un Dimissoire à Mr de Lieurry parce que les eveques de la province ne feront point les Ordres. Je vois bien qu'il n'a point envie de donner de Dimissoire. Pourveu que M. de Lieury sache par vous que je ne m'y suis pas épargné, un peu de retardement ne luy sera pas de grande conséquence. Je n'osay parler à Mgr de Bayeux de la permission qu'il vous a donnée. Je l'en remerciay seulement quand nous nous separasmes. Je scais depuis long tems qu'il a de la repugnance a donner des permissions par ecrit. Il dit ordinairement que *In verbo fit gratia* et que sa parole suffit. Mais j'ay sa lettre, et je vous l'envoieray, s'il le faut.....

A Paris, 9 mars 1702.

(Billet à propos du nom *Contrevisite* qui a été donné à la visite de Cardon.....

———

A Paris, 11 mars 1702.

..... J'attens que vous m'envoyiez le mémoire des graines que demande la Mare pour vous les envoyer avec celles de du Cellier.....

..... J'ay une carte du Milanez pour vous, mais il est difficile de vous l'envoyer sans la gaster.

———

A Paris, 14 mars 1702.

..... Si tost que vous m'aurez envoyé les graines qu'il faut à la Mare, j'envoieray le tout ensemble. Ne differez donc point à le faire. J'ay une carte du Milanez pour vous, mais elle seroit gastée avec ces graines. Il faudroit la rouler sur un baston. Puis que l'on est reduit à la misere d'estre exposé à la rapacité du roulier, et d'estre obligé de lui declarer ce qui est dans les paquets et de luy dire si les papiers sont de conséquence ou non, je verray le general des Postes pour savoir quels ordres il faut observer. Je crois bien qu'on paye davantage quand des papiers sont recommandés sur le livre comme papiers de consequence, et que par cette déclaration on les en rend responsables, mais quand on les leur baille comme les paquets ordinaires, je crois qu'ils doivent comme paquets ordinaires.....

Guerissez, je vous prie, Linotte. Ce que vous m'en dittes m'inquiète. Je l'aime comme ma vie.....

Mᵉ des Ifs me demande une procuration pour assister à une deliberation de parens pour elire Mʳ des Ifs tuteur a sa fille, heritiere bénéficiaire du chevalier des Ifs. Je la serviray volontiers. Mais je vous prie de me mander si cela est necessaire. Car il y a certaines choses qu'un Evêque ne peut et ne doit pas faire sans indecence. Mon avocat du Grand Conseil, habile en ces matieres, me donna beaucoup d'avis sur cela l'année passée. et on me dit que de comparoistre comme deliberant à une tutelle est de ce genre. Mandez moy donc si cela est d'une absolue nécessité.

A Paris, 17 mars 1702.

..... Je vous envoye par le messager d'aujourduy un petit panier de graines que vous partagerez, s'il vous plaist, entre la Mare et du Celier. Il vous portera aussi une carte du Milanez. Elle auroit esté entierement perdue, si on l'avoit mise avec ces graines. On l'a roulée autour d'un baston. Le port est payé de l'un et de l'autre Par là ils sont hors d'estat de nous rançonner.......

.... Mᵉ d'Harcourt me dist hier qu'elle part demain avec son mary pour Caen, Tury et Bagnole.

A Paris, 18 mars 1702.

.....Mandez moy promtement la délivrance de M⁴ de Charsigné et la guerison de Lincttte, car mes entrailles en souffrent.

A Paris, 21 mars 1702.

.....Je vis hier M' de Harlay conseiller d'Estat, président du Bureau des Messageries, et je lui exposay le traittement que me fait Aumont. Il me dist que cela estoit une vraye friponnerie, qu'en cas pareil je pourrois presenter une Requeste à son Bureau et qu'il nommeroit un conseiller d'Estat pour me faire droit. Il me dist aussi que je pourrois me pourvoir devant le juge des lieux, ou à Paris devant M' le Lieutenant civil. Et il me dist enfin que je pouvois m'addresser à M' l'Intendant, que cela estoit de sa competence et que c'estoit la voye la plus courte. Ainsi, en cas de nouvelle entreprise de la part d'Aumont, portez en ma plainte et la vostre à M' l'Intendant, et s'il refuse d'en connoistre, dittes luy que vous ne vous estes addressé a luy que parce que M' de Harlay me l'a dit, et qu'il estoit juge competent en cette malversation. M' le Bourgeois m'avoit dit que vous prendriez sa voye et qu'il y estoit disposé. Il me le manda hier. J'ay esté estonné que vous ayez pris une autre voye.

A Paris, 22 mars 1702.

.... Je vous prie de donner ordre à mon jardin de Fontenay. M' de Pellevé executera ce que vous luy ordonnerez. Il faut surtout songer à planter autour des berceaux pour les couvrir, si on ne l'a déjà fait..... J'ay envoyé une procuration à M⁰ des Ifs avec une tres grande repugnance : si elle pouvoit se passer de s'en servir, j'en serois bien aise. Je vous prie de dire à ma seur qu'en envoyant cette procuration à M⁰ des Ifs, je luy ay mandé que je croiois que presentement que sa fille va estre heritiere du chevalier des Ifs, elle luy ostera ses haillons, et que si elle ne l'habille pas honestement, du moins elle la munira contre le froid...

A Paris, 27 mars 1702.

..... La seconde lettre que je reçois est de M' de Pellevé, par laquelle il me mande que je suis condamné avec d'autres à la construction du Presbytere d'Estaveaux. Je n'avois eu aucun avis de cette poursuite, et cela m'est entierement nouveau. Je vous prie donc d'envoyer querir sans retardement M' de Pellevé pour luy dire que cecy est la reponse de sa lettre, que je suis surpris d'apprendre que je sois condamné sans avoir eu aucun avis que je fusse poursuivi. Prenez un peu connoissance de cela, et en raisonnez avec M' de Pellevé et voyez ce qu'il y a à faire.....

A Paris, le 30 mars 1702.

.....Demain nous entrons en dance Mr d'Avranches et moy et nous commençons à plaider, nostre compromis estant expiré.

Je vous prie de dire à ma seur que j'ai leu à Honoré l'article de sa lettre touchant les chemises et qu'il m'a dit que depuis quatre ans ma seur a toujours differé à me faire faire du linge parce que la toile estoit trop chere, et que comme elle a toujours encheri depuis ce tems là et encherit tous les jours, et que ce que ces retardemens ont produit, ça esté de me faire acheter plus cher que je n'aurois fait, qu'en vain elle me consulte là dessus moy qui n'y connois rien, que tout ce que je sais, c'est que je n'aime point à manquer de linge et que j'en ai besoin.

A Paris, 6 avril 1702.

..... Par le bail d'Aunay et luy (Mr de Saint-Jacques) et M. Roulland me doivent fournir un cheval de 20 pistoles. Je luy en ay ecrit. Pressez le d'y satisfaire, je vous prie, afin qu'on m'amene icy ce cheval avec mes autres chevaux. Cela m'epargnera le loüage d'un cheval pour porter d'icy mon cuisinier, car au premier jour je vous prieray de m'envoyer mon equipage.....

....Faites bien mes complimens à l'accouchée.

A Paris, 7 avril 1702.

......Je vous prie de preparer le Breton et Pierrot à partir avec mes chevaux le lundi 17, lendemain de Pasques, de Fontenay, pour arriver icy le vendredy 21, en leur defendant expressement de faire des traittes extraordinaires, disnant le 1ᵉʳ jour à Cressenville, couchant à Lisieux, le 2 disnant à la Chaussée, couchant à la Rivière-Tibouville, le 3 disnant à la Commanderie, couchant à Evreux. le 4 disnant à Passy, couchant à Mante, le 5 disnant à Saint-Germain, couchant à Paris. Il faudroit leur donner cette route par ecrit. Donnez leur, je vous prie, de l'argent pour cela. Envoyez-moy par eux les deux harnois de volée que vous m'achetastes l'année passée. Je ne scais si l'on a eu soin de me faire faire du bois à Aunay pour augmenter la provision qui y est. Il faut, s'il vous plaist, envoyer Mʳ de Pellevé à Mˡˡᵉ Merite pour cela. Il y a deja deux mois que je l'en ay fait avertir. Mʳ de Saint-Sauveur et frere Nicolas se sont chargés de luy indiquer le bois qu'on coupera. Chargez, s'il vous plaist, Mʳ de Pellevé d'aller à Aunay et de chercher dans le voisinage du sidre pour ma cave. Il en faudra d'abord trois ou quatre tonneaux. Il en faut de deux sortes, l'un pour ma table, et l'autre pour la cuisine. Pour celuy de ma table, qu'il cherche tout du meilleur. En donnant une pistole plus que le prix courant, il aura à choisir, c'est ainsi que j'ay toujours fait. On en trouve ordinairement de bon vers Saint-Loüet, mais frere Nicolas indiquera les bons crus. Qu'il n'y epargne point l'argent, pourveu qu'il ait de bonne marchandise, et s'il ne s'y connoist pas assez, qu'il prenne un connoisseur avec luy. Faites partir mes gens d'Aunay, la veille de Pasques pour venir coucher à Fontenay, où le lendemain ils feront leurs devotions.

A Paris, 12 avril 1702.

.....Je suis attaqué depuis deux jours d'une grosse fluxion sur les yeux, dont je n'avois point esté attaqué depuis long tems. J'en savois gré à Bourbon, mais me voilà repris. Ce sera grand hazard s'il ne m'en couste du sang. Je ne crois pas que cela retarde mon depart. Ce billet est seulement pour vous dire que mon vin de Citeaux, après s'estre bien fait attendre est enfin venu à Paris et parti pour Caen. Il partit hier mardy. Il sera sept ou huit jours en chemin et peut estre que le jour de Pasques le retardera encore. Il va par Belland roulier. Les voituriers vous porteront une lettre de voiture pour la faire passer franc par Caen, et je crois qu'il le porteront à Bretteville. Je vous prie d'en payer le port qui va, je crois, à 1 s. pour livre. Mlle des Preaux me fit pourtant faire composition il y a deux ans, par des Prez roullier, et je n'en payay que 4 fr. 10 s. du cent. Peut estre qu'elle pourroit obtenir la mesme chose. Donnez ordre à M. de Pellevé de faire ces diligences, et de vous en rendre compte. Mais chargez le de trouver quelque invention pour porter le vin de Bretteville à

Aunay. Si cela ne s'estoit pas rencontré dans le tems que mes chevaux partiront, le Breton auroit pu le porter dans mon petit tombereau qui est à Fontenay avec deux de mes chevaux.

Le P. Martin cordelier vous pourra donner un petit paquet pour moy, que vous donnerez, s'il vous plaist, au Breton pour m'apporter, en le luy recommandant et surtout d'eviter qu'il ne soit mouillé.

Mʳ de Saint-Jacques me doit fournir un cheval pour le vin du bail d'Aunay. Il doit valoir 20 pistoles, et je luy ay donné par dessus le marché le cheval bay que vous m'avez veu. Il me mande qu'il en a trouvé un qu'il croit bon et que, si je veux, il me l'envoiera avec mon equipage. Je luy ay mandé de le faire voir à Mʳ Macé et à vous, pour savoir si vous le jugez du prix et du merite convenable. Si vous n'estes pas connoisseur, M. Macé suppléera. J'ay mandé à Mʳ de Saint-Jacques que s'il me l'envoye, il luy fasse ajuster l'équipage de celuy que je luy ay baillé, qui est demeuré à Fontenay.....

(Huet vient de gagner le procès qu'il avait contre le Procureur fiscal de Saint-Filbert, au diocèse d'Avranches).

Ce qu'il y a de bon, c'est que je ne sceus ce jugement qu'après coup, et lorsque j'allay remercier le Rapporteur, et m'excuser de ne pas l'avoir veu avant le jugement : il me dist qu'il avoit empesché que je ne le sceusse pour m'epargner la peine de la sollicitation, qui luy paroissait inutile dans une cause aussi bonne que la mienne.....

A Paris, 19 avril 1702.

......Mon mal d'yeux et les festes de Pasques m'ont fait differer ma reponse plus qu'à l'ordinaire Il m'en a cousté pour mes yeux une grande saignée. Je persevere toujours dans le dessein de partir d'icy le plustost que je pourray, mais je suis accablé de mille sortes d'affaires, et je ne puis vous dire le jour de mon depart. Je vous le manderay pourtant. J'attens mes chevaux apres demain, suivant le plan que je vous ay proposé.....

Je ne saurois penser à ces Thermometres. Je n'en ay pas le loisir. Il faudroit une après disnée pour aller chez l'Ouvrier et regler tout cela avec luy et je n'ay pas ce loisir. Outre qu'avec le Thermometre et le Barometre je veux avoir un hygrometre et peut estre deux ou trois pour icy, pour Aunay, et pour Fontenay, et c'est une depense de douze pistoles, et dans la gueuserie où je suis j'evite les depenses superflues. Mr de Coetenfao est retourné à Avranches. Il a fait en partant un petit tour de chicane pour differer, mais tout cela ne luy servira de guere.

Quand j'ay mandé à ma seur que l'on pourroit avoir de la toile à la foire de Caen, j'ay entendu que ce sera elle qui l'aura, s'il luy plaist d'en prendre la peine. Car je ne crois pas qu'elle ait entendu, comme sa lettre semble le marquer, que ce sera moy. Dittes luy, je vous prie, que je remets la reponse à ses deux lettres, quand nous serons ensemble. Nous parlerons des ecrits de Mr de Bernieres, mais dittes luy en attendant que je n'ai veu aucuns de ces ecrits qui n'ayent esté alterez, et rabillez. et replastrez. que rien de tout cela n'est original, et que ce sont les originaux que M⁰ de Bernieres a ecrits ou fait ecrire, que je voudrois voir, et qu'en un un mot ce n'est ny le P. Loüys François, ny le P. de Saint Gilles que je cherche, mais M⁰ de Bernieres. Je reserve Mᵉ de Charsigné pour la bonne bouche. Quoy que je ne croye pas son mal dangereux, il est pourtant douloureux et j'en suis inquiet. Ne manquez pas de me dire l'estat ou elle est, quand vous m'ecrirez, et que cet estat soit bon.....

A Paris, 20 avril 1702.

.....J'estois fort inquiet du mal de Mᵉ de Charsigné, et je vous en diray les raisons. Je suis tres fasché de la mort de M⁰ de Vandeuvre. C'estoit un fort honeste homme, homme d'esprit, d'honneur et de cœur et mon ami particulier depuis l'enfance. J'ecris à Mᵉ de Vandeuvre.

A Paris, 21 avril 1702.

(P. S. Vendredy 21 au soir).

.....On a oublié de porter cette lettre à la poste. Je m'en sers donc pour vous dire que mes chevaux viennent d'arriver. Dieu merci. en assez bonne santé. J'ay envoyé des gens au devant, de peur qu'on ne fit encore payer au Breton l'entrée de mes chevaux, comme l'année passée, en luy faisant accroire qu'il estoit marchand de chevaux et que mes chevaux estoient une marchandise qui devoit l'entrée. On m'a donc sauvé ce péage, et outre cela on a veu venir Pierrot sur le nouveau cheval et sur la vieille selle, nonobstant les defenses que vous aviez faites au Breton, et le cheval n'a pas manqué de s'en sentir, car il est ecorché par le dos. Voilà comme on est servi de ces gens là, quand on ne les voit point.

A Paris, 28 avril 1702.

..... J'ay enfin pris mon jour pour le depart, qui sera, s'il plaist à Dieu, lundi 1 may pour arriver le samedy 6 à Fontenay, sauf les inconveniens. Je fais mon compte de n'estre à Fontenay qu'un jour ou deux, d'en passer autant à Caen. et de Caen d'aller à Aunay, sans repasser par Fontenay.....

..... J'avois donné ordre pour du galon et du clou doré pour le canapé, mais quand on est venu à l'exécution on n'a pas sceu combien il faut de l'un et de l'autre, et cela nous a arrestez tout court. Outre que je ne scais si nous ne nous equivoquons point sur le mot de Canapé, et je ne suis pas seur que ce que Mʳ de Charsigné a fait faire est ce qu'on appelle icy un canapé ou si ce n'est point un sofa. Je m'eclairciray de cela sur les lieux, et je me feray envoyer d'icy ce qu'on aura arresté.....

1ᵉʳ may 1702, à Paris.

Ce billet est pour vous dire que mon cuisinier part ce matin par le carosse pour arriver à Caen vendredy au soir. Comme c'est un nouveau cuisinier qui ne connoist rien à Caen, je vous prie de donner ordre à quelqu'un de vos gens de le conduire chez vous, après l'avoir esté prendre à la descente du carosse, ou plustot qu'on arreste le carosse quand il passera devant vostre porte, pour le faire descendre. Samedy, après disner, envoyez le à Fontenay m'attendre, car il n'y a rien de changé à nostre route telle que je vous l'ay marquée dans ma dernière lettre. Nous partons, Dieu aidant, dans une heure pour aller coucher à Saint-Germain.

A Aunay, 22 juin 1702.

..... Je suis bien aise d'apprendre que le transport n'ait point fait de mal à ma seur. Vous m'apprenez que son mal vient des reins. Je l'attribuois au foye, mais je suis peu instruit des symptomes de son mal. Je suis ravi du jugement favorable qu'en fait Mʳ du Bourg. Feu mon père mourut d'hydropisie, et cela me faisoit craindre, mais gardez cela par devers vous sans en rien dire, car cela ne sert de rien qu'à allarmer particulièrement les femmes.

Sur ce que me dist hier mon cocher de la remise de Caen et de son inutilité, je vous prie de la rendre à ce quartier icy, et d'en faire enlever la cloture que vous y avez fait mettre et de tascher de m'en trouver une autre.

Je vous remercie des nouvelles que vous me mandez, vous savez combien j'en suis friand.

Le défaut de remise me rend le séjour de Caen incommode.

Je vous prie d'envoyer chez des Fontaines tailleur luy declarer que si lundy matin il ne vous apporte pas mon surtout, vous envoyerez l'enlever de chez luy en quelque estat qu'il soit.

———

A Aunay, 27 juin 1702.

..... Mr de Lonchamp et Melle des Préaux vinrent ceans avant hier, mais sans y vouloir ny manger ny coucher. Nous nous sommes pourtant expliquez sur bien des choses et nous nous sommes fort bien séparez. Ils m'ont promis de venir disner avec moy le jour de St Pierre.

Mr des Ifs fils est ceans depuis deux jours fort tranquille sur l'effet de son retour. Il ne parle nullement de le réparer. Je luy ay dit une partie de ce que j'en pense, mais avant que nous nous séparions je luy diray nettement que ce retour le deshonore, qu'il n'est pas excusé pour dire qu'il n'a pu passer, car on luy dira que s'il avait eu bonne envie de guerroyer, il ne se seroit pas mis en estat de ne pouvoir passer, par son retardement, et en un mot qu'il faut ou qu'il prenne la robe, ou qu'il retourne, quand il devroit aller volontaire et je luy offriray de le mander à sa mere.....

..... On m'ecrit qu'on crie à vendre dans les rues de Paris, des lettres de noblesse à 2000 escus. C'est une exaggeration, mais qui marque que la porte est ouverte à ce negoce.

..... Les nouvelles de la santé de ma seur et de vostre epouse me consolent fort. Ramenez les moy bientost. Je suis bien fasché du mal de M' l'Intendant.

J'ay receu deux lettres sur l'affaire du Pr. Eugene et de M' de Vandome, qui disent qu'on avoit dessein d'enlever le dernier, mais de la façon qu'on rapporte le fait, on ne voit pas bien clairement leur dessein.

Je ne scais pas qui vous a dit qu'il m'est arrivé à Paris d'avoir fait faire une remise trop courte, cela ne m'est jamais arrivé. Outre ce defaut à celle que j'ay à Caen, elle n'est nullement seure et la closture qu'on y a fait faire est presque inutile, estant faite de petites planches fort estroites, fort foibles et fort esloignées les unes des autres, et aisées à passer, de sorte que pour toutes raisons il faut s'en defaire.....

A Aunay. 3 juillet 1702.

Je reconnois parfaitement l'esprit de M. de la Coudraye à ce que vous m'en mandez, et à cette petite finesse de ce pretendu homme de Roüen. Il est tout cousu de ces petits artifices, et quoy qu'ils soient tres grossiers, il croit avoir parfaitement raffiné et prendre tout le monde pour dupe. J'en ay souvent tasté, et de son avidité qui augmente à mesure que son bien augmente. Je file doux par le besoin que j'ay de luy, et il me croit sans doute un grand nigaud de ne me pas appercevoir de tous ses petits tours de passe passe. Je n'approuve pas le traitement qu'il a fait et qu'il veut encore faire à M`lle` des Preaux, mais il est vray qu'elle s'en attire une partie. Elle est aigre, fiere et rompt en visiere sans en voir les consequences. C'est elle qui est la plus opposée à l'accommodement avec M. de Pellevé.

L'autre jour M. de Lonchamp estant prest de boire un coup à l'office, elle alla luy parler à l'oreille et l'en empescha, et tout cela pour faire la faschée et pour bouder, sans savoir de quoy, car je ne scais pas luy en avoir donné le moindre sujet du monde.

Je ne fais qu'attendre le coup de sifflet pour aller à Caen à vostre Bateme. Je suis tres aise que M. l'Intendant se porte mieux et plus aise encore de la guerison de ma sœur, car ce que vous m'en mandez m'en fait parler ainsi. . . . .

A Aunay, 5 juillet 1702.

..... M⁴ le Curé de Barenton m'a ecrit sur les fromages. Il me mande les ordres qu'il avait donnez et il me cite comme tesmoins un M⁴ du Perré et sa femme bourgeois de Caen. Ce M⁴ du Perré est un marchand de drap qui demeure sur les Goulets de S¹-Pierre. Je vous prie d'envoyer chez luy pour luy faire savoir cette escroquerie, et tascher de savoir de luy d'où elle est venue, car cela est de consequence pour l'avenir, car le bonhomme Barenton veut reparer au double cette perte.

Je vous prie de savoir de ma seur quel ordre elle a donné pour me faire faire des chemises, car on en parle dès cet hyver et je n'en ay nulles nouvelles.....

..... Je m'attens que vous me manderez aujourd'huy quand je devray aller à Caen pour vostre Bateme.

..... Je reçois vostre lettre du 4ᵉ. Il vient de partir de ceans une Mlle de Paris que je ne connois point. Elle m'a dit que M⁰ de Brucourt luy dist samedy que ma seur avoit la fievre. Cela ne quadre pas avec ce que vous me mandastes, que le lendemain dimanche elle irait à la Messe.

Je vois vostre bateme fort reculé. Il y a longtems que je remarque que quand il faut assembler trois personnes éloignées, l'affaire est longue et difficile. Ici il faut assembler M⁴ l'Intendant, M⁰ d'Artagnan, l'Enfant, le Pere et la Mere et moy. Cela nous menera

loin. Il y a quelques jours qu'Honoré me demande
congé d'aller à son pays. Je l'avois remis au retour
de vostre ceremonie. Mais puisque les choses sont
differées, je vais luy lascher la bride.

A Aunay, 6 juillet 1702.

..... Quand je vous dis et redis que la procedure
de Normandie est tres differente de celle de Paris,
vous croyez peut estre que je le dis pour excuser mon
ignorance, cependant la lettre de M^r le Vaillant ne
roule que la dessus. Il m'expose fort au long les tours
qu'il faut prendre et qu'il me fait prendre. ....

(Même lettre. 7 juillet.)

Honoré aura le loisir d'aller à son pays avant
vostre bateme. Je n'ay songé à aller à Caen que
pour cette ceremonie, c'est la seule affaire que j'y
aye. Mr de Pellevé m'a dit que Mr de la Coudraye a
fait une nouvelle execution sur Melle des Preaux, à
quoy elle a fait opposition. L'autre jour elle m'apporta
icy quelque argent, dans lequel il se trouva de la
vieille monnoye. Je fus assez estonné que la monnoye estant à Caen, où elle pouvoit la changer, elle
me l'apportast icy pour me donner la peine de l'y
envoyer changer. Samedy Busnel Procureur de la
vicomté m'en apporta aussi à la decharge de M^r de
Pellevé, en presence de Mr de Longchamp. Il y avoit
aussi de la vieille monnoye. Je voulus pourtant bien

la recevoir sans leur faire cette chipoterie de la renvoyer. Or j'ay appris de Mr de Pellevé que samedy matin cette vieille monnoye avoit esté baissée de 10 s. par loūys. Ainsi ce brave Busnel me bailla les louys à 13 liv. lorsqu'ils n'en valoient que 12 liv. 10 s., et l'argent blanc à proportion, et ce put bien estre en veüe de ce decri que Melle des Preaux m'en apporta aussi. Voilà un honneste procédé.....

A Aunay, 9 juillet 1702.

Le Memoire à consulter que vous m'envoyez partira dès aujourd'huy de ceans, mais il n'arrivera que vendredy à Paris par la longueur du Charbonnier. Je ne demande pas à ma seur de s'appliquer à ces chemises, mais à me faire savoir seulement quel ordre elle y a donné afin que je la decharge de ce soin.

...... Je scais bon gré à Me de Charsigné de la preference qu'elle donne à Aunay sur le Robillard.

A Aunay, 12 juillet 1702.

J'ay fort peu de temps pour vous repondre. Je vous diray donc en peu de mots que Me de Vandeuvre m'a ecrit sur le voyage qu'elle doit faire icy. Je luy ay mandé que je serois bien aise que vous et Me de Charsigné y fussiez, lors qu'elle y viendra, non seulement pour faire les honneurs de la maison, mais encore pour empescher qu'elle ne s'ennuye, ce que j'apprehenderois fort qui n'arrivast, si j'estois seul pendant les heures que mes affaires m'obligent de donner indispensablement à mon cabinet, que je vous prierois donc de la voir, comme je vous en prie en effet pour concerter avec elle le tems de vostre voyage, et tascher de les faire rencontrer ensemble. J'attens vers le commencement de l'autre semaine Mr le Pénitencier d'Avranches.....

..... Je vous prie de renvoyer les deux Gazettes cy jointes et de mander a Me des Jardins que celle de Hollande m'a deja esté envoyée une fois, et qu'il n'est guère agreable de ne les voir qu'un mois après les autres.

Je n'ay point bonne opinion de la maladie de Mr l'Intendant, non plus que de celle de Me de Cauvigny. Je suis bien fasché de l'une et de l'autre et bien aise de celle de ma seur.

A Aunay, 14 juillet 1702.

..... Je vous remercie de vostre melon.

Vous me ferez plaisir d'envoyer chez Mr l'Intendant s'informer de sa santé de ma part.

Paris, 13 octobre 1702.

J'ay pris un gros rume par les chemins, dont je suis fort incommodé. Il ne m'empeschera pas d'aller à Versailles faire ma cour. J'espère qu'un peu de repos et de chaleur m'en délivreront.

Je reconnus en arrivant icy qu'on avoit entré dans mon cabinet pendant mon absence, quoy que je prenne grand soin de le bien fermer quand je pars. Laissant les clefs des autres chambres et de ma bibliothèque aux Jesuites, je sceus que le feu avoit pris dans la chambre d'un Jésuite qui est immédiatement sous mon cabinet et dont le tuyau de cheminée passe au travers, et que la maison pensa estre bruslée : et comme on voyait la fumée regorger par mon cabinet on fit aussi tost lever les serrures et on trouva que la fumée entroit par les crevasses du tuyau de cheminée et auroit esté bientost suivie du feu qui auroit fait un beau menage, parmy mes papiers et mes livres ; mais on y remédia. Mais cependant il n'est guère agréable de voir ce que j'ai de plus secret et de plus précieux exposé aux visites. C'est la seconde fois que cela m'est arrivé depuis que ma maison tomba.

J'ay trouvé icy des jugemens et des discours bien differens sur le sujet de mon livre, de ceux qu'on en tient à Caen. Aussi la capacité des juges est elle bien differente. On en juge icy avec connaissance et équité : on en juge à Caen avec envie, avec médisance, et avec beaucoup d'ignorance, fruit ordinaire de la fainéantise. Je fais rire icy ceux à qui je dis qu'on trouve a Caen que je ne scais pas parler françois. Rien n'est plus semblable à ces goitreux des vallées de Savoye, qui se moquent des étrangers qui n'ont pas de goitre comme eux......

Je prie ma sœur de se souvenir de mes chemises. et si elle trouvoit quelques douzaines de serviettes un peu raisonnables et à juste prix, elle me feroit plaisir de les prendre pour moy. Vous savez tous, et tout le monde voit, à ma confusion, l'extreme gueuserie où je suis.

Paris, 17 novembre 1702.

..... Vous avez fort bien répondu à Mʳ l'abbé de Guenegaud. Si vous le voyez à son passage à Caen, persistez à luy faire connoistre la conduite artificieuse de Mᵉ de Chamarande, qui, lorsque nous estions à la veille de terminer nos affaires à l'amiable, rompit tout sans sujet, en me déclarant qu'elle vouloit un jugement de rigueur, et qu'en mesme tems elle alla persuader aux juges et à tout le public que j'estois un chicaneur ennemi de la paix.

Paris, 20 novembre 1702.

(Abbaye de Fontenay. — Au sujet de l'office de pitancier).

Paris, 21 novembre 1702.

..... Ma sœur scait mieux que moy l'extreme besoin où je suis de linge de table et qu'à peine ay-je une honeste serviette.
..... Il est vray qu'il y eut quelque proposition cet esté de mettre les vaches de la Mare dans ma

petite écurie, mais c'estoit pendant le temps que
j'estois dans le pays, et je ne consentais pas à cela,
moy allant et venant incessamment à Fontenay, et
estant exposé à y recevoir des visites, dont les chevaux
auroient trouvé la place prise par les bestes de la
Mare. Présentement que cela n'est pas à craindre, je
ne vois pas pourquoy luy refuser cette charité. J'attens
du Coudré pour l'écouter la dessus. Tous ces discours
qu'on vous a faits touchant les desseins qu'on a pour
le Portier, et son establissement à la place de la
Mare, sont de pures visions. Je chasserois plustost le
Portier pour donner sa place à la Mare que de chasser
la Mare pour donner sa place au Portier. Je pense et
crois de ce dernier tout ce que vous m'en dittes ; mais
il est vray aussy que je me suis trouvé fort importuné
de la Mare, de son cheval et de ses vaches. Vous
savez le peu de soin qu'il en a, et outre le peu de soin,
il y a aussi de l'infidelité, en ayant mis son cheval à
paistre au beau milieu de mon parterre, et luy laissant
brouter les espaliers. D'ailleurs il laisse aller ces
bestes dans tout le parc, et sont *(sic)* prises tous les
jours en dommage. Dans l'estat où je suis avec les
Religieux, vous voyez que c'est une matière continuelle de noises, qui toutes retombent sur moy. Je
l'avois fait prier de se défaire de ses vaches, et jamais
je ne le pus obtenir, quoy qu'il l'eust promis à M. Lau-
gier. De plus la Mare est fort fatiguant par ses
demandes continuelles, car jamais il ne venoit à
Aunay,—et il y venoit toutes les semaines—que ce ne
fust tous les jours à me faire demandes sur demandes.
Je m'en trouvay rebuté à la fin, et luy fis dire que

Varin et du Celier ne me demandoient jamais rien, parce qu'ils savoient bien que j'aurois soin d'eux.

..... Vous m'avez fait un très grand plaisir de me dire ce que vous savez sur les Jesuites. et je vous remercie de votre franchise en cela. Je vous prie de me donner sujet de vous remercier en tout le reste, car la franchise attire la franchise, et la franchise se paye par la franchise. Vous savez la plainte que je vous fis sur cela cet esté. Vous me repondites que c'est que vous me craigniez. Cette crainte devoit-elle vous empescher de m'avertir de l'horrible friponnerie que me faisoient mes gens. Je scais bien que la prudence fait taire quelquefois de certaines choses, et qu'un peu de politique ne gaste rien. Cela est vray avec de certaines gens et en de certaines occasions ; mais dans d'autres la prudence est une imprudence et la politique est une malhabileté.

Pour venir au fait, je suis très aise de savoir ce que vous me mandez des discours des Jésuites et particulierement de celuy qui a esté tenu au Beny. Votre politique vous a empesché de me le nommer; mais en bonne foy, cette politique est-elle bien placée, en me cachant le nom d'un Jesuite que vous dittes que je connois et qui est de mes amis, qui a parlé de moy devant dix personnes, et sans nul ménagement. De me cacher ce nom, n'est-ce pas préférer l'intérêt du Jésuite au mien ? Je vous prie donc de me le nommer. Le discours qu'il fait est très mal fondé. Avant que de venir chez eux, toutes les conditions et les prix furent reglez par écrit entre le P. Supérieur et moy. C'estoit alors le P. de Grieu. Je suis saisi de ces écrits et les produiray. La qualité des viandes et le nombre des plats estoient reglez exactement. Depuis ce tems là, on me proposa dans l'année de la cherté d'augmenter le prix, et comme j'en vis les conséquences je repondis qu'on pouvoit diminuer la nourriture. que si cela ne me suffisoit pas, j'y suppléruis d'ailleurs, mais que je n'aimois pas à faire tous les jours de nouveaux traittez. Je leur fis voir en mesme tems que toutes mes absences, pour lesquelles je ne rabbattois jamais rien, quoy qu'elles allassent quelquefois à dix jours de suite, estant reparties sur le total, alloient à plus qu'ils ne me pouvoient demander, et qu'enfin le traitté qui avoit esté fait l'avoit esté sur les demandes du supérieur, telles qu'il me les proposa, que j'acceptay toutes sans replique. — Peut estre vostre politique ira-t-elle à continuer de me vouloir faire un mistère du nom de ce Jesuite qui parla si bien au Beny, quoy que je ne voye nulle raison de cette politique ; mais souvenez-vous que je le sauray d'ailleurs immanquablement, et que je pourray vous reprocher que vous aurez eu moins de confiance en moy que des gens qui ne me sont pas ce que vous m'estes.

Mᵉ de Charsigné que vous avez apparemment instruite en l'art de dissimuler, me refusa tout net à Caen de me dire le nom d'une personne qui avoit parlé peu obligeamment de moy. Vous me le distes au Breuil, sans que je vous le demandasse : en quoy vous pouvez juger si sa dissimulation estoit raisonnable. Quand on se recule ainsi de moy, pour un pas j'en fais quatre en arrière. Je vous embrasse pourtant et vous et elle très tendrement. Vous voyez que je ne suis pas si politique que vous, puisque je vous parle si franchement de votre humeur couverte, et plust à Dieu que mon exemple vous corrige.

———

A Paris, 22 novembre 1702.

Je vous écrivis hier et n'y reviens aujourd'huy que pour ne mettre point à l'épreuve votre franchise sur le sujet du jesuite qui m'a si bien depeint au Beny, et pour vous dire que je l'ay deviné sans vostre secours, et que je suis très assuré que ç'a esté le Pere de Gouvetz. Voilà donc l'homme dont vostre prudence vous a inspiré de menager les interets avec moy. En bonne foy, quelle ouverture, quelle confiance, quelle franchise puis-je attendre de vous, si estant trahi et déchiré par un homme que vous me dites vous mesme que je crois mon ami, vous aimez mieux me laisser exposé à de nouvelles trahisons et me voir demeurer dans l'erreur sur le sujet de son amitié que de m'en avertir et me detromper ? Quel interest pouvez vous prendre à un homme que vous ne connoissez pas, lorsqu'il me traitte si malhonestement ? Son indigne procédé ne devroit-il pas obliger tout honneste homme à entrer dans les interests de celuy qu'il maltraite, et se declarer contre luy, à plus forte raison de vostre oncle, et ce que je prefere de beaucoup, de vostre amy ? N'est-ce pas le mettre en balance avec moy, et quel jugement puis-je faire de vostre amitié, si elle ne s'estend pas jusqu'à vous déclarer pour moy contre un indifférent et un inconnu. Je vous ay veu, en m'avertissant d'une tromperie que me vouloit faire Mʳ de Lonchamp, prendre de grandes précautions pour empescher qu'il ne sceust que vous m'aviez donné cet avis. En vérité, croyez-vous que s'il savoit ce menagement que vous aviez pour luy avec moy, il vous en estimast davantage? Quand je vous en temoignay mon estonnement, vous me distes que vous ne vouliez pas vous faire des ennemis. La maxime est bonne, en général, mais elle a ses bornes, et quand on la pousse trop loin, elle devient mauvaise, et il faut prendre garde, en ne voulant pas se faire des ennemis, qu'on ne se fait pas non plus des amis, et que quand on est pour la chèvre et pour le chou, on n'est ny pour le chou ny pour la chèvre. Une amitié, telle que vous me la devez et par le sang et par celle que j'ay pour vous, doit estre une ligue offensive et defensive; et d'en user comme vous faites, en ménageant tout le monde avec moy, vous faites ce que vient de faire le Roy de Portugal, qui après un traitté d'alliance, prend la neutralité. Sa seureté s'y trouve, mais son honneur ny la fidélité (deux ou trois mots biffés) ne s'y trouvent pas. Je vous prie de prendre cecy en bonne part. Si j'estois de vostre humeur, il m'auroit esté aisé de le garder dans mon cœur, et d'en couver mon chagrin, sans vous en rien témoigner, mais je me le reprocherois comme une infidélité. Du reste, ce que je vous suis, mon age, l'usage et la longue pratique que j'ay du monde, où je ne crois pas m'estre conduit en fou ny en estourdi, et la connoissance que j'ay de la bonne morale et par pratique et par reflexion me mettent en droit de vous parler à cœur ouvert et sans déguisement; le tout, je vous assure, sans fiel et sans préjudice de la tendresse que j'ay pour vous, mais qui ne se conserve que par la cordialité, par la candeur et par la franchise.

Paris, 23 novembre 1702.

..... Je vis hier Mʳ le Guerchois. Il me parla comme si j'avois esté le meilleur de ses amis. Il me dist mesme qu'il m'avoit autrefois rendu une visite, luy et feu Mʳ son père, procureur général, dont je n'ay nulle mémoire. Nous parlasmes de vostre affaire à fond, et il est si disposé à faire de son mieux pour vos interests qu'il me demanda quelle requisition je voulois qu'il fist et qu'il la feroit.

..... Je reçois une lettre de ma sœur, à quoy je repondray; mais j'y trouve un article à quoy je ne puis pas différer à repondre: c'est sur ce sucre que je fis donner à ma sœur de Pleneville avant mon départ. Elle me mande que sa femme de chambre luy a dit que Sᵗ-Jacques luy dist que je luy avois dit que c'estoit à elle, ma sœur, de le payer. Dites luy, je vous prie, que je n'ay jamais dit ny pensé cela, que je n'ay jamais eu intention qu'autre payast ce sucre que moy, et qu'en effet je crois que Sᵗ-Jacques m'en a compté. Je ne pretens point faire mes liberalitez aux depens d'autruy. Sᵗ-Jacques n'est point céans; je ne puis m'en expliquer précisément qu'à son retour. Je viens de regarder mon registre, où je n'ay point trouvé cet article. S'il y a en cela du méconte, assurez ma sœur qu'il ne luy en coustera rien et que je n'ay jamais pretendu qu'autre que moy fist ce présent. Il est bien aisé de savoir du Droguiste qui l'a vendu, et qui est, je crois, St-Martin, si ce sucre ne luy a pas esté payé : je ne scais si c'auroit esté par M. de Pellevé. Ma sœur m'a déjà parlé plusieurs fois de dix petites pièces qu'elle perdit contre moy au trictrac. Dittes luy, je vous prie, qu'elle ne s'en inquiete point, qu'elle attende à me les payer que je les luy demande, et que si elles luy pesent trop, elle peut les donner aux pauvres à mon intention.

Voilà St-Jacques de retour. Il m'a fait un galimatias de ce sucre que je n'entens pas trop. C'est un malentendu, autant que je me puis souvenir. Je priay ma sœur de le faire acheter avec intention de luy en rendre l'argent ; et comme j'en avois parlé à St-Jacques qui alloit l'acheter et le payer, et que c'eussent esté deux pains de sucre au lieu d'un, je luy dis qu'il ne se pressast pas de le payer, parce que je craignois que ma sœur ne l'eut déjà payé et qu'on ne le payast deux fois, et ce que cela a produit, c'est qu'il n'a point esté payé du tout. Je prie donc ma sœur ou de le payer, et de marquer cela sur mon compte, ou de s'en faire rendre l'argent par Mr de Pellevé qui m'en comptera.

Paris, 29 novembre 1702.

..... A l'égard de votre humeur mistérieuse que je vous ay reprochée, je vous repeteray sans fiel aucun, et plustost par (mot illisible) que par contestation, particulièrement après la manière honeste dont vous m'en parlez dans vostre lettre, que si vous voulez vous bien examiner vous mesme, vous trouverez que vous estes naturellement reservé et enveloppé. Il y a plus de 20 ans, lorsque vous estiez icy avec moy, je reconnus cette disposition et je le dis à ma sœur. Si dans la legereté de la jeunesse cela estoit visible en vous, jugez combien cela doit s'estre accru depuis. Je vous en parlay dernièrement à Fontenay, à l'occasion de ce sel : vous me repondistes que vous me craigniez. Y avoit-il sujet de craindre à m'avertir du désordre de ma maison et à me faire connoistre les gens qui m'ont pour ainsi dire entre leurs mains, et ne deviez-vous pas craindre plustost mes justes plaintes de ce silence ? Je n'ay nulle mémoire de cette affaire de M⁵ de Charsigné et de Mʳ d'Orville, où vous dites que je la commis. J'avoüe que sur le pied de vos maximes, « qu'il faut se ménager de tous costez, ne se faire jamais d'ennemis, et craindre les événemens et tous les perils qui peuvent arriver », elle dut n'estre pas bien aise d'estre nommée. Mais s'il y a dans le monde des liens si estroits, et du sang et de l'amitié, que non seulement on ne doit rien ménager pour ceux avec qui on est ainsi lié, mais mesme que c'est les offenser que de les mettre en balance avec des gens indifférens, et que c'est se faire tort à soy mesme, je ne crois pas avoir eu tort de croire que, s'agissant de mes interests avec Mʳ d'Orville, Mᵉ de Charsigné n'auroit rien à ménager. La raison que vous dites qui vous a empesché de me nommer le P. de Gouvets, c'est, dittes-vous, que vous avez craint que vostre lettre ne se perdist, qu'elle ne fust reportée au P. de Gouvets, et qu'il ne devint pour vous un ennemi dangereux. Ce coup-cy, ce n'est plus moy que vous craigniez. J'avoüe que tout ce mal que vous apprehendez pouvoit vous arriver. Mais si l'on pousse jusque là ses précautions, et que la prudence oblige de se munir contre tous les accidens qui peuvent arriver, que ne portez-vous toujours sur vous du contre-poison, que ne portez-vous une chemise de maille, puisqu'à toute heure vous pouvez estre tué et empoisonné? Vous voyez que le trop de prudence devient imprudence. D'ailleurs ne hasarde t'on rien pour ses amis? Du reste vous estes le premier qui m'ayez jamais reproché mon peu de circonspection et mon babil. Mes valets savent que lorsqu'ils me donnent quelque avis, je commence par leur demander s'ils veulent estre mis en jeu, ou non, et que je n'ay jamais manqué d'agir suivant leur volonté. J'ay longtems vescu, comme vous savez, dans le pays de la dissimulation, et j'y suis encore assez enfoncé présentement, jamais je n'ay esté accusé de la faute que vous m'imputez. Vous ne pouviez pas me citer un meilleur auteur en cachoterie que M᠆ Bonvoisin qui faisoit consister le souverain degré de la prudence à marcher sur le bout des ergots, et escouter tout. A un homme de son humeur, qui avoit peur de son ombre et qui estoit boutonné jusqu'aux dens, et qui estoit defiant plus que tous les hommes du monde, je ne m'estonne pas qu'il tirast toujours son cul de la presse, et qu'il ne voulust jamais mettre rien en jeu, ny estre cité ny allégué. Je lui en ay fait la guerre tant qu'il a esté avec moy, et je l'ay convaincu cent fois de l'inutilité de toutes ces petites précautions et de la bassesse de ce petit procédé, et combien les gens de ce caractères (sic) sont peu propres au commerce de l'honeste et de la genereuse amitié. Je vous fais juge lequel est le plus estimable, le plus aimable et le plus convenable à un honeste homme, de la franchise ou de la dissimulation, de la candeur ou de l'humeur sombre et couverte. Je vous remercie de ce que vous me dittes du P. Bourdaloüe. Je me doute fort bien qui vous en a parlé et je ne vous le demande point ; mais j'ay bien de la peine à le croire, car dans toutes les petites explications que j'ay eües, je l'ay toujours trouvé très zelé pour mes interests, et je reçois tous les jours des marques d'une amitié pleine de confiance et de cordialité. Mais enfin cette dernière affaire m'a donné lieu de proposer à mes hostes, que, puisque je leur suis à charge, nous rompions le traitté de ma nourriture, et que je feray ma dépense, et que, puisque ma Bibliothèque leur est à charge, je suis prest de dissoudre le contrat de donation, et que si ma demeure leur fait de la peine, je suis prest de me loger ailleurs. J'attens reponse sur tous ces chefs. S'ils acceptent mes propositions, à la bonne heure, leurs plaintes finiront. S'ils ne les acceptent pas, ils ne pourront se plaindre sans se condamner. Pour revenir au principal, quand vous croirez devoir ménager un homme tel que M*r* de Longchamp, et que vous aurez peur qu'il ne sache que vous m'avez averti d'une tromperie qu'il me veut faire, ce sera un avertissement pour moy de la restriction et des bornes estroites que vous donnez à vostre franchise. Croyez-vous, en bonne foy, que quand Mʳ de Longchamp a veu que vous decouvriez sa supercherie, ou s'il a sceu que vous la sceussiez, il ait attendu de vous que vous ne m'en diriez rien? Ne deviez vous pas au contraire luy dire qu'il vous offense, s'il croit que vous ayez en cela aucun menagement pour moy. La cachoterie est assez l'esprit de Caen : on y est défiant et couvert, et il y a long tems qu'on a dit que les gens de Caen craignent tout et n'aiment rien, et que les gens de Rouën aiment tout et ne craignent rien. Je crains bien que, comme on trouve à Caen que je ne scais pas le François, et que je dois y aller l'apprendre, on ne trouve aussi que j'y dois aller pour apprendre à vivre et à me conduire dans le monde. Je vous diray encore sur cela une chose que j'ay remarquée depuis assez longtems. Il n'y a point de lieu dans l'Europe où je ne sois plus estimé qu'en France. Cela a esté dit et imprimé depuis quatre ou cinq ans par un auteur célèbre que je ne connois point, et il le disoit pour prouver que nul n'est prophète en son pays. Il n'y a point de lieu en France où je ne sois plus estimé qu'à Caen. J'en viens de faire l'épreuve au voyage que j'y ay fait, et il n'y a point de lieu à Caen où je ne sois plus estimé que dans ma famille. Vous me direz que c'est parce que l'on m'y connoist mieux. Je le croirois si j'avois plus vescu avec eux. Mais j'y ay si peu vescu, que j'en dois chercher d'autres causes. Pour conclusion, je me vois privé par vos maximes et par votre conduite d'une des plus grandes douceurs de la vie, qui est de se pouvoir demasquer et se déboutonner. Car la prudence ne veut pas que je sois demasqué avec des gens qui auront toujours le masque sur le visage, car je vois que M° de Charsigné a fort bien profité de vos leçons et de vos exemples, puisqu'elle me fit mistere d'un nom que vous me distes au Breuil, sans mesme en estre requis. Que dois-je penser sur cela, lorsque je vois des gens qui ne sont que mes amis vivre avec moy avec une très grande franchise, et se confiant à ma discretion sans tant de menagement? Ils n'ont pas eu sujet de s'en repentir, et depuis que je suis en âge d'homme, la plainte que vous m'en faites, non seulement de vostre part, mais de la part de tant d'autres gens, est la première qui m'ait jamais esté faite. Je la prens neantmoins en bonne part, et je vous scais bon gré d'avoir fait, en m'en avertissant, une si grande violence sur vostre politique misterieuse.

Paris, 30 novembre 1702.

Quoy que je vous aye ecrit hier assez amplement, j'y reviens encore aujourd'huy pour vous dire que je fus hier au Noviciat des Jesuites pour avoir une explication avec le Père de Gouvets qui y demeure. Ce fut en présence du P. Recteur qui est de mes anciens amis. Je luy demanday quel sujet je luy avois donné de parler de moy aussi indignement qu'il avoit fait au Beny, en présence d'une bonne compagnie, et de quelques uns de mes amis. Il me repondit qu'il ne savoit ce que je luy voulois dire, qu'il n'avoit pas dit un mot de moy au Beny, et que je n'y fus pas seulement nommé ; qu'il y arriva un peu avant le disner, qu'ils estoient treize à table, qu'il estoit assis auprès de M⁹ de Cauvigny, au témoignage de qui il se rapporte, qu'après disner ils sortirent trois ou quatre pour se promener dans le jardin, qu'en tout cela nulle commémoration ne fut faite de moy. Je luy demanday par qui donc l'on avoit appris en ce lieu là ce qui se passoit à Paris entre les Pères de la Maison Professe et moy, jusqu'au moindre détail. Il me repliqua qu'il ne le savoit point, qu'il ne repondoit que de luy, mais qu'il avoit passé d'autres Jesuites que luy par le Beny, qui pourroient bien avoir tenu les discours que je luy imputois. Voilà ce que j'en pus tirer. J'ay cru devoir vous rapporter tout ce détail, afin que vous puissiez l'éclaircir, et que vous faciez reflexion par qui vous avez entendu le nom du P. de Gouvets, car il y a sans doute erreur, non pas au fait, mais à la personne. M⁹ de Cauvigny et M¹¹ᵉ de Meautis pourront en savoir la vérité. J'écrivis à M⁹ de Cauvigny avant que d'avoir receu vostre dernière lettre, pour avoir son témoignage, avant que de parler au P. de Gouvets ; mais vostre lettre estant venue, qui m'ostoit tout lieu de douter, je ne differay plus à m'éclaircir avec luy. Lorsque vous serez bien assuré que le P. de Gouvets a esté mal accusé, taschez, je vous prie, de descouvrir quel autre jesuite à ainsi babillé au Beny, et quel est son nom, et du moins où il demeure, où il alloit, et d'où il venoit, et quelle sorte d'homme ce peut estre.

..... D'où vient donc que ce tapissier ne m'a point demandé le payement de ce canapé, tant que j'ay esté présent, et que présentement que je n'y suis plus, il est si empressé ? Je prie M⁰ de Charsigné de m'envoyer un mémoire de ce qu'il faut pour l'achever, c'est à dire combien de clou et de galon, et quel clou et quel gallon, et à peu près le prix de l'un et de l'autre, et je luy promets que je ne diray jamais à personne que ç'ait été elle qui ait pris ce soin. Ne faudroit-il pas faire peindre le bois ?

Mandez moy si lorsque vous partistes d'Aunay, on eut soin de remettre les matelas et toutes choses en bon ordre.

(Plaintes sur la négligence d'un messager qui devait lui apporter des fruits « cueillis et emballés depuis un mois).

Paris, 1ᵉʳ décembre 1702.

(Le panier de fruits n'est pas encore arrivé).

..... Je consens à l'échange des pailles que vous me proposez. Voilà encore une faciende de Mlle des Preaux, qui estoit convenue avec moy de voir Mlle Merite pour savoir le jour qu'elle apporteroit de la paille et faire trouver un harnois à Caen pour l'emporter. Faites, je vous prie, savoir à Mlle Merite par Mr de Pellevé que je ne me contenteray pas de deux cents de paille, qu'elle scait bien qu'il m'en est deu bien d'autres.

Paris, 2 décembre 1702.

Vous ayant écrit trois jours de suite, je ne le ferois pas aujourd'huy si ce n'estoit pour l'article du linge. Il y a long tems que je m'apperçois que ma sœur s'embarrasse des demandes que je luy fais la dessus. On me dist mesme qu'elle dist un jour qu'elle ne pouvoit plus se donner cette peine. Je le comprens fort bien dans l'age et dans l'infirmité où elle est, et dès que j'entendis cette réponse, je ne luy en aurois plus parlé, si elle m'en eust dit un mot, sans y trouver rien du tout à redire. Comme elle estoit instruite, bien mieux que moy, de l'estat de mon linge, j'estois obligé d'entrer avec elle dans certains éclaircissemens, et d'autant plus que c'estoit à elle qu'Elizabet rendoit compte de l'estat où il estoit. A l'égard de l'ordre que vous me proposez de mettre dans l'entretien de ma lingerie, il est fort bon, et mesme si nécessaire qu'il n'y en a pas d'autres à y mettre, et c'estoit cet ordre mesme que j'esperois que ma sœur y mettroit ; et si elle m'avoit dit chaque année quel supplément j'y devois fournir, je ne l'en aurois pas dedite ; mais elle ne m'en parloit presque jamais, si je ne luy en parlois auparavant, et quand il s'agissoit d'avoir une douzeine de chemises, c'estoit une affaire de deux ans. Pour mes gens, chacun se renvoye la pelotte, et ne prétend point en estre chargé. De sorte que tout roule sur Elizabet. Jugez quel doit estre l'estat des choses. Mais enfin, les prenant en l'estat qu'elles sont, il faut remedier au mal. Honoré me dit que ma sœur a les mémoires du linge qui est à Aunay et à Fontenay. Je prie M⁰ de Charsigné de les examiner avec elle, et de faire un petit memoire de ce qu'elles croient qu'il y faut ajouster pour estre honestement, et pour ne rien transporter de l'un à l'autre, et de mettre les prix que cousteront à peu près les parties de ce supplément, car je regleray sur cela la depense que j'y pourray et que j'y voudray faire. Vous me dittes de vous demander quelle depense j'y veux faire. Ma reponse est que j'y feray de la dépense selon mon besoin. Il faut donc savoir à quoy va ce besoin.

(Encore le panier de fruits : qu'est-il devenu ?)

Paris, 5 décembre 1702.

(Procès concernant M. de Charsigné, et pour lequel Huet sollicite).

..... Avant que vous m'eussiez nommé le P. de Gouvets, j'avois écrit à M⁰ de Cauvigny, pour la prier de m'apprendre exactement ce qui fut dit de moy au Beny par ce père. Elle m'a répondu en propres termes qu'on dist au Pere qu'apparemment les Jesuites me faisoient grand chere icy ; qu'il répondit que l'on me donnoit tous les jours un bon chapon sur une soupe et un morceau de rosti. Elle m'assure qu'on ne dist que cela, qu'on n'auroit pas esté bien venu à parler mal de moy en sa présence, estant mon amie au point qu'elle l'est ; qu'elle n'avoit jamais vu le P. de Gouvets, mais qu'il faut rendre justice à tout le monde, et elle finit en disant qu'elle ne comprend pas *comment on peut avoir empoisonné une chose si innocente*. Ce sont ses propres termes. Vous voyez qu'il y a bien loin de là à ce que vous m'avez mandé. Il y a mesme erreur au fait et à la personne, car le P. de Gouvets me soutint devant son Recteur qu'il ne dist pas un mot de moy, et que tant qu'il fut au Beny on n'en parla en façon quelconque, mais que d'autres Jesuites que luy ont passé au Beny. On pourroit croire que Mᵉ de Cauvigny a entendu quelque autre Jesuite, à qui elle donne le nom de Gouvets, sans le connoistre, parce qu'elle l'a veu nommer ainsi dans ma lettre. Prenez garde aussi que ceux de qui vous avez appris ce discours ne l'ayent empoisonnné, comme Mᵉ de Cauvigny l'assure, car il n'y a que trop de gens de cet esprit là. Cela mériteroit bien que vous en eussiez une explication avec Mᵉ de Cauvigny ou avec Mˡˡᵉ de Meautis ou avec toutes les deux, et cette explication me seroit utile pour connoistre une vérité à laquelle j'ay un si particulier interest; mais comme je me trouve dérouté sur les ressorts de vostre politique, je ne vous demande sur cela que ce que vous voudrez.

(Enfin le panier de fruits est arrivé le 2 décembre, Huet ne nous dit pas dans quel état).

Paris, 6 décembre 1702.

(Plaintes contre le Sʳ de Lonchamp).

..... Sans vouloir resasser tout ce que nous avons dit sur vos misteres, vous vous retranchez à dire que vous n'estes misterieux que sur les choses qu'il est inutile de dire, et sur ce que la prudence ne veut pas que l'on die tout. Tout cela est vray, mais c'est le plus et le moins qui sont condamnables. Il est vray qu'on doit taire ce qu'il est inutile de dire ; mais ce n'est pas à nos amis à juger de ce qui nous est inutile, car sur ce pied là on cachera tout, en disant qu'on ne l'a pas cru utile. Quand vous me cachastes l'action criminelle de mes gens, vous jugeastes inutile de m'en parler. M'est-il inutile de connoistre que j'ay des scelerats dans ma maison, et que mon bien et mon honneur sont en peril avec eux. Quand vous m'avertistes de la tromperie de Lonchamp, je ne me trouvois pas trop de penchant à luy aller dire que c'estoit vous qui m'en aviez averti, mais je fus extrêmement surpris de la précaution que vous preniez pour empescher qu'il ne sceust que vous n'estiez pas d'humeur à favoriser par vostre silence le piege qu'il me tendoit, précaution laquelle s'il avoit sceüe, il ne vous en auroit pas estimé davantage. Pour conclusion, quand je vous ay reproché vostre humeur couverte, vous m'avez renvoyé la pelotte, en me disant que vous me craigniez, et en suite en me disant que je commets ceux qui me font des confidences. A cela je vous repons en deux mots que vous et M⁰ de Charsigné estes les premiers qui m'ayez jamais accusé d'indiscretion et de manquer de secret, et qu'à l'égard de cette crainte, il y a bien plus de sujet de me craindre en ne m'avertissant pas des desordres de mes gens qu'en me les découvrant, et qu'il n'appartient pas à nos amis de se rendre juges de nos interests et de ce qui nous est utile. Il y a des choses qui parlent d'elles mesmes, et qu'il faut constamment taire; mais de pousser cela jusqu'aux points dont je me suis plaint, c'est cet excez qui est vicieux. A vostre égard je vous ay déjà dit et redit qu'il y a plus de vingt ans que je remarquay en vous cette taciturnité et cette humeur enveloppée. La suite me l'a bien confirmé, et je ne m'en suis expliqué avec vous qu'à la dernière extrémité.

Je ne scais pas si vous m'alléguez les réponses de Mlle de Meautis sur l'affaire du P. de Gouvets pour justifier vostre humeur misterieuse ou pour me convaincre de commettre les gens. A cela j'ay à vous repondre que la vostre par laquelle vous me mandiez cette belle histoire portoit en termes exprès que j'en usasse comme je le jugerois à propos. Secondement, vous pouviez, et il me semble que vous deviez aussi repondre à ceux qui vous reprochent de m'en avoir parlé, s'ils vous croyent obligé de cacher à vostre oncle une médisance noire qui le deshonore et ne l'avertir pas de se prendre garde de gens avec qui il vit. Si on vous l'avoit dit sous le secret, le reproche seroit juste, mais un discours fait publiquement et qui vous est rapporté par trois ou quatre tesmoins differens et qui blesse une personne qui vous touche de si près, bien loin de croire qu'ils esperassent que vous me le celeriez, vous avez dû estre persuadé qu'ils ne vous le disoient qu'afin que vous m'en avertissiez. Tout l'éclaircissement de cette affaire se réduit présentement à savoir si c'est un autre Jesuite qui a parlé de moy, comme le P. de Gouvets me l'a assuré, et si en effet il n'a pas dit un mot de moy;

mais en l'estat où sont les choses je ne vois pas le moyen de débrouiller cela.

Pour ce qu'on vous a aussi reproché que vous m'aviez averti de ce qu'on disoit de mon livre, vostre justification estoit toute preste, en disant que tout ce que vous m'en avez dit est qu'il faisoit beaucoup de bruit à Caen, car, en effet, c'est tout ce que vous m'en avez dit. M° de Charsigné me dist quelques discours qu'on avoit fait. (sic). Mais lors que je luy demanday qui en estoit l'auteur, elle me refusa de me le nommer. Ainsi l'on vous accuse sur cela fort injustement. Mais il y a eu d'autres personnes, et que, comme vous voyez, je ne commets pas, qui m'en ont parlé fort ouvertement, et ne m'en ont fait nul mistere. Au surplus, il est fort plaisant et fort extraordinaire qu'on croye devoir cacher à un auteur que l'on fait profession d'aimer le jugement que le public fait de son livre. On m'en devoit faire d'autant moins de mistere, que je ne connois guère de gens à Caen capables de juger d'un ouvrage de littérature. L'écrit que m'a baillé M^r l'Intendant est un tissu de fadaises d'un homme fort peu instruit de la matière, d'un très petit savoir, fort rempli de luy mesme et de ses idées et fort peu judicieux. Quand M^r l'Intendant sera icy, je l'en convaincray par la reponse que j'y ay faite. Je ne lui envoye pas, de peur d'entrer en de nouvelles explications avec les gens de Caen. Quand on dit que je me suis mis au lieu où je suis pour des veües de fortune, sçait on bien que je n'y suis entré qu'en 1693, et que mes establissemens estoient faits, huit ans et quatorze ans auparavant.

8 décembre 1702.

(Huet arrive de chez Mr Chamillard. L'affaire de M. de Charsigné prend bonne tournure).

..... Faites savoir du curé de St-Martin s'il est vray qu'il ait dit que m'ayant parlé d'accommoder ses par{ens} (paroissiens) avec le sr de Longchamp, *je me mis dans une violente colère.* Comme rien au monde n'est plus faux que cela, je seray bien aise de pouvoir convaincre le sr de Longchamp de supposition.

Paris, 12 décembre 1702.

(Huet s'étonne que de Charsigné ne soit pas très satisfait que son affaire ait été renvoyée à Mr l'Intendant).

..... Vous m'écrivez si honnestement sur vostre humeur misterieuse que je vous ay reprochée et sur les reponses que vous m'avez faites, que, quand vous m'auriez bien offensé, je l'oublierois. Comme je suis franc, et fort éloigné des misteres non nécessaires, je vous diray franchement que j'ay esté choqué de ce que me plaignant doucement et amiablement de vos reserves, bien loin de recevoir ma plainte de la mesme main dont je la présentois, vous m'avez soustenu fort et ferme que vous aviez raison d'agir ainsi, et que j'avois tort d'y trouver à redire, et ne vous contentant pas de cela, bien loin de vous justifier, vous m'avez accusé moy mesme d'indiscretion et de

15

flux de bouche, chose qui ne m'avoit jamais esté reprochée, et qu'il m'a paru que vous ne me reprochiez qu'en confondant la prudence avec la cachoterie, qui sont choses éloignées comme le ciel de la terre. Jugez-en par la personne de M` de Bonvoisin, que vous m'avez cité, et si le caractère d'un homme couvert, boutonné, enveloppé, est propre au commerce de l'amitié. Il y a longtems que les honnestes gens sont convenus que la plus belle finesse est de n'en point avoir, et que cette maxime est mesme la plus utile, par cette regle : *Plus affert detrimenti calliditas agnita quam probe dissimulata adjumenti.* Ces regles sont celles de la belle morale. Pour moy j'ay toujours fait profession de candeur et de franchise, et M° de la Fayette disoit de moy que si elle avoit envie de peindre la Candeur, elle en prendroit modele sur moy. Je m'en suis toujours très bien trouvé ; mais pour estre franc, je n'ay pas, Dieu mercy, esté estourdi. Mais en voilà assez là dessus.

...... Je suis bien aise que vous ayez reconnu la fausseté du discours du s` de Longchamp par le témoignage du curé de S` Martin. La raison vous la faisoit assez voir, car quel interest aurois-je à entretenir la division entre les paroissiens de S` Martin et luy ?

..... Je serois très aise d'estre éclairci à fond de la vérité du discours tenu au Beni. J'ay bien veu que M° de Cauvigny vouloit adoucir les choses. La principale question est de savoir si ce fut le Père de Gouvets qui parla de moy. Il m'a dit fort expressément que tant qu'il fut au Beny, il ne fut pas dit un seul mot de moy, et M⁰ de Cauvigny me dit au contraire que le Père de Gouvets parla de moy. Mais je crains qu'elle n'ait nommé ainsi le Jesuite qui parla de moy, parce que je l'ay nommé devant elle, ou si elle connoist le P. de Gouvets. Si vous pouviez débrouiller cela, vous seriez un brave homme.

Paris, 12 décembre 1702.

(Affaire de M. de Charsigné, etc.)

Le P. Martin me presse de luy donner mon portrait pour mettre dans leur Bibliothèque (*des Cordeliers*). J'ay si peu de loisir que je ne puis guère donner six ou sept heures à un peintre. Mandez-moy néantmoins combien les peintres de Caen prennent d'un portrait, et s'il y en a de capables de le faire un peu bien. Mʳ de Segrais en a fait faire à douzeine.

Le 16 décembre 1702.

(Gages de l'horloger et du fontainier de Fontenay.)

..... Mʳ de Pellevé m'a envoyé la liste de quelques arbres qui manquent à Fontenay. Voyez, je vous prie, avec luy, où on les prendra. Je luy avois mandé d'avertir la Mare de rétablir le parterre, qui a esté fort en désordre cet esté. Mʳ du Hamel m'a dit qu'il ne s'est servi pour le sien que de buïs du pays. La Mare a un grand soin de demander incessamment et de travailler tout le moins qu'il peut. Donnez luy sur cela les avis nécessaires, car cela ne m'accommode pas.

———

Paris, 20 décembre 1702.

(Affaires de M. de Charsigné.)

..... Je consens de bon cœur à ne parler plus de ces explications que nous avons euës. Je n'ay pas esté fasché de ce que vous m'avez dit, mais j'ay esté fasché de ce que vous l'ayez pensé, et cette pensée m'a surpris et choqué, parce que je scais que je ne la mérite pas et que personne ne m'a jamais fait une semblable accusation. Il est vray que sur la règle du secret que vous vous estes faite, je comprends fort bien que je puis vous avoir paru indiscret, puisque je me sens fort éloigné de suivre cette règle; et outre qu'elle m'a attiré un reproche desagreable, ce qui m'y a le plus déplu, c'est qu'elle m'a osté l'espérance de toute la douceur et de tout le plaisir que donne la cordialité et la franchise dans le commerce de l'amitié. Cela m'a fait une telle impression, que j'ay fort douté si je vous parlerois d'une chose qu'on m'a écrite de Caen, que trois des Eloges de mon livre avoient principalement choqué quelques personnes, savoir celuy de Mr de Segrais, de Mrs Vauquelin et de feu Mr de la Motte, lieutenant général. Je ne savois rien de ce dernier; mais je comprens fort bien que sur le pied des premiers on pourra fort bien gloser ce dernier. Je voudrois bien savoir ce qui en est, et je serois fort aise qu'il n'en fust rien : mais je vois présentement qu'il en peut estre quelque chose par ce que Mr de Canchy ne m'a pas remercié du present de mon livre. Je demanday par rencontre à Me de Canchy s'il l'avoit receu ; elle me répondit qu'il l'avoit receu, et qu'il devoit m'en venir remercier. Je n'ay pourtant pas sceu qu'il l'ait fait, et non seulement il manqua à ce devoir, mais mesme il ne m'a rendu aucune visite, quoy que je l'aye prévenu, et n'a répondu à aucune de mes lettres. Il est vray qu'il n'est pas fort régulier. Or, je ne scais si ce ne seroit point vous mettre à une épreuve trop opposée à vostre humeur et à vos maximes que de vous prier de savoir si en effet ils ont pris ce que j'ay écrit en mauvaise part. Vous le pouvez savoir adroitement de Me de Canchy et de Melle sa fille qui sont de vos amies. Remarquez cependant que ceux qui m'ont donné cet avis sont bien éloignez de vostre politique, puisque par un seul motif d'amitié ils n'ont pas cru devoir me cacher une chose qui me regardoit, ce qui ne revient guère aux reproches que vous me mandiez que M^r F (Foucaut?) vous avoit faits, de m'avoir averti de ce qui se disoit de mon livre, disant que vous me deviez épargner ce chagrin.

..... Je le reconnois (le sieur de Lonchamp) pour un chicaneur outré, tel que vous me le representez ; mais c'est à cause de cela que je suis resolu de ne mollir pas devant luy, car le vray moyen de mettre à bout un chicaneur, c'est d'estre plus chicaneur que luy.....

..... Il est certain qu'on a parlé au Beni des Jesuites de cette maison et de moy, et de la manière dont nous nous accommodons ensemble. Il est certain que M' de Cauvigny m'a mandé que ce fut avec le P. de Gouvets qu'on en parla; mais il n'est pas certain que celuy que M' de Cauvigny nomme le P. de Gouvets, ait esté effectivement le Pere de Gouvets. Ce Père me dist que d'autres Jesuites que luy ont passé par le Beny. Peut estre que ma lettre ayant nommé à M' de Cauvigny le P. de Gouvets, comme auteur du discours, avant que je sceusse que d'autres Jesuites avoient esté au Beny, M' de Cauvigny donna le mesme nom à celuy qui parla de moy, quoy que c'en fust peut estre un autre. Il n'y a guere d'apparence; mais je crois devoir encore prendre cet eclaircissement avant que de condamner un homme qui me témoignoit de l'amitié. Pour la nature des discours qui ont esté tenus, j'ay fort bien veu et je suis très persuadé que M' de Cauvigny a voulu addoucir les choses. Que si cet eclaircissement est reculé trop tard, *ce sera de la moutarde après diner*.

..... Je me serviray du peintre de Caen puisqu'il se donne à si bon marché. Je me suis autrefois servi icy d'un peintre qui ne prenoit qu'un louys. Il fit le portrait qui est dans le Refectoire d'Aunay et celuy qui est dans la salle des Jesuites.

..... Si tost que j'ay esté icy, j'ay cherché un cocher. Le mien en venant à Paris disoit qu'il en feroit de mesme de son costé. Je ne scais s'il l'a fait, mais moy ayant trouvé un homme que j'ay cru mon fait, le cocher en eut le vent, quoy que j'eusse tasché de tenir le cas secret. Quand il a veu que c'estoit tout de bon, sa fanfaronade est fort tombée, et il a esté prier M' de la Coudraye d'intercéder pour luy, promettant de mieux faire. J'ay repondu que je verray quel amandement je trouveray en luy, de sorte qu'il est encore fort incertain. Il est certain qu'il mene à la perfection et que jamais il ne m'a versé, ce qui est un grand point pour moy, mais c'est un archibrutal.

..... Vous avez veu dans le bail de Fontenay qu'en cas que le payement de quelque année *se trouve différé jusqu'à la fin de cette année,* le bail sera resolu. Cela y est exprimé en la plus forte et la plus expresse manière du monde. Je guette là le brave Mr de Lonchamp, car je crois que toute l'année n'est pas payée, et pour cela ne pressez ny le payement de l'avoine, ny du foin, ny de rien, jusqu'au mois de janvier. Tenez la chose très secrette mesme à Mr de Pellevé, et m'en mandez cependant mon avis. Je seray ravi de me defaire de ces gens-là.

Paris, 22 décembre 1702.

..... Voicy comme je crois qu'il faudroit dresser la nomination de M. Le Sauvage à l'entretien de l'horloge (de Fontenay).

Nous... sur la remonstrance qui nous a esté faite par le sr le Sauvage, prestre chapelain de Fontenay, que depuis longtems il est chargé du soin de l'horloge, faisant partie des charges de la sacristie auxquelles il est obligé, que luy seul prend soin de la remonter, de la nettoyer et de la redresser, lorsqu'elle se detraque, ce qui luy donne d'autant plus de peine que ladite horloge n'a point esté reparée depuis longues années, et ne peut mesme estre sitost reparée, veu le procez qui se poursuit actuellement entre les héritiers du sr de Chamarande nostre predecesseur et Nous, touchant les reparations tant de ladite horloge que de toute l'Abbaye de Fontenay, et qu'y ayant des gages affectez à l'entretien de l'horloge, lesquels font partie des gages de l'Abbaye, et luy sont legitimement dus, pour les soins qu'il prend de ladite horloge, et qui augmentent journellement pour le dechet et déperissement de ladite horloge, faute de reparation, Nous avons trouvé la demande dudit sr le Sauvage juste et raisonnable, et avons consenti et consentons qu'il se face payer sur les fermiers generaux de ladite Abbaye des gages qu'ils sont obligez de payer annuellement pour l'entretien de ladite horloge, et ce tant que le procez entre les héritiers du sr de Chamarande et Nous sera indecis, ou que nous jugerons à propos d'y apporter quelque changement. Fait.....

Voilà la commission que je crois devoir donner à Mr le Sauvage, sans que Mr de Chamarande en puisse rien inférer contre moy, et sans que je sois obligé de mettre l'horloge en autre estat qu'elle est. Copiez, je vous prie, cet apprest de nomination et le communiquez à Mr le Cocq, pour savoir s'il croit qu'il me puisse préjudicier, tant à l'égard de Mr de Chamarande que des fermiers. Il faudra savoir de Mr le Sauvage s'il l'agreera.

..... Je remercie vos Dames du soin qu'elles veulent prendre du mémoire de mon linge. Honoré a fait celuy du linge qui est icy.— Pour les complimens de Linotte, Mᵉ de Pleneville me mandoit l'autre jour qu'elle en avoit receu une visite et qu'elle l'a trouvée extremement politique. Elle a raison. Je l'ai remarqué comme elle ; mais elle a de qui tenir.

..... Mʳ l'evêque de Soissons a eu un grand procez contre les Religieux de l'abbaye du Gard (?), dont il est abbé, touchant le partage que les Religieux ont demandé. Ils ont eu un arrest après plusieurs années de procédures. Ils ont tous deux cru gagner leur cause, et tous deux ont fait imprimer leur arrest. Je vous en envoieray un et je seray bien aise que vous trouviez occasion de le faire voir à Mʳ du Hamel, mais sans affectation, afin qu'il en entretienne les Religieux. Vous verrez entre autres choses qu'ils furent condamnez à estre 14 en nombre, estant beaucoup moins auparavant. Vous verrez bien d'autres articles reglez. Cela m'est d'autant plus important que si nous plaidons pour cela, ce sera au Parlement de Paris, où cet arrest a esté rendu, et cet Arrest est une espèce de reglement.

..... Mʳ de Pellevé me mande que le vent a fait quelque désordre aux vitres de l'Eglise, qu'il en avertira M. de Lonchamp, mais qu'il croit que le plomb n'est pas du nombre des menues reparations à quoy ils sont obligez par leur bail. Il faut un peu savoir l'usage sur cela, et la coutume de Normandie. Mʳ le Cocq vous en eclaircira.

Paris, 28 décembre 1702.

..... Vous savez les vitres cassées de l'église de Fontenay ; c'est une reparation urgente, car en cette saison une église ne peut pas demeurer ouverte. Les fermiers sont obligez aux mesmes reparations par leur bail : les vitres y sont nommées particulièrement. Mr de Pellevé me mande que le plomb est grosse réparation. Je prevois encore un procez de là, car le s^r de Lonchamp pretendra que le parfait n'est pas jugé. Je vous assure que je ne m'effraye point du tout de ces chicanes.

(Encore l'horloge et les fontaines de Fontenay.)
(Demêlés avec le curé de St-André.)

..... Ce que vous me mandez du défaut de remise me chagrine fort. Ne pourriez vous point habiller en remise quelqu'une de vos maisons du Grand Manoir. Je vous en payerois le loyer. Car si je n'ay une remise, vostre maison me devient inhabitable, car mon carosse demeurera t'il à la rue ? et en ce cas ce sera force forcée que je sorte de chez vous, à mon grand regret ; et si cela arrivoit, je chercherois quelque trou à me fourrer au Bourg l'Abbé, quand je viendrois à Caen, ce qui sera le moins que je pourray, veu le peu de satisfaction que j'y trouve.

Paris, 30 décembre 1702.

(Mr de Longchamp et Mlle des Preaux ne payant pas, Huet songe toujours à resoudre le bail).

..... Je trouvay hier Me de Vandeuvre chez Me de Croismare. Je luy demanday par quel motif elle avoit dit à ma seur dernierement qu'on trouvoit à redire que je n'eusse pas chassé mon cocher après cette affaire du sel. Elle eut de la peine d'abord à s'en ressouvenir. mais elle s'en souvint à la fin et me dist que depuis son depart elle s'estoit trouvée avec des gens qui m'avoient fort daubé sur cette affaire, comme on a coustume de me faire charitablement à Caen, et qu'on soustenoit fortement que c'estoit moy qui avois fait venir la compagnie d'Archers pour faire mal aux Religieux, qu'elle avoit allégué ce qui faisoit voir clairement le contraire, mais qu'on ne vouloit pas voir la vérité, et qu'on avoit encore dit contre moy que si j'avois esté aussi fasché comme j'en faisois le semblant, j'aurois chassé mon cocher. Je luy dis que je croyois bien avoir assez fait d'avoir chassé l'auteur du mal, et qu'on seroit reduit à une terrible nécessité, si à la première friponnerie qui se fait dans une maison, on estoit obligé de chasser tous ses gens, et cela seulement pour satisfaire à la médisance et à la malignité de ses voisins.

———

(Même lettre, 31 décembre 1702.)

..... J'allay hier voir M^e d'Olonne et Me de la Ferté. Nous parlasmes fort au long et à fond de M^e de

Luc. Comme elles en ont eu des explications avec elle, elles savent le sujet de ses plaintes qui consiste en ce que j'ay dit de Nicolas Vauquelin, précepteur du Roy. Après leur avoir fait connoistre que Mʳ l'Intendant m'a mandé qu'il avoit releu exprès ce que j'en ay dit, et qu'il n'y a nul sujet de plainte, et qu'il croioit que Mᵉ de Luc n'estoit pas à se repentir de ce qu'elle avoit fait, que Mʳ de Benouville m'avoit dit à Aunay que la famille de Mʳ des Yveteaux m'estoit fort obligée du tesmoignage honorable que je luy avois rendu, que personne n'a tant loué et moins blasmé que j'ay fait, le Précepteur, que le Père Le Moyne, jesuite, intime ami de feu Mʳ et Mᵉ des Yveteaux avoit fait un sonnet sanglant contre luy, sans que sa famille s'en fust formalisée. Après, dis-je, leur avoir fait ce naré, je leur dis enfin que Mᵉ de Luc, en se deschainant avec tant d'emportement contre moy pour ce que j'en ay dit, ne le pouvoit faire sans faire de pareils et de plus sanglans reproches contre son père et son grand pere qui ont fait imprimer des ecrits atroces et horribles contre ce mesme Précepteur; qu'ainsi quand j'aurois parlé de luy aux mesmes termes qu'ils ont fait, dont j'ay esté infiniment éloigné, Mᵉ de Luc auroit deu respecter en moy l'exemple de son pere et de son grand pere, qu'il ne luy appartenoit pas de blasmer, et qu'elle auroit deu me remercier d'avoir justifié et appuyé leurs accusations par les miennes.

Paris, 6 janvier 1703.

..... Je suis très fasché du defaut de remise. Vous ne me repondez point si vous n'en pourriez point pratiquer quelqu'une dans vos maisons du Grand Manoir. Je souffrirois une extreme peine de vous voir à toute heure en queste de remise soit pour vous, soit pour moy. Je n'aime ny à estre incommode, ny à estre incommodé.

(Plaintes violentes contre M⁰ˡˡᵉ des Preaux.)

..... J'ay receu les deux lapins et le sidre. Je n'ay point tasté des lapins. Je les destinois à un petit regale où j'estois invité: mais ils tarderent tant à venir que le régale se fit sans cela. Ainsi je les ay donnez ailleurs de peur qu'ils ne se gastassent. Le sidre est très beau et très bon et d'une excellente sorte. Il s'est un peu tué par les chemins, et il n'est pas tout à fait paré, et quand du sidre qui n'est pas fait est transporté, il se tue bien plus aisément. On en a beu en bonne compagnie. Je vous remercie et du sidre et des lapins.

J'ay un autre regale à faire à Mᵉ de Charsigné. Je veux luy donner une bourse de jettons. J'espère la luy porter avec moy.

..... Vous vous estes bien hasté de vouloir contenter Mʳ de Sacy, car vostre affaire n'est pas encore terminée. Cela ne vous dispense pas de satisfaire son clerc, et je crois que vous devez quelques rafraichissemens à Mʳ de Sacy. J'allay l'autre jour exprès à l'Académie pour le remercier de son honesteté et je l'oubliay.

J'avoüe ce que vous a dit M. de Canchy, que je pouvois loüer plus fortement l'esprit de feu Mr de la Motte. Je l'ay trouvé, en relisant son éloge. La cause de cela est qu'au mestier que je fais, je passe ma vie avec de très grands esprits, en lisant leurs ouvrages, outre que j'ay toujours esté soigneux depuis que je suis au monde de connoistre les plus grands hommes et les plus beaux esprits du siècle, et j'ay eu des liaisons estroites avec eux. L'Académie, où je vais quelquefois n'est composée que de gens qui y ont esté receus à titre de bel esprit. Ce grand usage que j'ay eu des gens d'esprit fait que je vois souvent loüer l'esprit de bien des gens, dont je rabats beaucoup dans ma pensée. J'ay beaucoup estimé celuy de Mr de la Motte, et il meritoit de l'estre; mais je n'en ay pas esté enthousiasmé.

Le P. de Gouvets m'est venu voir à son ordinaire, comme si de rien n'estoit, et sans parler de rien. Je crois vous avoir mandé que Me de Vandeuvre m'a promis d'en savoir la vérité à fond par l'abbé de Guenegaud.

Je vous prie de demander à Mr Macé s'il ne se souvient point d'avoir connu autrefois un homme savant de Caen, nommé Jacquet, qui vint à Paris estre repetiteur, et enseignant le grec par les maisons.

Mandez moy, je vous prie, en détail, ce que c'est qu'un différent un peu violent entre M^r l'Intendant et Mr de Verneuil, qui est arrivé à Caen. On me l'a conté fort diversement.

Paris, 8 décembre (lisez janvier) 1703.

(Consultation d'avocats à propos de la résolution du bail de Fontenay.)

..... Lorsque vous prendrez la peine d'aller à Aunay, je vous prie de visiter le garde-meuble, d'y faire renouveler la mort aux rats et de voir si tout est en bon estat. Il y a là bien des meubles que j'ay envie de faire deployer, battre et nettoyer, mais ce sera pour quand j'y seray. Cependant je vous prie de demeurer saisi de la clef du garde-meuble. Je seray bien aise aussi que vous demeuriez saisi de la clef de mon appartement. Il y a dans le petit cabinet où est ma cafeterie, sur le haut de l'armoire, une corde qui est la lieure du chariot que le Breton a demandée. Il faut la luy donner. Je crois nécessaire de plus que vous voyez le jardin en l'estat où il est, pour y donner les ordres nécessaires à la Mare. Mr de Pellevé m'écrit de luy envoyer des picea, avec des pommiers de Paradis. Je vous prie de regler avec la Mare, le nombre et la qualité de ces arbres qu'il me demande. Dans un jardin aussi grand que celuy de Fontenay, les picea y font merveilles quelques grands qu'ils soient. Mon avis seroit d'en mettre 4 aux 4 coins du parterre, deux aux deux angles du rondpoint, 4 aux 4 coins du potager. Vous jugerez s'il n'en faut pas davantage au potager, c'est à dire dans les angles des quarrez dont il est composé. Je ne serois point d'avis d'en mettre au milieu, parce qu'ils osteroient la veüe. Il en faut du moins quatre sur la terrasse, savoir aux angles des escaliers qui y montent. Tout cela devroit y avoir esté planté il y a trois ans.

..... On m'a dit que M⁵ de Luc a esté par les maisons porter les titres de l'antiquité et de la noblesse de sa famille. Je n'ay jamais rien dit ny écrit qui ait pu blesser la dignité de leur maison, vous en pouvez juger par la lecture de ce que j'ai écrit; mais apparemment elle a creu sa maison rabbaissée par le terme dont je me suis servi, en disant que Jean Vauquelin *parvint à la charge de lieutenant-général.* Il faut estre bien tendre aux mouches et bien remplie de vent pour se tenir offensée de ces termes. Je connois mieux sa famille qu'elle; mais quand j'en saurois du mal, je ne le dirois pas et je n'en ay jamais dit d'aucune, et j'ay toujours fort blasmé ceux qui le font. A la Court (*sic*) on s'est cent fois addressé à moy et j'ay toujours dit tout le bien que j'ay pu de tous mes compatriotes, qui ne me rendent pas la pareille, car assurément Caen est la véritable patrie de l'ingratitude.

Paris, 9 janvier 1702 (lire 1703).

(Bail de Fontenay.)

Paris, 11 janvier 1703.

(Procès contre M. de Chamarande.)

..... Je vous prie d'envoyer quelqu'un aux Jesuites qui soit capable de copier exactement les inscriptions qui sont sur les portraits de Robert de la

Menardiere, abbé de Ste Colombe et d'Hélène sa sœur, fondateurs des Jesuites. Ces deux portraits sont dans la petite salle basse du collège. Il faudroit que cela fut copié exactement.

Paris, 14 janvier 1703.

Puisque vous voulez bien vous donner la peine d'aller à Fontenay, n'oubliez pas de prendre la mesure que vous m'avez promise pour le galon du canapé. J'estois hier chez Me de Montespan, qui est la plus entendue du royaume en ouvrages. J'y remarquay des canapez qui ne sont galonnez que de faux or, et plusieurs dames qui estoient présentes et que je consultay, me dirent qu'on n'y en met point d'autre.

Paris, 17 janvier 1703.

(Procès contre les fermiers de Huet).

..... Je ne suis point fasché de ce qui s'est passé chez Mgr de Bayeux et chez M^r l'Intendant. Cependant vous pouvez remarquer que ç'ont esté les plaintes obliques et indirectes du Prieur, qui ont causé tout ce grabuge, et qu'il les a esté faire en ce lieu là plustost que de s'addresser à moy. Joignez cela à tout le passé et au rapport qu'ils ont fait tout nouvellement à Me de Chamarande contre moy pour l'affaire du sel pour l'aigrir contre moy, et vous verrez de quel esprit ils sont possedez. Je voudrois bien que quelqu'un pust, dans un entretien particulier, ou avec le Prieur, ou avec quelqu'un des Religieux leur demander si, quand ils se dechainent si ouvertement contre moy, et si lorsqu'ils disent que je les fais passer pour des faux-sauniers, ils ne craignent point que j'en dise la vérité, que j'offre mon cocher et mon palefrenier pour déposer que ç'ont esté eux qui ont acheté le faux sel, qu'ils me l'ont avoué, et à M. Lausier, que le sel trouvé dans le parc estoit à Mʳ de Beaussen, et leur noire ingratitude de me déchirer comme ils font, et de me faire tout le mal qu'ils peuvent en toutes manières, tandis que je les épargne et les ménage en tout, sans avoir jamais rien fait ny dit contre eux.

..... Vous ne m'aviez encore rien dit du discours du Prieur de l'Hospital : vous me ferez plaisir de le revoir et de luy dire de ma part que si je n'ay pas parlé juste de sa maison, il ne peut s'en prendre qu'à luy mesme, que je l'ay fait prier vint fois de m'instruire et de me communiquer ses titres, et qu'il a toujours dit qu'ils n'en avoient point, et qu'ils ne savoient rien de leur fondation ; que j'ay esté obligé de deviner en bien des choses sur lesquelles je n'avois que de très faibles lumieres ; mais que le mal n'est pas sans remede, et que s'il veut marquer les fautes que j'ay faites et prouver mes bevuës par bonnes raisons et par bons titres, je me corrigeray à la seconde édition. Il ne doit pas dire que j'ay esté mal informé en tout ce que j'ay dit de leur maison, car la plus grande partie est fondée sur de bons titres qui sont imprimez. Les Bénédictins ont fait la mesme chose.

Je les ay longtems sollicitez de m'instruire de l'histoire de leur maison : ils ne l'ont jamais voulu faire, et puis se sont plaints. Je n'ay pu rien tirer de l'Abbaye aux Dames, et la plus part des communautez ont esté reservées par une défiance ridicule. Feu M. du Quesnay alla dans toutes les maisons religieuses, et fut refusé en plusieurs endroits, dont il m'écrivit dans une grosse colère, ajoustant qu'il ne leur donneroit plus rien. De plus et les communautez et les particuliers eussent voulu que je leur eusse donné à tous des panégyriques, ne sachant pas ce que c'est que l'histoire, et à quoy elle oblige. Que les nigauds du carrefour lisent les eloges que M. de Pellisson a donnés à ceux de l'Académie où il n'a cité aucune de leurs vertus ny de leurs défauts ; qu'ils voyent les ballets que Bensserade faisoit, où estoient les caractères de toute la cour, où la plus part estoient tournez en ridicule, et dont jamais personne ne se fascha. Taschez, je vous prie, de reparler au Prieur de l'Hostel-Dieu et de tirer des eclaircissemens de luy.

..... J'attens les mesures de mon canapé. Je mettray un galon de faux or, filé sur soye, les clous gros et serrés. Cela est ainsi dans les meilleures maisons.

Paris, le 19 Janvier 1703.

(Procès avec les fermiers de Fontenay).

..... Je viens à cet abbatis de bois de Fontenay. Je me vois exposé tous les jours à de semblables ava-

nies et ces prétentions des Moines sont une occasion
prochaine et continuelle de procez et de querelles,
et je vous assure que cela m'incline fort à faire un
partage, car sans cela je ne prévois point de paix
dans ce misérable lieu. Mais si l'on en vient là, il faudra le laisser demander aux Religieux, car cela emportera la résolution du bail; et pour les obliger de
le demander, il faudra leur laisser payer le premier
terme de la capitation. Ils ont fondé cette nouvelle
entreprise sur une prétention qu'ils vous ont déclarée, qu'ils prétendent jouïr de tout ce que M' de Chamarande leur abandonnoit. Sur ce pied là ils feront
tel ravage qu'ils voudront de tout le bois de l'Abbaye.
Dernièrement ils enlevèrent avec une pareille rapacité du bois qui estoit tombé dans le Mail. M' de
Montmor estoit du nombre, et ils dirent que par leur
traitté avec M' de Chamarande le bois du Mail leur
appartenoit. M' de Beaussen m'a dit à moy mesme
que tout le clos du Mail leur appartient comme son
chapeau luy appartient. Sur ce pied là ils en fermeront
les portes quand la fantaisie leur en prendra. Comme
ils me virent paisible sur cet enlevement du bois tombé dans le Mail dernièrement, cela les a rendus hardis
a cette dernière entreprise, et cela ira en augmentant tous les jours. Mon avis seroit donc de rendre
une plainte de ce dernier attentat. Il faudroit nommer seulement les valets, quoy que je sois bien résolu
de ne plus tant menager les Religieux qui me ménagent si peu. Je ne pousserois cette plainte qu'autant
que je le voudrois, et j'en ferois à peu près de mesme
que M' de Lonchamp en fit il y a un an et demi contre

Mʳ de Beaussen pour le soufflet qu'il donna à Charlet. Sachez seulement doucement de Mʳ le Sauvage s'il croit que l'on pourra trouver des tesmoins. Je vous prie de consulter sur cela Mʳ le Cocq ou Mʳ Rouxel, et de m'en mander leur avis et le vôtre. Je consulteray l'affaire icy ; mais encore un coup, je panche fort à un partage.

.... J'oubliay de vous dire par ma dernière lettre que dans la requeste qui a esté presentée pour la resolution du bail, il ne falloit pas mettre *supplie Messire l'Illustrissime et Reverendissime, etc.*, parce que c'est moy qui parle, et il ne me convient pas de me donner des titres superlatifs. Cela est bon dans un exploit ou dans un contract, où le sergeant et le notaire parlent, mais non dans une requeste où je parle. Les gens d'affaires font fort souvent cette faute.

..... Je vous prie de mander à Mᵉ d'Hieville et de luy representer vivement la conduite du bon Religieux qu'elle m'a donné, ses violences, ses sermens, son déchainement ouvert contre tous mes interests, en sorte que je n'ay pas dans l'abbaye d'ennemi plus declaré que luy, pour reconnoissance de tout ce que j'ay fait pour luy, et qu'il n'a tardé à me faire paroistre sa mauvaise volonté qu'à la première occasion qui s'en présenta, après que je l'eus fait prestre, en conséquence de la dispense que j'obtins pour luy de Mgr de Bayeux, d'une partie du séminaire et des inter . (?) Il faudroit que vous priassiez Mᵉ d'Hieville de faire connoistre à Mʳ de Lieurry le procédé de son fils, car je serois bien aise de savoir s'il l'approuve.

..... Mgr d'Avranches, après toutes les refuites

imaginables m'a fait enfin signifier un écrit de dix grandes pages, qui en valent bien trente. C'est un long verbiage qui aboutit à dire qu'il est vray qu'il a receu les sommes que je luy redemande, mais que je luy en dois bien davantage pour les reparations; qu'il est vray que je luy ay payé 13.000 liv., mais que cette somme n'est que pour les reparations arrivées de mon tems, et que celles de M. de Froullay et de M. de Boisleve n'y sont pas comprises; que le tout se monte à 30.000 liv., sur quoy il a receu 13.000 liv. de moy et 4.000 liv. déposées à Paris aux consignations. Reste à 13.000 liv. que je luy dois et qu'il retiendra les sommes qu'il a envahies pour nantissement de celle-là que je luy dois, sauf à luy à me poursuivre pour le surplus. Cet écrit n'est fait que pour retarder. Il a cru nous avoir baillé du fil à retordre pour long tems, et avoir gagné encore un grand retardement; mais mon avis est de n'y repondre que par un factum qui exposera la vérité, et mettra les choses en évidence, et que je ne distribueray que la veille du rapport. J'allay voir le P. de la Chaize pour savoir si lorsqu'il me condamna à payer 13.000 liv. à M. d'Avranches, son intention fut que ce ne seroit pas pour toutes les reparations, mais seulement pour les miennes. Il me repondit que ce fut pour toutes les reparations, et que les termes de la transaction le portent. Je luy demanday s'il ne trouverait pas bon que je disse qu'il m'avoit fait cette reponse : il y consentit.

A Paris, 20 janvier 1703.

(Procès au sujet de la résolution du bail de Fontenay).

..... Je n'ay pas fait dire à Mr de Sacy de faire prendre vostre gibier au carosse, mais j'ay donné ordre à St-Jacques de l'aller prendre au messager et de le luy porter de vostre part. Cela sera mieux. J'ay envoyé querir M^r le Fevre pour le payement du clerc. Son avis est que 5 liv. n'est pas assez. Il croit qu'il faut donner deux écus blancs. Mr de la Coudraye est du mesme avis, mais je n'ay rien voulu faire sans ordre. Mandez-le moy donc. M^r le Fevre portera vostre présent, sans que j'y paroisse intervenir. Il est aussi de mon avis que vous eussiez mieux fait d'attendre à la fin de vostre affaire, car ce qui se fera de nouveau sera sur nouveaux frais.

..... Je suis très aise que vous ayez fait connoistre à Mgr de Bayeux et à M^r l'Intendant la conduite des Moynes. Faites connoistre en particulier à Mgr de Bayeux que Mr de Lieurry, que je luy avois tant recommandé au sortir du séminaire, et peu de jours après que je l'eus ordonné prestre, se dechaisna contre moy publiquement et avec fureur, et n'a pas discontinué depuis dans toutes les occasions, que mesme il le fit avec tant de juremens et tant de scandale dans l'affaire du sel, que les Archers même luy en firent des remonstrances. Vous me ferez beaucoup de plaisir d'écrire la mesme chose à M^e d'Hieville.

Paris, 22 janvier 1703.

..... Mʳ de Pellevé me mande que Mʳ de Lieurry a battu le fils du jardinier l'ayant trouvé dans le mail avec une de ses bestes. Ils prétendent que tout ce clos est à eux, et je ne scais l'heure qu'ils le feront clorre sans souffrir que personne autre qu'eux y puisse entrer. Ainsi c'est une nécessité de faire régler les choses, car autrement au premier jour, ils viendront couper les choux de mon jardin.

..... Il y a longtems que nous sommes en commerce Mʳ d'Anisy et moy sur les origines de Caen. Il m'a donné de fort bons avis. Je reconnois en luy de la candeur et de l'intelligence dans les affaires ; mais je vois bien qu'il n'est pas un homme de lettres; et cela vérifie l'ancien dit que « *la destinée des livres depend de la capacité des lecteurs* ». Il regarde comme une partie inutile de ce livre trois chapitres qui regarde *(sic) l'origine des noms de plusieurs lieux.* Cependant, depuis que je suis icy, j'ay veu des gens d'esprit et de savoir qui m'ont dit qu'ils ont leu exactement ces trois chapitres, et en ont fait des extraits exacts pour leur instruction. Il y a plus de trois ans que des plus savans hommes d'Allemagne, ayant eu connoissance de ces trois chapitres, me firent prier de les leur envoyer.

Paris, 24 janvier 1703.

..... Je vous enverray des picea tant que vous voudrez : mais il me semble que l'on trouve dans le pays les autres qui ont esté plantez. Si cela se pouvoit encore, ce seroit bien de la peine épargnée. Il faut que la Mare n'entende rien à les planter, car de ceux que j'ay envoyez cy devant à Mr Macé et à Aunay, il n'en est presque mort aucun.

..... Je pense qu'à la fin je prendray du galon d'or faux pour mettre au canapé, car je vois icy autant d'avis que de testes. L'autre jour Me de Lamoignon, grande faiseuse d'ouvrages, me dit qu'elle mettoit partout du galon d'or fin, et Me de Montespan qui fait les plus beaux ouvrages du monde, met du galon faux aux meubles qui sont pour son usage ordinaire. Je n'ay veu qui que ce soit qui approuve du galon de soye verte velouté, comme me le proposoit Me de Charsigné, et encore moins du clou argenté. On m'avoit proposé du velouté blanc, mais on convint que cela se salit trop.

..... J'ay une autre chose dans la teste, que j'examineray à loisir, c'est de faire donner une lettre de cachet à nostre petit cousin de Lieurry, qui est le plus audacieux et le plus violent de toute la bande. J'aurois bien envie de l'envoyer pour quelque tems au Mont St-Michel, pour apprendre à ne deshonorer pas l'habit qu'il porte. Mais n'en dites rien. Ecrivez seulement à Me d'Hieville comme de vous-mesme toute la conduite que ce jeune homme tient avec moy, lui que je ne connois que par elle, et que je n'ay receu qu'à sa recommandation, et qui s'en monstre si indigne par sa noire ingratitude ; mais je ne scais si cette proposition que je vous fais de luy écrire s'accommode avec vostre maxime de ne vouloir déplaire à personne, et de ménager tout le monde, auquel cas je me désiste de ma demande.

(.... M*r* de Charsigné ayant prié Huet d'écrire à M. de Chamillard sur son affaire, Huet lui repond que pensant voir bientôt M. de Chamillard, il n'ose pas lui écrire de peur « de se faire regarder comme on regarde à Paris *un Normand qui n'a qu'une affaire*, c'est-à-dire un importun. Car cela a passé en proverbe. »)

..... M. de Sacy est très content du gibier que vous luy avez envoyé, et pour la quantité et pour la qualité. Il m'en parla hier. J'attens M*r* Le Fèvre pour luy donner deux écus pour le clerc ; mais j'attens aussi vostre reponse, pour savoir s'il ne seroit point mieux d'attendre à la fin, car si vostre affaire a de la suite, il faudra le payer sur nouveaux frais.

..... Les lapins que vous m'avez envoyez et dont je vous remercie furent mangez à une très grande table et très délicate et en très bonne compagnie. Ils furent trouvez excellentissimes, et particulièrement un.

Paris, 27 Janv. 1708.

..... Puisque vous estes d'avis que j'écrive à M*r* l'Intendant et à Mgr de Bayeux et à M*e* d'Hieville sur la pillerie des Moynes et la violence du petit Lieurry, en particulier, je le feray, mais ne laissez pas d'en parler fortement à M⁰ d'Hieville, si vous la voyez, ou de luy en écrire, si vous ne la voyez pas, supposant toutefois que vous ne craigniez pas de choquer Mʳˢ de Lieurry, fils ou père; en quoy ne vous contraignez point.

..... Le chantre d'Avranches perdit avant hier sa cause à la Grand'Chambre du Parlement. et il la perdit à plate couture. Il n'est plus chantre, et il est condamné aux depens. lesquels, avec ceux qu'il a esté obligé de faire l'abisment sans ressource. Il me fait grand'pitié. Cette victoire va bien enfler le courage de Mʳ d'Avranches, mais je ne laisseray pas de luy faire bonne guerre.

..... J'ay écrit à Mʳ de Pellevé sur une affaire qui n'est qu'une bagatelle, mais qui va bien faire remuer les Religieux. En relisant le traitté fait avec Mʳ de Chamarande par les Religieux pour regler leurs pensions, en 1693. j'ay trouvé que Mʳ de Chamarande accorde 1000 liv. pour le Prieur et 500 liv. pour les 3 Religieux Mʳˢ de Montmor, d'Orville et Baussen, et pour le 4ᵉ qui estoit un Mʳ de Cheneviere 333 liv. seulement parce qu'il n'estoit point prestre, et parce que lorsqu'il se feroit prestre, il luy conviendroit payer autant qu'aux autres, c'est-à-dire 500 liv Mʳ de Chamarande trouva par son calcul que toutes ces sommes excederoient de 25 liv. la totalité des sommes qu'i. payoit avant ce traitté, et comme il ne voulut point s'engager à payer ces 25 liv. qui estoient une charge nouvelle, il est stipulé expressément par ce traitté que ces 25 liv. seront payées audit sʳ de Cheneviere par les autres Religieux. Or aujourd'huy ce Mʳ de Cheneviere estant representé par Mʳ de Lieurry, j'ay mandé à Mʳ de Pellevé de leur dire, comme de luy mesme et de la part des fermiers, l'estat des choses. et qu'on ne pretend pas luy payer ces 25 liv., mais seulement 475 liv. Il ne m'en reviendra rien pendant le reste du bail, parce que ces casualitez appartiennent aux fermiers par le bail. Si le petit Lieurry avoit esté sage, je n'aurois rien dit de cette clause ; mais faisant le petit dragon, comme il fait, je ne suis pas fasché que cela tombe sur luy. Ils me menaceront encore du partage, mais cela ne me fera pas changer, et ils ne pourront pas dire qu'ils demandent à jouïr de ce dont ils jouïssoient du tems de Mʳ de Chamarande, parce que ces 25 liv. n'estoient pas de son tems, car je crois que Mʳ de Cheneviere mourut sans estre prestre, outre que c'est Mʳ de Chamarande luy mesme qui en citateur fait la loy, et je ne demande que l'exécution de ce qu'ils ont aresté avec luy, à quoy ils me rappellent si souvent.

..... Je vous ay mandé que s'il y a quelque chose dans mon livre contraire aux interests de Mʳ le Prieur de l'Hostel-Dieu, ce n'est que sa faute, car je luy ay fait demander vingt fois des memoires et des instructions, et je n'ay jamais eu d'autre réponse, sinon qu'ils n'en avoient point. Présentement ils en trouvent pour justifier leur plainte. Je vous prie de luy dire que s'il ne m'éclaircit pas autrement qu'il fait par vous, je laisseray les choses comme elles sont dans une nouvelle edition, parce que je scais assurément que je n'ay rien avancé de mon chef. et je diray bien, s'il le faut, où j'ay pris ce que j'ay dit. Je crois que ç'a esté dans le matrologe de la ville. Je l'ay marqué dans ma première composition ; mais je n'ay pas le loisir de le consulter.

Paris, 28 janvier 1703.

J'écris à Mʳ Foucaud et je n'oublie pas les faits et gestes de nos Moines.

Mais souvenez vous de Mᵉ d'Hieville.

J'écris aussi à Mgr de Bayeux.

Paris, 30 janvier 1703.

(Affaires de M. de Charsigné).

Paris, 2 février 1702 (1703).

..... Vous avez pu apprendre de Mᵉ d'Hieville que je luy ay mandé les faits et gestes de Mʳ de Lieurry et l'obligation que je luy ay de m'avoir fait un tel présent. J'en ay écrit autant à Mgr de Bayeux et à Mʳ Foucaud, et je leur ay fait entendre que si je ne me plains pas en justice de l'attentat de la benoiste communauté, ce ne sera que faute de tesmoins. Mʳ de Pellevé me mande que les batteurs en grange savent une partie du fait, mais je doute qu'ils ayent veu les coups et qu'ils facent un rapport fidele. Je me confirme de jour en jour dans le dessein d'un partage. J'y perdray quelque chose, mais j'auray du repos, et je sauray à quoy m'en tenir, car en l'estat où sont les choses, je ne suis assuré de rien. M^r le Sauvage m'écrit qu'il croit que M^r le Prieur et M^r d'Orville ne veulent point de partage. Mais je scais qu'un seul qui le demandera peut m'obliger à le donner. J'y suis tout resolu. Mais comme je veux que cela produise la resolution du bail, je veux attendre qu'on me le demande.

..... Me de Montespan m'a recommandé avec grande instance les interests de Mr de Boisdavid dans une affaire qu'il a à vostre bureau. Un parent de ce Mr de Boisdavid, nommé Mr de Planchoury (?) va à Caen exprès pour la poursuivre. Me de Montespan m'a dit qu'elle a de grandes obligations à la famille de ce Mr de Planchoury (?) pour l'avoir receüe malade chez eux, l'année passée, d'une très perilleuse maladie, dont elle fut prise par les chemins. Je vous prie donc de bien recevoir ce Mr de Planchoury, lors qu'il vous ira voir, de lui faire connoistre que je vous en ay écrit avec beaucoup de passion, et de rendre à Mr de Boisdavid, dans son affaire, tout le service que vostre conscience vous permettra.

Mr de la Coudraye est à Rouen et a laissé nos affaires dans une crise qui demande absolument sa présence. Il a voulu compter avec moy avant son départ. Si je l'en croiois, ma vie se passeroit à compter avec luy. Pour m'y forcer, il m'écrivit une lettre terrible de mon antichambre à mon cabinet, me faisant des menaces de rupture, et employant de petits artifices de sa portée, mais pitoyables et honteux. Nous contasmes enfin. Par ce compte, il m'a fait payer l'interest au denier dix, non seulement des avances qu'il a faites à Mʳ Nau pour moy, mais encore des sommes que les fermiers de Finances m'avoient payées pour luy, et que je ne recevois que pour éviter les avantages qu'ils auroient tirez de mon refus, et cela avec la derniere rigueur. Dans le compte qu'il me présenta, il faisoit aller les choses presque au double de ce qui luy pouvoit estre deu d'interest au denier dix, et il y avoit des sommes dont il me vouloit faire payer trois fois ce mesme interest. Quand je luy en fis voir l'erreur, il le reconnut, et il en rejetta la faute sur un homme, à ce qu'il me dist, par qui il avoit fait dresser ce compte, parce qu'il ne scait pas l'arithmetique. Je luy rends la justice de croire qu'il n'avoit point de part à cette erreur, car il la reconnut et la corrigea fort promptement et de bonne foy; mais ce que je ne puis imputer qu'à luy, c'est d'avoir voulu me faire payer ce mesme interest d'une somme dont je demeuray reliquataire par un ancien compte de trois ans, et qui fut employée dans le compte suivant, et partant dont j'étois quitte. Du quel compte suivant je luy payois cet interest, et partant c'estoient deux interests au denier dix qu'il me demandoit d'une mesme somme. Voilà comme j'ay esté traitté par un parent de qui j'ay tasché de me faire aimer par toutes sortes de services. Je pouvois luy mettre en compte avec bien plus de justice que luy, sa nourriture que je luy fournis à Paris, n'ayant point d'autre table que chez moy; mais bien loin de luy en demander le payement, je mourrois plustost que de le prendre, quand il me l'offriroit. Il est vray qu'en comptant et me demandant cet interest il me dit par deux fois que je n'en payasse rien, si je ne voulois ; mais il devoit ne me le demander pas et non pas me faire cette offre en me le demandant. Et si je l'avois acceptée, il eust fallu rompre la paille avec luy, et me priver du besoin nécessaire que j'ay de luy, dans toutes mes affaires, où il est entré. Il m'a fait un autre trait qui merite que vous le sachiez. Il me vint prier vers le 15 décembre de luy prester 600 liv. pour payer un carosse qu'il avoit acheté pour sa fille. Quelques jours après, comme il parloit de me le rendre, je luy dis qu'il me feroit plaisir d'attendre après le decri, et que ce seroient environ 16 liv. dont il m'épargneroit la perte. Il y consentit. Le 2 janvier il me vint trouver pour me dire qu'il m'avoit sauvé 16 liv. et qu'il estoit juste que nous partageassions ce profit luy et moy. Et voici la couleur qu'il donnoit à sa demande. Un homme chez qui il loge, ayant de l'argent avant le décri, le luy offrit à condition qu'ils partageroient la perte, et qu'ils ne perdroient que chacun un sou par écu. De sorte, disoit-il, que si j'avois pris cet argent pour vous le rendre, vous auriez perdu 16 liv., et moy j'en aurois gagné 8. Ainsi il est juste que vous me les rendiez. J'eus de la peine d'abord à comprendre cette trigauderie, et la comprenant enfin, je luy dis que l'offre que luy avoit faite son hoste, c'estoit un moyen de gagner 8 liv. sur moy et qu'il devoit repondre à cet homme qu'il seroit très fasché d'avoir employé ce moyen pour faire sur moy un si vilain profit; que pour moy, j'aimerois mieux estre mort que de luy avoir fait une si indigne proposition, ny à luy ny à qui que ce soit. Mais je vous prie de ne parler de tout cela à personne.

Paris, 3 février 1703.

(Affaire de M. de Charsigné).

..... Je suis bien aise que vous ayez entretenu M^e d'Hieville du beau présent qu'elle m'a fait de son petit moine. Je luy écrivis, à elle, le 29 janvier. Nous verrons comment le pere prendra la chose, car je la prie de luy faire voir ma lettre.

..... Je suis estonné que M^r le Cocq cache si peu sa partialité. Si cela alloit plus loin, je ne balancerois pas à le quitter. Lorsqu'il tint les plaids, dans un demi quart d'heure que j'y fus present, je remarquay avec estonnement et avec chagrin la manière dont il se conduisoit sur les interests de Mr du Hamel, passant sous silence tous les articles qui le concernoient.

..... Il est bien certain que le bois et les herbes du mail seront toujours une occasion prochaine de querelle entre les Religieux et moy. Vous voyez mesme qu'ils estendent leurs prétentions sur tout le bois qui tombe. Pour couper pied à ces contestations, il faudroit que les Religieux prissent le clos sur Orne, et me cédassent celuy du mail, l'un et l'autre à deüe estimation. Par là nous serions separez, et les occasions de débat seroient éloignées. Sachez de Mr de Pellevé combien est estimé le clos sur Orne.

..... Puisqu'il faut envoyer les picea d'icy, mandez moy promtement combien il en faut et de quelle grandeur, et vous ne tarderez pas à les avoir.

..... M. de Sacy aura vos lapins. Je vous remercie des miens.

..... Je n'ay point veu ces Memoires que M^r le Prieur de l'Hostel Dieu avoit donnez pour moy à Mr de Coupigny; mais il n'y a encore rien qui ne se puisse reparer, s'il me veut donner les mesmes mémoires. Ce que j'ay dit de sa depossibilité, je l'ay pris du matrologe de la ville, où l'arrest de l'Echiquier de 1291 est rapporté, par lequel un Prieur fut déposé. S'il m'avoit communiqué des arrests contraires, je les aurois rapportez, ne cherchant que la vérité. Que s'il me les veut faire voir, j'en feray mention à la première édition, et je serois fort fasché de luy faire tort, ny à sa maison, ny à personne.

..... Mr Morin me dist hier qu'il a ouï dire cent fois à Mr de Segrais que c'estoit Me de la Fayette qui avoit fait *Zayde.* Jugez de l'impudence de ces gens du Carrefour qui traittoient cela de calomnie. M^e la Maréchale de la Ferté me dist dernierement que Mr de Segrais luy avoit dit qu'il en estoit l'auteur : je repondis que puisqu'il l'avoit bien imprimé, il le pouvoit bien dire, mais que je ne m'en rapportois ny à luy, ny à personne du monde, puisque j'en savois la verité par moy mesme, tesmoin mon ouvrage de l'*Origine des Romans* qui est à la teste de *Zayde,* et a esté fait pour *Zayde.* Si vous avez leu l'écrit de M^r d'Anisy Donnay que vous m'avez envoyé, vous avez pu voir combien les hauteurs de Me de Luc sont ridicules sur l'élevation de sa famille. L'abbé de St Pierre me dist dernièrement que luy et quelques autres de ses amis firent des extraits de ces chapitres des Etymologies, pour leur instruction. Avant hier, comme j'estois à l'Académie, on apporta à Mr Corneille mon livre qu'il venoit d'acheter. On cessa le travail ordinaire pour parler de cet ouvrage, sur lequel on me fit plusieurs questions. Je leur parlay des plaintes qu'on avoit faites à Caen sur l'article de Mr de Segrais. Je les priay d'en estre juges. Je le lus fort posément, et tout fut examiné avec attention, et tous convinrent que si Mr de Segrais estoit vivant, il seroit obligé de me remercier.

..... Je ne crois point qu'il soit à propos de dire à Honoré la maladie de sa femme. Si elle se guérit, comme j'en prie Dieu, ce sera de la peine et de la dépense épargnée pour luy. Si elle meurt, il sera assez tems de partir, quand il saura sa mort. — Ayez, je vous prie, bien soin d'elle.

Paris, 4 février 1703.

..... Honoré ne me paroist pas avoir receu aucune lettre de Mr de Granchy sur la maladie de sa femme, car il ne paroist pas rien savoir là-dessus, et je ne luy ay rien dit, veu la prière que fist sa femme qu'on ne le fist point venir et veu l'inutilité de ce voyage, si sa femme guerit, et si Dieu en dispose, rien n'estant en peril par l'attention que je vous prie d'y avoir, outre qu'en l'estat où vous me mandez qu'elle est, quand il partiroit présentement, il la trouveroit apparemment morte ou hors de péril. Ajoutez encore que j'aime mieux qu'il reçoive cette nouvelle par un autre que par moy.

..... J'ay bien envie de savoir ce qui se sera passé chez M. l'Intendant avec nos bons pères benedictins.

———

Paris, 5 février 1703.

(Affaires litigieuses : les moines de Fontenay, le curé de St André).

. (Affaire du Chantre d'Avranches).

(Affaire de M. de Charsigné).

..... Je vous prie une fois, deux fois, trois fois de faire en sorte que M^r l'Intendant envoye querir les fermiers, pour leur parler de l'affaire de la résolution du bail.

..... Je receus hier une lettre par laquelle on me mande que le curé de Vieux a dit que Mgr de Bayeux a accordé des prières des quarante heures pour obtenir la paix entre les princes chrestiens, et entre moy et mes curez. Je crois que c'est une gentillesse du curé de Vieux. Informez-vous néantmoins en général si Mgr de Bayeux a accordé des prières de 40 heures à l'Abbaye.

———

A Paris, 6 février 1703.

J'ay receu vos deux lettres du 2 et du 3 de ce mois. Je vous ecrivis avant hier. Pour reponse à la propo-

sition de cette tapisserie, il est certain qu'elle est de
la grandeur requise pour la salle d'Aunay, tant pour
le tour que pour la hauteur, mais cependant cela ne
me tente point. Je ne suis nullement en estat d'acheter des choses qui ne me sont pas d'une absolue
nécessité. Vous savez assez l'estat de mes affaires
pour en estre persuadé. Les affaires que j'ay avec
Mr de la Coudraye sont survenues par dessus et ne
me permettent pas de m'exposer à son avidité, car
les choses tendent à une entière rupture, et il ne
relasche point de sa prétention irrégulière de vouloir
signer en mesme tems des transactions pour tous nos
differens, et moy je veux que la transaction arrestée
par Mr du Hamel sur les articles de la sentence soit
signée avant toutes choses. La raison qui luy fait
vouloir cela si opiniastrement, c'est parce qu'il croit
que la crainte de ne voir rien conclu ny signé
m'obligera à signer tout, et que par l'accommodement que je signeray il obtiendra une partie de sa
demande, s'il n'obtient tout, et c'est ce que m'insinua
M^r le Vaillant par un billet. Mais il est fort loin de
son compte, car comme je le luy a (*sic*) dit dès le
commencement, il n'en aura jamais un denier que
par un arrest. Pour revenir à vostre tapisserie, je
n'ay pas eu intention d'en mettre une de 600 liv. dans
la sale d'Aunay. Je me suis retranché à quelque
honeste Bergame, ou quelque petite estoffe à juste
prix. De plus il seroit assez malaisé d'acheter cette
tapisserie sans la voir en tout ou en partie. Un
tapissier de Paris, quelque habille qu'il soit, n'en
scauroit dire le prix sans en voir du moins un echan-

tillon. Il faut estre assuré que ce soit une Flandre, et quand elle le seroit, il y a Flandre et Flandre. J'ay veu des tapisseries de Flandres à personnages qui valoient dix mille francs, et j'en ay une dont estoit tendue ma sale de la rue St Dominique, qui ne m'avoit cousté que 400 liv. Tout cela considéré, je vous remercie de l'avis, sans estre en estat d'en profiter.

Je vais écrire à Mr Malherbe et à Mr de Reviers sur le mariage. Je n'ecriray point à Mr de Canchy, puisqu'ils ne le veulent point. Je suis fort aise que Mr de Lyon et Mr de Voligny partagent leur bien à l'amiable. Je connois fort bien la nature de la terre de Lyon, mais je craignois que les droits de la mère et du cadet, et le huguenotisme de Voligny ne causassent de la division.

Je ne suis point encore delivré de ma goutte. J'ay les pieds et le bas des jambes encore fort enflez, particulièrement le soir. Je ne souffre presque plus de douleurs, hormis le matin à mon réveil : il me semble que j'ay les jambes dans des ronces, et pendant une demi heure après m'estre levé, je me sens une douleur obtuse dans les pieds, qui m'empesche d'y appuyer, et il faut me porter dans mon cabinet. Le reste du jour, je fais quelques pas, mais il faut qu'on me donne la main pour me soustenir. J'ay fait faire une roulette, dans quoy je me fais traisner pour aller chercher dans ma Bibliothèque les livres dont j'ay besoin.

Je souhaitte que M^r l'Intendant se serve un peu de son autorité pour se faire croire par les Religieux. Mais l'année passée, ils refuserent net de le faire juge de leurs differens, ce qui n'estoit ny respectueux, ny obligeant, et cependant cela s'est passé doucement, sans que M⁺ l'Intendant s'en soit souvenu. Les fermiers de Fontenay en firent de mesme, et il n'en a esté ny plus ny moins, et bien loin qu'il ait fait connoistre aux Moynes qu'il se souvenoit de leur refus, il a rendu un jugement tout à fait à leur avantage, sur l'affaire du bois tombé.

Je me suis bien douté que ce seroit moy qui ferois les frais de l'exploit contre des Acres. Demandez, je vous prie, raison à Pellevé de ces 30 sous là. Si vous avez donné une quittance à des Acres, soit 12 s. ou 30 s., ce sera moy qui les payeray. La perte est modique, mais je voulois punir cet homme de tous ses manques de parole, et dans toute cette canaille de plaideurs, il faut les fouetter de leurs verges, et se faire craindre et non pas se faire moquer.

Il n'y a rien dans le bail que j'ay fait à S⁺ Jacques et à Roulland que dans les formes ordinaires. Je vous en envoieray une copie, si vous voulez.

Je ne crois pas que jamais bastiment ait esté sujet à plus de reparations que le moulin de Fontenay. J'en avois sept, estant à Avranches, qui ne m'attiroient pas à beaucoup près tant de dépense et d'importunité. Je soupçonne depuis long tems qu'il y a quelque malignité en cela.

Ayez bien soin de ma sœur. Quand son mal est passé, elle ne veut rien faire pour en prévenir le retour, et elle devroit user de précaution.

M⁺ l'Intendant m'écrit de l'Academie comme de son ouvrage, à quoy il prend grand interest. Il me parle du choix qu'il a fait de vous pour y avoir place, comme d'une marque de distinction qu'il vous a donnée. Ce n'est ny le lieu, ny la décoration, ny le nombre des personnes qui font une Académie. J'ay esté estonné que M⁰ de Benouville y ait esté coopté. Je souhaitte que ce soit un acheminement à la reconciliation.

M⁰ de Boutonvilliers (?) et Mlle d'Ecoville furent mariez hier.

Paris, 7 (lisez 9) février 1703.

..... Je serois bien aise que ces bons pères sceussent que jusques icy pour le bien de la paix, j'ay dissimulé et caché bien des choses sur leur sujet, que je n'ay jamais voulu dire, qu'ils ont acheté le faux sel de mes gens, et que dans mes écrits je n'ay jamais voulu dire qu'ils sont auteurs de tout le ravage qui s'est fait dans l'Abbaye et particulièrement le Prieur; mais que voyant qu'ils ne gardent nulles mesures avec moy, lorsque je les garde toutes, je ne suis plus résolu de m'en contraindre, puisqu'ils en abusent, et que lorsqu'ils se plaindront que je les ay traittez de faux sauniers, comme le Prieur le dist à Mgr de Bayeux, je repondray que je ne l'ay pas dit, mais que j'ay pu et du le dire, puisque le fait est vray.

..... M⁰ d'Hieville m'a ecrit presque aux mesmes termes qu'à vous. Elle ajoute seulement dans vostre lettre que M⁰ de Lieurry pere excuse son fils, ce qui est autoriser ce jeune homme dans sa mauvaise conduite. Je voudrois bien que vous eussiez découvert en quoy consistent ces mauvaises mœurs du moyne Lieurry. Elle vous propose Mʳ du Hamel pour le savoir, mais j'ay remarqué qu'il se ménage fort à l'égard des Religieux. Je voudrois bien que vous eussiez cet arrest de partage entre Mʳ de Soissons et ses moines et que vous le fissiez voir à deux fins, pour faire voir aux Maledictins que je me... *(papier déchiré)*... rtage, et pour leur faire connoistre s'ils y trouveront leur compte.....

..... Je demanderay à Mʳ de Pellevé de répandre dans l'Abbaye que si je ne trouve pas de tesmoins de la pillerie du bois, j'auray recours aux Monitoires, et que je rappelleray la plainte de Mʳ de Lonchamp contre Mʳ de Beaussen.

Paris, 8 février 1703.

..... Je vous envoie une lettre pour Mʳ le Sauvage, que je vous prie de luy faire donner seurement et promptement. Je luy fais entendre que je n'avois payé la subvention des Religieux que pour le bien de la paix, mais que voyant au contraire que je ne trouve avec eux qu'une guerre déclarée, je ne la payeray plus. Je le prie néantmoins de dire à Mʳ de Montmor que je payeray la sienne. Je prens toutes les lumieres que je puis pour connoistre les biens qui seront partagez. Pour vous en faire voir la nécessité et à quoy je serois exposé sans cela, faites vous reciter par Mʳ de Pellevé le dialogue qu'il eut l'autre jour avec Mʳ le Prieur qui luy dist qu'on faisoit bien du bruit chez Mgr de Bayeux et chez M' l'Intendant pour une charretée de bois, qu'il y avoit des affaires bien plus importantes à vuider, dont on ne disoit rien. Il allegua là dessus l'Arrest des Grands Jours touchant l'augmentation de l'aumosne, les Monitoires pour le Chartrier, et adjousta que si je rends plainte contre les Religieux pour l'affaire du bois, ils me demanderont leur tiers. Vous voyez qu'ils regardent ce tiers comme une bride à haut mors pour m'arrester et me faire plier à toutes leurs volontez. Je suis très resolu de les désabuser. Ils verront s'ils y trouveront leur compte. M' l'Intendant me mande que M' de Bayeux veut s'employer pour mettre la paix à Fontenay et qu'il l'y secondera. Je vous prie de faire entendre à M' l'Intendant, comme de vous mesme, que les choses s'aigrissent furieusement entre les Religieux et moy, et que les choses tendent à un partage, ce qui sera une grande affaire; mais qu'il faut faire la guerre pour avoir la paix. *Bello pax quæritur;* qu'ainsi s'il a quelque intention d'y employer son autorité et ses offices, vous leur repondez de mon consentement à ses ordres; mais dittes tout cela comme de vous-mesme.

M' de Pellevé vous dira que le Prieur fit sortir publiquement la Mare jardinier des hauts bancs de l'église, et luy en fit une mercuriale, quoy qu'on y souffre tous les jours les valets des meusniers et les paysans. Je n'ay pas dans cette maison un plus dangereux ennemi que luy. Il s'estoit déclaré tel, avant que j'eusse mis le pied dans l'abbaye comme Abbé, par des medisances atroces qu'il fit publiquement de moy sans aucun sujet de ma part. Vous connoissez toutes ses autres démarches, et il est ennemi d'autant plus dangereux qu'il cache sa malignité sous un extérieur simple et doux.

M⁰ d'Hieville m'a ecrit le plus cordialement et le plus honestement du monde sur le sujet du Moyne Lieurry : elle me conseille d'employer tout contre luy, et me donne mesme des avis sur sa conduite, qui me serviront. Je montray hier sa lettre à M⁰ d'Artagnan qui est dans les mesmes sentimens.

M⁰ d'Hieville me mande qu'on luy a dit que le Prieur est mécontent de Mʳ de Lieurry, à cause de ses mauvaises meurs, et elle ajoute qu'on pourroit en savoir des nouvelles par Mʳ du Hamel, ce que j'ay bien de la peine à croire, car je le crois fort partisan de la communauté. Elle me mande aussi que les Moines desavoüent que je les aye fait avertir de la visite que devoient faire à l'Abbaye les archers du sel. Il faut estre archimoine pour mentir ainsi au S. Esprit. Vous en savez la verité, et tous mes gens.

Si l'on traittoit quelque accommodement chez Mʳ l'Intendant entre ces bons Pères et moy, il faudroit qu'ils fixassent leurs prétentions sur le bois, sur le mail, et choses pareilles. Car de dire indéfiniment : « Nous demandons les mesmes choses que nous accordoit Mʳ de Chamarande », sans dire quoy, ils estendront cette prétention jusqu'où ils voudront, et viendront prendre ma piece de beuf dans ma marmite, et couperont tous le bois et ravageront ma maison et toute l'abbaye, comme ils ont fait par le passé, parce que Mʳ de Chamarande les laissoit faire.

Si vous pouviez decouvrir quelque chose des mauvaises meurs du moyne Lieurry, cela me seroit fort utile.

..... J'avois pris grand soin de cacher à Honoré la maladie de sa femme, mais ma sœur la luy a ecrite avant hier. Il m'apporta la lettre fort consterné, croyant sa femme morte. Je le rassuray : je luy dis que j'avois sceu exactement le progrez de sa maladie, que je n'avois pas voulu luy en parler, pour luy epargner du chagrin et des peines inutiles, que et ma seur et vous aviez pris soin de tout, et d'elle principalement mieux que s'il y avoit esté present, qu'elle se portoit mieux, ce que je luy confirmay par une lettre de M⁺ de Pellevé. Il est pourtant fort morne depuis qu'il a eu cette nouvelle dont il se seroit bien passé. Vous deviez prendre les devants pour empescher qu'on ne luy ecrivist.

Paris, 12 février 1703.

(Huet consent — mais dans de certaines limites — à ce que l'Intendant arrange ses demêlés avec les moines de Fontenay).

(Affaire de M⁺ de Charsigné), etc.

..... J'avois compté à M⁺ de Vandeuvre l'affaire du Pere de Gouvets. Elle en avoit ouï parler dès Caen ; mais elle me promit de savoir de l'abbé de Guénegaud qui fut présent au Beni si ce fut le P. de Gouvets, et si l'on dist effectivement ce que l'on m'a rapporté. Elle me manda hier par M⁺ Morin que les choses sont telles qu'on me les a rapportées, et que ce fut le reverend Pere de Gouvets en propre original. Mais l'abbé de Guenegaud ne veut point estre cité, et je l'ay promis à M⁴ de Vandœuvre. Ainsi ne le nommez point.

Paris, 13 février 1703.

..... Si tost que j'appris par vostre lettre que M' l'Intendant vouloit prendre connoissance de mes differens avec les Religieux, je luy ecrivis pour le remercier et pour le faire maistre absolu de mes interests. Je receus hier de luy une autre lettre par laquelle il me faisoit la mesme offre, de se faire prier par les Religieux de finir nos demeslez, mais que si je voulois me soumettre à son arbitrage, il demandoit que ce fust absolument et sans réserve. Je luy repondis aussitost que je luy reiterois la mesme offre, et de luy envoyer un blanc-signé ou un compromis en telle forme qu'il voudroit de tous ces differens, passez, présens et à venir. Il m'a écrit fort au long sur l'affaire du partage, et il m'en represente les inconveniens. Je luy ay repondu que ces inconveniens ne me sont point nouveaux, que je m'y suis attendu, que je n'ay pas pris la resolution d'entrer dans cette prétention, sans avoir bien consulté les plus habiles gens, et sans m'estre instruit de l'affaire de Trouard et mesme du partage tout recent de l'Abbaye du Gard; que je n'avois eu recours à ce remede que pour éviter un plus grand mal, et pour n'estre pas tous les jours exposé aux insultes des Religieux, et que je me resolvois à la guerre pour avoir la paix ; que cependant, si par son moyen, je puis avoir la paix, sans en venir à cette guerre, je la prefereray de tout mon cœur; que néantmoins je ne seray point fasché que les Religieux sachent les dispositions où je suis à cet égard. Voilà le contenu de ma reponse, laquelle je vous prie de suivre et d'appuyer dans les entretiens que vous aurez avec Mʳ l'Intendant, et d'estre le promoteur et solliciteur auprès de luy de l'exécution de ses offres obligeantes.

..... Enfin mon cocher sortira de céans aujourd'huy. Sur les prières de Mʳ de la Coudraye et les assurances de me servir mieux à l'avenir, j'avois résolu de le garder. Depuis ce tems là, on l'a veu yvre plusieurs fois, et l'autre jour sur ce que je sceus que sa femme le prioit souvent de luy envoyer de quoy vivre, elle et ses trois enfans, et qu'il aimoit mieux la laisser perir de faim que de se retrancher ses yvrogneries, je dis que je luy en envoierois sur ses gages. Lors qu'il sceut que j'avois dit cela, il dit publiquement dans ma cuisine que si je l'avois fait, ma qualité d'eveque ne l'empescheroit pas de m'envoyer un sergeant, que je ne le gardois que faute de trouver mieux. Je sceus de plus qu'il sortoit les nuits avec sa vielle, apparemment pour aller passer la nuit à boire. Tout cela m'a paru plus que suffisant, sans tout le reste, pour me defaire de luy.

..... Ce discours de Charlet au Prieur sur ce qu'il ne se plaignoit pas est un nouveau mensonge, pareil à celuy qui m'impute d'avoir sollicité de Mʳ de Lonchamp de les poursuivre. Ce sont suppositions de nos bons pères, à qui elles ne coustent guère. Que dois-je attendre de gens qui osent nyer que je les aye fait avertir de la venue des Archers? Depuis que je suis faufilé avec toute cette race, je n'entens que mensonges sur mensonges et calomnies sur calomnies.

..... Si ma sœur n'a ecrit à Honoré que pour luy apprendre la guerison de sa femme, elle l'a fait en termes qui ont fait un effet contraire, car elle luy mandoit *que sa femme estoit presque hors de peril*. Ce fut là la premiere nouvelle de cette maladie. Il vint à moy tout hors de luy, et il fut trois jours demi mort, et il m'a bien remercié de luy avoir caché ce mal, et que si ma sœur en avoit fait de mesme, cela luy auroit épargné de grandes inquiétudes.

Paris, 17 février 1703.

(Demêlez avec le sr de Longchamp).

..... Mon cocher sortit hier. Il dist qu'il n'avait pas envie de retourner à Caen, et qu'il m'auroit quitté lors de mon départ. Je crois que c'est une gasconnade. Demandez, je vous prie, à M⁃ de Charsigné, si elle a connoissance qu'il ait esté marié une première fois, et qu'il ait une grande fille de ce mariage, qui est en condition auprès de Caen. Il l'a dit à du Coudré autrefois, et présentement il le désavoüe.

..... J'avois écrit, comme vous savez, à Mgr de Bayeux, comme au supérieur des Religieux de Fon-

tenay sur le sujet du pillage du bois, et principalement
sur le dereglement du moyne Lieurry. Il m'a repondu
une grande lettre, où il ne me dit comme rien de
l'affaire, et au lieu de cela, il me propose d'establir
quelques maistresses d'école à Aunay, de les stipen-
dier, et de vous engager, vous et vostre frere, de
contribuer aux frais. Qu'en pensez-vous ?

Paris. 19 février 1708.

..... Dans la proposition que me fit Mr l'Intendant,
il me demandoit que je le fisse maistre absolu. Je luy
ay repondu d'une manière dont j'espère qu'il sera
bien content. Mais je suis persuadé qu'il aura bien
de la peine à terminer les choses par voye de conci-
liation, et que le moyen seur et presque seul, c'est de
prendre de nous des blancs-signez, ou de faire des
compromis, et je suis prest d'y satisfaire. Faites luy
en comprendre la nécessité, parce qu'autrement il ne
viendra jamais à bout des moynes.

Je ne suis pas faché du nouveau refus de Mr de
Lieurry pour ces échelles. Cela fera mieux voir sa
noire impudence, et sa plus noire ingratitude. Il ne
peut pas nier le fait, puisque les couvreurs l'atteste-
ront, et il l'a avoüé à Mr de Pellevé. L'entretien
qu'il eut avec les Moynes fait encore voir la nécessité
où je suis d'un partage ou d'un accommodement, car
ils menacèrent encore Mr de Pellevé du partage et
luy déclarerent que non seulement à l'avenir ils
prendront tout le menu bois, comme ils viennent de

faire, mais qu'ils prendront aussi le gros. Cela arrivant, moy estant sur les lieux, il faudroit ou que j'usasse de violence et donnasse une bataille, à quoy je n'ay garde de m'exposer, ou que je souffrisse une nasarde.

Paris, 21 février 1703.

(Huet propose à Mᵣ de Charsigné de faire une sommation à ses fermiers « pour embarrasser la procédure et commettre les fermiers l'un contre l'autre ».)

..... Cependant faisons agir nostre Procureur. A chicaneur il faut estre chicaneur et demi, et l'on n'en vient à bout que par là.

..... Je reçois une lettre de Mᵣ le Sauvage, qui m'apprend un nouveau micmac entre les Moynes. Mᵣ de Lieurry veut prendre ses degrez pour pouvoir posseder des benefices. Pour cet effet, il a esté obligé de se defaire de son office de sacristain en faveur de Mᵣ d'Orville, de qui il l'avoit eu, et Mᵣ d'Orville a resigné l'office de chantre à Mᵣ de Montmor, ce qui l'a lié très estroittement avec eux. J'avois prié Mᵣ le Sauvage de luy faire un compliment de ma part sur sa capitation que je l'avois assuré de payer pour luy. Il a receu cela fort indifferemment. Il y a longtems que je remarque en luy un grand refroidissement. Je m'en prenois à son humeur changeante et foible. Mais j'apprens qu'il se plaint en toutes rencontres que je luy ay retenu ses lettres de Rome de l'office de pitancier. Il est vray qu'il me les a mises entre les mains et que je les ay; mais il est vray aussi que je n'ay jamais eu intention de les retenir. Lors qu'il me les redemanda, j'estois dans les embarras du depart et de l'arrivée, car il me les a redemandées deux fois, et de bonne foy je ne les trouvois point et croiois les avoir perdues, auquel cas j'eusse fait les frais d'en faire revenir d'autres. Mais je les ay retrouvées et je suis prest de les luy rendre. Je serois fort aise que vous pussiez le joindre pour luy dire que j'ay appris qu'il fait cette plainte de moy, et que je ne la mérite point, n'ayant jamais eu intention de retenir ses lettres, mais ne les pouvant retrouver dans le tems qu'il me les a demandées, que j'ay toujours compté sur son amitié et qu'il peut compter sur la mienne, et sur mes services, dont pour première marque je l'assureray, en payant pour luy la capitation et en faisant pour son avantage tout ce qui dépendra de moy. Si cela ne le ramene pas tout à fait, du moins il l'amollira un peu.

Paris, 25 février 1703.

..... Je receus l'autre jour de Mgr de Bayeux, comme je vous l'ay mandé, une grande lettre, en reponse de la mienne sur les Religieux de Fontenay. Il ne m'en disoit rien. Il me parloit seulement des maistresses d'école, auxquelles il me proposoit de vous faire contribuer, et ma sœur et vostre frère. Il ne me dit rien des aumosnes, et il auroit tort de le faire. Il y a de grandes sommes dans mes abbayes destinées pour les aumosnes, et j'en suis quitte par là ; mais outre cela il me sied mal de dire, quoyqu'avec vérité, que je n'ay rien à me reprocher sur la supererogation. Ses lettres sont d'une civilité extrême.

..... Hier sur les cinq heures du soir, Honoré me vint dire que S*t*-Jacques avoit esté pris depuis trois ou quatre jours de grands maux de teste, à quoy il est sujet, mais beaucoup plus violens qu'à l'ordinaire ; que mesme l'autre jour il chanceloit en marchant, à cause de ses estourdissemens, mais que le mal estoit fort augmenté hier et qu'il avoit esté pris d'une convulsion qui luy ostoit la connoissance et la parole, que la gorge luy enfloit et qu'il ecumoit ; qu'il avoit esté saigné une fois. Je demanday qui gouvernoit son mal : il me dit que c'estoit un apothiquaire qu'ils connoissoient. Je dis qu'il falloit le saigner encore et promptement. Honoré me repondit que l'apothicaire s'y opposoit, disant qu'il estoit trop foible. Une demi-heure après, M. André vint me dire qu'il avoit esté pris de trois ou quatre autres convulsions coup sur coup, et qu'on croioit qu'il alloit mourir ; qu'on le confessoit, administroit, et qu'on parloit de le communier. Je reiteray qu'on avoit tort de ne le pas saigner, qu'on allast viste chez le medecin des Jesuites qui est proche d'icy, le faire venir ou du moins savoir son avis. Le médecin ordonna de le saigner au plus viste, ce qui fut fait. La connoissance luy revint ; il a dormi cette nuit, et il est presentement dans un assez bon estat. Je crois que sans cette saignée une convulsion l'auroit emporté.

Paris, 27 février 1703.

..... Je seray bien aise que vous parliez à Mr de Montmor aux termes que je vous ay mandé. Dittes luy mesme que s'il veut que je hasarde ses lettres par la poste, je les luy renvoieray; que s'il me veut indiquer quelqu'un à Paris à qui je les rende, cela sera fait incontinent. Amadoüez le bien.

Paris, 28 février 1703.

(Mr de la Coudraye propose à Huet de lui prêter de l'argent au denier dix. Huet refuse.)

Paris, 2 mars 1703.

(Erreur dans les comptes de Mlle des Préaux, etc.)

Paris, 4 mars 1703.

..... Je n'ay pu joindre encore M^r le Vaillant, pour regler avec luy les contredits que je donneray aux demandes en diminution de Lonchamp. J'y fus hier, j'y retourneray demain, Dieu aidant. J'y fus après avoir quitté Me de Rie. Je la croiois tranquille à Rie. Je fus fort estonné de me rencontrer en mesme tems, au beau milieu d'une des plus grandes rues de Paris, entre deux carosses, dont l'un portait Me de Vandeuvre et l'autre M⁰ de Rie. Ces trois carosses ne se cherchoient pas : ils s'arresterent, et en passant de carosse en carosse les visites se rendirent fort agréablement.

..... J'écris à Mʳ l'Intendant sur le refus que les Religieux ont fait de son entremise. Je ne scais pas comment il le prend, mais selon mon sens, il est non seulement peu respectueux, mais mesme injurieux pour luy.

..... Mʳ l'Intendant renvoiera à ma sœur un écrit sur l'*Astrée* que je luy envoie. Je prie ma sœur, quand elle l'aura leu, de l'envoyer à ma sœur de Pleneville.

..... Donnez ordre, s'il vous plaist, au Breton de mener mes chevaux à Aunay sans retardement, car le séjour d'Aunay est mon séjour favory. Si j'avois connu Fontenay comme je le connois, tant par la nature du lieu que par l'esprit des Moynes, je n'y aurois pas fait la dépense que j'y ay faite.

..... Sᵗ-Jacques s'est tiré d'affaires. Il se porte mieux. S'il avoit esté mon fils, je n'y aurois pas mieux fait. Mʳ Tuillier, et mon ancien ami et un des meilleurs medecins de Paris, est allé plusieurs fois le voir et a redoublé les saignées. On le purge présentement.

..... Je prie ma sœur, en envoyant à Mᵉ de Pleneville cet escrit de Mʳ l'Intendant de luy mander de le luy renvoyer, quand elle l'aura leu, et quand ma sœur l'aura retiré, je la prie d'en faire un paquet cacheté et l'envoyer à Mʳ le Bourgeois, libraire, en luy mandant que je luy feray savoir ce qu'il en doit faire.

Paris, 7 mars 1703.

Nouveaux procès à craindre avec le sénéchal de Mʳ de Matignon, à Percy — avec M. de Nerval, etc., etc.

———

Paris, 9 mars 1703.

..... Le mal de Mʳ d'Anisy, comme vous me le representez, me paroist fort dangereux. Mʳ de Montatere en mourut. Le vitriol est bon à ces bubes (?) de la langue et des lèvres. Pour l'esprit de sel, je n'en connois pas l'effet. Peut estre est-ce ce qui a fait enfler la langue. Je serois bien fasché qu'il prist mal à ce bonhomme là, qui est mon ancien amy, homme de bien et d'honneur, et d'une bonne conduite.

———

Paris, 10 mars 1703.

..... Souvenez vous de dire ou faire dire à Mʳ de Montmor que j'ay retrouvé sa lettre de Rome, et que e la luy envoieray, quand il voudra, mais que je ne la hasarderay pas par la poste sans son ordre.
(Nouveau demeslé avec Mʳ de la Coudraye).
..... J'ay remarqué dans l'affaire que nous avons avec Mʳ d'Avranches que luy, Mʳ de la Coudraye, vouloit me faire tirer les marrons du feu, me laisser faire tous les frais, et prendre tous les soins de cette affaire et me la laisser poursuivre en mon propre et privé nom.

Paris, 13 mars 1703.

..... Si un de nos Moynes est curé, nous en voilà defaits, graces à Dieu. Vous me dittes que vous avez parlé à Mgr de Bayeux de la conduite de Mr de Lieurry à mon égard et à l'égard du Prieur. Je ne scais rien sur ce dernier article et je vous prie de m'en instruire.

(Refus d'accepter le fontainier proposé par Mr de Lonchamp.)

..... Vous avez deu recevoir un paquet de graines pour Aunay et pour Fontenay, que je vous envoiay la semaine passée par le carosse. Vous ne m'avez point mandé si vous les avez receues.

Paris, 17 mars 1703.

..... Vous ne m'avez point mandé si vous avez receu le paquet de graines que je vous envoiay il y a quinze jours par le carosse. Le port en estoit payé.

..... Je receus l'autre jour une lettre de Me de Ste Marie, mère de Me de Cressenville, mon ancienne amie. Elle me mande qu'il y a deux places vacantes à Fontenay, et elle m'en demande une pour un de ses neveux, fils de Mr de Breteville-Sorteval. Je luy ay repondu que je n'ay receu nulle (*sic*) nouvelles de ces vacances, que je ne les crois point, que je crois qu'il sera assez tost d'en parler, quand je seray sur les lieux. Mr de Pellevé m'a mandé depuis que le bénéfice de Mr de Beaussen demande residence, mais non celuy de M^r d'Orville. J'ay bien de la peine à croire que ny l'un ny l'autre voulust quitter la vie fainéante de Fontenay. Quoy qu'il en soit sur cet avis, s'il est véritable, je destine la première place vacante à M^r le Sauvage, en cas qu'il la veuille accepter. Mais, à tout hazard, je suis resolu de la luy offrir; soit qu'elle ne vaque point, soit qu'il la refuse, il aura toujours cette marque de ma bonne volonté. Je serois bien aise que vous luy en portassiez parole de ma part, et que vous luy fissiez entendre qu'on m'a assuré de ces vacances, et qu'on m'a mesme ecrit pour demander la place, mais que personne *ne l'aura qu'à son refus*. Faites cela, je vous prie, le plus tost que vous pourrez.

Mr de Pellevé m'a mandé la mauvaise volonté que Mr de Montmor a prise contre moy, et la déclaration qu'il luy en a faite, et tout cela fondé sur ses lettres de Rome, qu'il écrit que j'ay retenues à dessein, quoy qu'il soit très vray que je ne songeay point à ces lettres, quand je fis faire mes paquets pour partir et que ces paquets estoient chez le messager quand il m'en parla à Fontenay, la veille de mon départ, et qu'à mon retour j'ay esté fort longtems sans les pouvoir retrouver et que je crus les avoir oubliées, qu'enfin je les retrouvay et manday qu'on sceust de luy s'il vouloit que je les hazardasse par la poste; que véritablement je ne crus pas qu'il contast beaucoup sur cette Pitancerie qu'il pretendoit, après la déclaration que me fist M^r le Prieur, que ny luy ny ses confrères ne consentiroient pas qu'il fust jamais revestu de cet office. Voilà la verité. Mais les Religieux ont bien sceu se servir de sa legereté pour luy faire prendre party contre moy. Vous me ferez plaisir de luy faire connoistre la droiture de ma conduite et luy dire que si ses lettres ont esté rendues inutiles par ma faute, et qu'il en veuille faire revenir d'autres, je luy en rendray les frais, mais sans m'engager à l'acceptation de ces lettres qu'autant que ma conscience me le permettra, et que je ne crois pas qu'il me veuille rien demander au delà.

..... Je vous priay par ma dernière lettre de me mander quel demeslé il y a eu entre M^r le Prieur et Mr de Lieurry. Je ne suis pas fasché que ce dernier ait une copie de la lettre que j'ay écrite sur son sujet à M^e d'Hieville. Je veux bien qu'il sache que je le regarde comme un monstre d'ingratitude.

..... Quand je vous ay proposé de faire connoistre à ma sœur la conduite que tient avec moy Mlle Merite en toutes choses, ç'a esté pour la faire revenir de sa prevention à l'avantage de cette petite femme, qui l'alloit prendre en partieulier, et la persuader de ses raisons. Vous ne luy en direz rien, si vous ne voulez. Ayez seulement bien soin d'elle dans le renouvellement de son mal. Je crains bien qu'il n'y ait de la gravelle, comme le soupçonne Mr du Bourg. Mon père en fut attaqué, et ma sœur de Pleneville aussi dans sa jeunesse; et, elles deux et moy, nous approchons de l'âge où l'Ecriture dit qu'il n'y a que *labor et dolor*. J'avois esperé pouvoir me garantir d'un voyage de Bourbon, où je n'ay point esté depuis quatre ans. Je pensois en estre quitte pour Bagnoles vers ce mois de septembre ; mais je me trouve des ahans, que je crains bien qu'ils ne me forcent d'aller à Bourbon. M. Tuillier, mon medecin et mon amy, me le conseille. J'y ay une grande repugnance. Si j'y vais, je partiray de fort bonne heure, pour estre de retour en Normandie devant la S¹ Jean.

Je suis très aise de l'entretien que vous avez eu avec M. du Hamel, touchant mes demeslez avec les bons Pères. Je ne vois que luy, ou M. d'Auval, dont on puisse s'aider pour négocier quelque chose avec eux. Encore les crois-je tous deux penchants un peu au froc. Si l'on en venoit à faire consentir les Religieux à un compromis, vous avez bien raison de dire que ce seroit offenser M. l'Intendant que d'en proposer un autre. On pourroit compromettre sur deux avocats. Mais comme vous connoissez mieux Caen que moy, voyez qui l'on pourroit proposer. Seriez-vous d'avis de M. de Benneville, ou de M. de Noyers président ? Tout homme d'honneur et de bien m'est bon, car je ne demanderay jamais rien au delà de la justice.

..... Je me trouvay hier par hazard avec M⁰ de Rie : elle payera son sixième denier, à son grand regret, car c'estoit le sujet de son voyage. Elle n'en est pas moins de belle humeur. Un peu d'air de Paris rend les carpes laitées.

..... Je veux bien donner une assignation à la Mare sur M⁽ˡˡᵉ⁾ Merite pour estre payé par quartier ; mais il est inouï qu'on paye des gages de domestiques par quartier. Ce seroit une estrange importunité pour les maistres. J'eus icy un jour un cuisinier qui pretendoit estre payé tous les mois. Quand il me fit connoistre sa prétention au bout du premier mois, je le luy payay et le mis dehors. Dans le nombre de domestiques que j'ay, jugez où j'en serois s'il me falloit compter et payer tous les quartiers, et écrire mes payemens dans mes registres. Reglez, je vous prie, cela avec Mlle Merite et la Mare.

M^r l'Intendant m'a écrit le refus que les Religieux ont fait de convenir d'aucun arbitre. Je luy avois envoyé un écrit qu'il devoit rendre à ma sœur, et ma sœur devoit l'envoyer à Me de Pleneville, et Me de Pleneville devoit vous le renvoyer, pour estre remis à M^r le Bourgeois. M^r l'Intendant me mande qu'il vous a esté remis, qu'il l'avoit envoyé à la Visitation, d'où on le luy avoit renvoyé, quand on a veu le nom d'*Astrée*.

Paris, 20 mars 1703.

..... Je suis bien aise de recevoir l'exploit d'assignation de Mr de Nerval. Je ne scais pas quel personnage il prétend joüer dans cette affaire. Taschez de le savoir et me le mandez. Pour moy, je suis très resolu de la bien pousser, et si j'obtiens qu'il soit debouté de son mauvais soustien, il est bien assuré qu'il en payera les depens, sans aucun quartier. Son procedé indigne et malhoneste merite toute sorte de dureté, et je seray bien aise qu'il sente que je me tiens très offensé de sa brutalité. Il pouvoit chercher d'autres voyes de se vanger de Lonchamp, sans commencer sa vangeance par moy. Il l'a fait avec si peu de menagement qu'il m'expose à une très grande perte pour un petit interest qui ne le prejudicie pas de 10 livres par an. Tous ceux à qui je parle de cette algarade se moquent de cette entreprise, et quand j'ay allégué l'interest qu'a chaque paroisse à faire que les pailles soient consumées sur le lieu, on ne connoist point cela icy; et hier Mr Quinquet, qui est à Paris, homme très intelligent dans les affaires, me disoit que le Decimateur est libre de faire de ses pailles ce qu'il voudra, que dans son pays de Soissons, qui est un pays de très grand labour, on en dispose en toute liberté, et qu'on ne peut pas empescher au fermier d'en chauffer son four, que c'est sa chose et qu'il en peut faire son profit à sa fantaisie. L'Avocat du Clergé m'avoit déjà dit qu'on ne connoist point icy cet interest des pailles, consumables sur le lieu.

..... Je suis bien aise de savoir le demeslé du prieur et du frère Lieurry. Sa reponse au Prieur luy ressemble et est digne de l'un et de l'autre; car quelle vie est-ce à un Prieur d'une communauté d'estre des cinq et six mois absent par chaque année?

Paris, 25 mars 1703.

(M. de Matignon fait dire à Huet qu'il ne voulait point avoir d'affaires avec lui, et qu'il allait faire écrire à son senéchal de surseoir toutes procédures, s'il y en a de commencées.)

..... Mr de Pellevé vous pourra dire que Mr le Prieur

luy a dit plusieurs fois qu'il souhaittoit la paix; mais je ne m'areste guere à ces discours là. J'ay déjà bien éprouvé quelle foy il faut ajouter venant de cette part là.

Il s'est plaint qu'il m'écrivit au commencement de l'année une lettre de civilité, à quoy je n'ay point repondu. Je n'ay point receu cette lettre; et pour marque que je n'aurois pas manqué d'y repondre, c'est que je luy ecrivis une lettre de compliment à la mort de son frère. M⁻ de Pellevé luy dist que M⁻ de Lonchamp desavoüoit que jamais il eust dit que c'estoit moy qui l'avois obligé de plaider M⁻ de Beaussen quand il battit Charlet. M⁻ le Prieur a dit que M⁻ de Lonchamp le luy a dit à luy mesme et que Charlet luy avoit dit aussi que je l'avois grondé d'avoir desisté. L'un est vray comme l'autre, et devant Dieu l'un et l'autre est tres faux. Je remarque que ce pays là est fort sujet aux mensonges. Voilà quantité de choses qu'on m'a imputées sans aucune verité.

M⁻ le Prieur s'est plaint aussi de toutes les lettres que j'ay écrites sur l'affaire du bois, qu'il a des copies de celles que j'en ay ecrites à Mgr de Bayeux, et qu'il n'a pas voulu les montrer aux Religieux. Mon intention en écrivant sur cette pillerie à Mgr de Bayeux, à M⁻ l'Intendant et à M⁻ d'Hieville, a esté que les Religieux sauroient ces plaintes. Ils sont plaisans de pretendre qu'ils se porteront contre moy à de telles entreprises, et que j'auray pour eux de grands menagemens, sans oser m'en plaindre. D'ailleurs cela ressemble bien à Mgr de Bayeux d'avoir donné des copies de ces lettres; mais nonobstant cela, je vous prie d'en parler à Mgr de Bayeux de ma part et de luy dire qu'encore que je ne luy aye pas fait des plaintes sur cette affaire pour les tenir secretes, que (*sic*) je n'ay pas cru néantmoins que cela allast jusqu'à leur donner des copies de mes lettres, comme ils se vantent de les avoir, et que je pourrois luy avoir dit de certaines choses dans ma lettre qui seroient pour luy et non pour estre publiques. Vous verrez ce qu'il vous repondra, car j'ay de grands soupçons que quelqu'un des gens de Mgr de Bayeux peut avoir furtivement communiqué ces lettres aux Religieux ou au Prieur à l'insu du Prélat. Ou peut estre est-ce une hablerie du Prieur.

Paris, 28 mars 1703.

(Affaire avec M⁺ de Nerval.)

..... Quoy qu'il en soit, M⁺ de Nerval se plaindra tant qu'il luy plaira : il n'a qu'à compter que je ne le menageray en façon quelconque, et que je ne plaideray jamais de si bon cœur que je plaideray contre luy. Je luy dirois la mesme chose en face, si je le voiois. Son impertinent procedé ne mérite pas autre chose, ayant attaqué injurieusement, incivilement et malhonestement, sans nul égard et nul menagement, son ami dès l'enfance, son voisin et son allié, et ayant cherché à luy faire faire une très grande perte pour un très petit et très leger interest.

..... Bruat, l'homme d'affaires de M⁺ de Chamarande, rencontra l'autre jour Beaulieu par les rues.

Il l'arresta pour luy dire que ç'avoit esté à sa prière que M⁰ de Chamarande avait donné des bénéfices à nos Moynes, et qu'il avoit esté bien aise de reconnoistre par là la bonne chère qu'ils luy ont faite quand il a esté sur les lieux. Il est bien visible qu'il n'a affecté de faire ce discours que pour m'empescher de croire que M⁰ de Chamarande les ait gratifiez en veüe de les entretenir dans ses interests.

Je suis bien aise que vous ayez fait connoistre à Mʳ le Sauvage les bonnes intentions que j'ay pour luy. Si Mᵉ de Beaussen quitte, nous verrons ce qui se pourra faire pour luy. Je suis bien persuadé que les Religieux ne seroient pas bien aises de l'avoir pour confrère, mais cela ne dépend pas d'eux.

Je suis persuadé que ce qui a éloigné Mʳ de Montmor de moy, ç'ont esté les benéfices que Mʳ de Chamarande a donnez à ses confrères; car voyant qu'ils avoient gagné à se déclarer contre moy, il a voulu se mettre en estat d'en gagner autant. Pour son office de Pitancier qu'il dit ne vouloir point qu'il me couste rien, il peut bien le promettre pour luy, mais repondra t'il que son successeur ne me demandera rien ?

Paris, 5 avril 1703.

..... Puisque les Religieux veulent plaider, ils pliaderont. Quand je refuseray de payer leur subvention, je leur feray dire que je m'y estois soumis pour le bien de la paix, et que, puisque je ne l'ay pas avec eux, ils n'auront pas mon argent. La négociation de Mr du Hamel devoit rouler sur un reglement entre eux et moy pour le bois. Cet article reglé, j'aurois continué de payer leur subvention.

Je receus l'autre jour une grande lettre de Mgr de Bayeux. Je n'ay pas manqué, en luy repondant, de luy dire que lorsque je luy addressay mes plaintes de la conduite des Moynes, ce fut comme à leur supérieur, espérant qu'il leur feroit connoistre qu'il n'approuvoit pas leurs excez; que, bien loin d'obtenir de luy cette satisfaction, j'ay appris qu'il leur a donné des copies de mes lettres, comme le Prieur l'a dit à un homme à moy. Nous verrons ce qu'il repliquera.

Paris, 12 avril 1708.

Je vous ay écrit le 5 : je n'ay rien receu de vous de nouveau, et je ne vous aurois pas écrit aujourd'huy, si la lettre cy jointe que j'écris à Mgr de Bayeux ne m'en donnoit l'occasion. Je vous l'envoye ouverte, afin que vous la lisiez, que vous la recachetiez, et que vous la luy presentiez vous mesme, s'il est possible. Je ne doute pas qu'il n'aille à Caen après *Quasimodo*. Je seray bien aise que vous remarquiez l'effet que fera ma lettre à la premiere lecture, afin que, s'il vous parle du contenu, vous sachiez que luy repondre. C'est une suite de plusieurs autres lettres ecrites de part et d'autre. Je vous manday que j'avois eu occasion en luy repondant de luy marquer mon estonnement que le Prieur eust osé se vanter qu'il avoit des copies des lettres que j'avois ecrites au

Prélat contre eux. Je crus comme vous que quelqu'un des gens de l'Evesché avoit escamotté cette copie pour la luy donner; mais le silence de Mgr de Bayeux sur ce reproche m'est une preuve seure que luy mesme a donné ces copies, ce qui, entre nous, est un procédé peu digne de son caractère et peu honeste. Vous verrez que je ne le menage pas là dessus; et si vous avez occasion de luy en parler, vous pourrez luy dire, avec une fermeté respectueuse, qu'il ne pouvoit pas temoigner plus ouvertement sa partialité que par un tel procédé.

Il y a longues années que je le sollicite en faveur de vostre frere, sans avoir jamais pu obtenir la moindre promesse; et tandis qu'il a fait largesse à un tas de petits capelans des prebendes de sa cathedrale. Et cependant il veut que je le croye fort mon ami. S'il s'ouvre à vous là dessus, vous luy pourrez dire que ce n'est point par legereté ny par paresse qu'il cherche à sortir de son employ, mais parce que son infirmité luy en rend la plus part des fonctions presque impraticables, et que cette infirmité augmente tous les jours.

Si vous voyez jour à entrer un peu plus avant en matière sur le peu d'amitié que je luy reproche, vous pouvez luy dire que j'en serois encore bien plus persuadé, si je savois la maniere dont vous savez qu'il a souvent parlé de moy publiquement.

Sur l'article de l'aumosne, il me presse depuis long tems d'establir des maistresses d'école à Aunay et à Fontenay. J'ay esté très aise d'avoir occasion de luy faire de nouvelles plaintes des exorbitantes subventions à quoy il m'a imposé. Ce n'est pas le premier assaut que je luy ay fait; mais il y faisoit si beau ce coup cy que je n'ay pas cru le devoir marchander. Effectivement son procedé n'est pas tolerable.

Comme il y a apparence que le premier terme de la subvention de cette année nous sera signifiée dans ce mois, et que ce sera alors que je declareray mes intentions sur la subventiion des Moynes, voicy comme je crois qu'il y faut proceder, pour ne rompre point ouvertement avec eux, et afin que la rupture ne vienne point de moy, et afin de laisser toujours traisner un filet pour renoüer l'accommodement. Il faudra leur dire que quand je me suis soumis de payer leur capitation par cy devant, ç'a esté pour le bien de la paix que j'ay bien voulu acheter à beaux deniers comptans, et que je ne dois nullement. Mais que voyant qu'au lieu de cette paix, je me trouve dans une très forte guerre qu'ils m'ont declarée par l'insulte qu'ils m'ont faite dans l'affaire du bois, et que je serois fou de donner mon argent pour me faire la guerre, je ne suis resolu de continuer qu'en prenant des assurances pour l'entretien de la paix; que je demande donc qu'ils renoncent pour l'avenir à l'affaire du bois. et qu'ils me satisfacent pour l'insulte passée. Entre nous, je me soucie fort peu de cette satisfaction : ainsi il faut faire rouler principalement l'accommodement sur l'assurance pour l'avenir et leur déclarer expressément que je ne continueroi le payement qu'en cas de continuation de la mesme conduite qui a esté gardée avec moy dès mon entrée dans l'Abbaye, et que sitost qu'ils formeront quelque nouvelle pretention, le payement cessera. Il faudra les faire expliquer là dessus, faire bien entendre tout cela à Mʳ du Hamel pour en faire un bon usage. Il seroit bon aussi que vous en entretinssiez Mʳ Nau. Lorsqu'il demandera la subvention, il faudra luy faire entendre que l'affaire du bois m'a fait prendre resolution de ne plus payer la subvention des moynes, que vous le priez de mander à Mʳ le Prieur de se rendre à Caen pour parler de cette affaire, et sur cela vous le prierez d'exhorter Mʳ le Prieur, comme de son chef à entretenir la paix et à laisser les choses comme elles estoient.

..... Mon clou, par la grace de Dieu, est fort diminué ; mais il n'est pas guéri. Il n'aboutira point, et partant il sera plus long tems à resoudre.

Formule est retrouvée, après avoir esté perdue quinze jours (1).

Paris, 15 avril 1703.

Je reçois vostre lettre du 12. Je vous ay écrit le mesme jour. J'y joignis une lettre pour Mgr de Bayeux ; mais je fis reflexion, après l'avoir envoyée, qu'elle n'estoit pas à cachet volant, comme je vous le mandois. J'en fus bien fasché, et comme peut estre, lorsque vous recevrez celle-cy, vous ne l'aurez pas encore rendue, vous trouvez cy joint une enveloppe

---

(1) Dans sa lettre du 28 mars, Huet écrivait à M. de Charsigné :
« Formule est perdue pour la quatrième fois. Je n'espère plus de la revoir : c'est l'ouvrage de mon brave laquais la Barre. »

à cachet volant que vous y pourrez mettre, en rompant l'autre. Je serois fort aise que vous eussiez veu cette lettre, pour y conformer vostre langage, quand vous verrez le Prélat.

Je viens à mon voyage que j'ay enfin resolu, pour partir si tost que je le pourray ; et pour cela je vous prie de m'envoyer mes chevaux incessamment. Donnez ordre au Breton de prendre Loüys avec luy à la place de Pierrot. Le cheval de Mr de St-Jacques m'embarrasse, car d'en acheter un moy mesme, je ne veux point estre juge en ma cause ; bien moins veux je luy faire payer le loüage d'un cheval. Mais faites en sorte auprès de luy ou auprès de Mr Roulland qu'ils m'envoyent quelque cheval à eux, que je leur remeneray dans peu, s'il plaist à Dieu. en attendant qu'à la foire ils en ayent trouvé un. Les chevaux de selle sont icy fort chers, à cause de la guerre, et ils auront bien meilleur marché à Caen.

Ma sœur me mande qu'elle ne pourra pas venir à Aunay, parce que, dit-elle, vous y estant, elle n'a plus de place à se mettre. Je ne crois pas que vous souffriez cela. Quand il n'y a point d'externes, vous pouvez mettre vostre petite famille dans la chambre sur la cuisine, sauf à se serrer et à se contraindre. Quand la compagnie vient, vous pouvez vous servir pour cabinet d'une des petites chambres du bout de la salle, sauf à quitter la place pour un jour ou deux, quand la trouppe grossit. Ma sœur me propose aussi des difficultés sur la Varene (?) et Elisabet, mais je la prie d'y remedier, car ma jurisdiction ne s'étend point jusques là.

Je sortis hier après dix ou douze jours de retraitte forcée par mon mal, et véritablement je souffris par le bransle du carosse beaucoup de mal, et mon mal s'irrita et s'enflamma. Néantmoins mon chirurgien n'y trouve rien à craindre. Il croit que cela aboutira. Je fus forcé de sortir pour aller voir mes deux rapporteurs, celuy qui est chargé du Procez de Mr de Coetenfao connoit à merveilles le personnage à qui j'ay affaire. Il me dit qu'il luy avoit dit que son procez ne valoit rien, et cela dès il y a plus de deux ans, mais que luy ayant repeté la mesme chose dernièrement, il luy dit qu'il avoit donné un autre tour à cette affaire, et y avoit joint de nouvelles pièces Je luy dis que ce nouveau tour et ces nouvelles pièces estoient deux productions qu'il me (*sic*) faites depuis un mois ou deux ; que c'estoient des tissus de faussetez et d'allégations controuvées. Je luy en exposay le précis et luy fis connoistre que Mgr d'Avranches en connoissoit la fausseté en sa conscience. Je luy remonstray qu'après avoir donné à ce chicaneur le tems du caresme, je le priois de terminer l'affaire présentement comme il me l'avoit fait esperer. Il me repondit qu'il le feroit volontiers, s'il n'estoit pas chargé d'un grand rapport, qui tiendra plusieurs séances, mais qu'il me conseilloit de voir mes juges et de m'en aller; qu'il se charge de les faire souvenir de ma sollicitation, et que du reste je me mette l'esprit en repos et dorme tranquillement sur mon affaire, et que s'il n'y avoit rien de nouveau que ce qu'il a veu et ce que je luy ay dit, je n'en dois avoir aucune inquiétude. Sur cela je me suis determiné à partir.

J'allay voir de là M⁺ de Monthulé pour prendre congé de luy et le supplier de ne point rapporter mon affaire dans mon absence. Il me dist qu'il a entre les mains de grandes affaires, qui prendront une partie de l'esté, que, cela fait, il me promet de differer le rapport tout autant qu'il pourra. J'eus encore un entretien avec luy sur les artifices de M⁰ de Chamarande, dont il me paroist assez persuadé, et lorsque je luy demanday s'il croioit que quand par ces tricheries M⁰ de Chamarande se feroit decharger, elle fust dechargée devant Dieu, il me dist fort positivement que non.

J'oubliois de vous dire que M⁺ de Pellevé prenne de l'argent de M⁰ˡˡᵉ Mérite pour bailler au Breton pour son voyage. Je vous prie aussi d'avertir le Breton de ne faire pas la sottise qu'il fist l'année passée, de payer l'entrée de mes chevaux à la porte S⁺ Honoré, comme des chevaux marchands. Quand je sauray le jour de leur arrivée, j'envoieray mon cocher au devant de luy.

..... Je suis bien aise que Charlet ait rendu tesmoignage à la vérité. Et luy et Lonchamp désavoüant le discours du Prieur, d'où vient le mensonge?

Paris, 17 avril 1703.

(Difficultés avec M⁺ de Nerval, plaintes, très vives, de Huet.)

,.... J'attens mes chevaux en bonne devotion. Je fis hier des visites d'adieu; et si tost que mon mal sera un peu affermi, je feray mes sollicitations pour n'avoir rien qui m'arreste.

..... Si Mr de Nerval fait difficulté de conférer à Paris, remonstrez luy que puisque ce sera à Paris que cette affaire sera jugée, c'est là qu'il faut prendre les voyes de la terminer, soit à l'amiable, soit à la rigueur; que dans l'affaire que nous avons ensemble il ne met en jeu que cinq sous contre cinquante pistoles; qu'ainsi il n'a qu'à conter que je ne mettray pas un interest de cette importance au hazard d'un accommodement fait légerement et sans connoissance de cause. Outre qu'ayant commencé le jeu par un exploit et une procedure rigoureuse et offençante, il ne doit pas s'attendre à beaucoup de condescendance de ma part; qu'au lieu de commencer par le sergent et finir par des arbitres, il devoit commencer par des arbitres, et n'en venir au sergent qu'à la dernière extremité.

Paris, 19 avril 1703.

Je dispose mes affaires autant que je puis pour partir, si tost que vous m'aurez envoyé mes chevaux.

..... Je suis bien fasché que vous n'ayez pas leu la lettre que j'ay ecrite à Mgr de Bayeux, et je suis bien estonné que, quand il n'a de moy que des sujets de s'en loüer, et de m'aimer, il me déchire publiquement, et que, lorsque je luy parle vertement il se modère envers moy. Par le premier article de ma lettre, je luy disois que dans le dessein qu'il a de me

concilier avec les Moines, il les trouvera sans doute
fort disposez à ses volontez, après la marque qu'il
vient de leur donner de sa faveur, en leur donnant
une copie de ma lettre. Je m'en plaignis par une
autre lettre et il ne me dit pas un mot sur cela. C'est
le Prieur qui l'a dit, vous le luy pouvez dire et que si
ce n'estoit pas luy qui a donné cette copie, ses gens
pouvoient l'avoir fait. Il est bon de dire que je me
laisse gouverner, et que je ne devrois pas croire
legèrement. C'est ainsi qu'on est aveugle chez soi
lorsqu'on croit voir clair chez les autres. Le second
article regardoit l'établissement de vostre père, et je
luy reprochois que la probité de mon neveu ny mes
prières cent fois reiterées, ny une amitié de quarante
ans n'avoient pu obtenir de luy une des graces dont
il est toujours si prodigue envers des gens qui ne le
vallent pas. Le troisieme article regarde les maistresses d'ecole qu'il veut que je mette à Aunay. Je luy
dis qu'il m'oste les moyens de faire le bien qu'il me
conseille par les capitations exorbitantes qu'il m'im-
pose, tandis que les ecclésiastiques de sa faveur la
payoient au denier 40 ou 50, et que luy mesme la
paye au denier 25. Je m'imagine que tout cela luy fit
faire des reflexions qui le calmèrent.

..... Le procédé de Mʳ de la Coudraye me fasche
fort. Je vous mandois par ma dernière lettre que
pour un interest de 5 sous il sacrifieroit mon amitié,
mon bien et ma vie. Je crois que le mariage de sa
fille ayant diminué son mago (*sic*) il veut le remplir
ab hoc et ab hac. Je le priay vint fois avant son depart et je l'ay fait encore depuis par mes lettres de ne

rien gaster à mon accommodement. C'est encore à moy à filer doux, dans la dependance où je suis de luy. Je luy en ay pourtant dit un petit mot par ma derniere lettre. Vous me ferez plaisir de luy en escrire doucement, mais ouvertement, et de luy remonstrer les conséquences de cette procédure precipitée, et que huit jours de retardement auroient empesché le mal. Ouy, mais dira t'il en luy mesme, c'eust esté 15 sous d'interest de perdus, que je ne veux pas perdre. Quoy qu'il en soit, j'écris à M^r l'Intendant pour excuser cette demarche et l'assurer de nouveau qu'il sera toujours maistre absolu de tous mes interests et que je seray toujours prest de luy en donner tous les actes qu'il voudra me demander.

..... J'ay enfin obligé Mr de Soissons à me mettre en main un arrest de parfait des reparations de Soissons. Ce n'a pas esté sans de grosses paroles et j'ay eu besoin d'estre ferme sur mes estriers; mais enfin j'en suis saisi, et on ne vous pourra rien demander pour ces reparations après moy.

..... Je suis assez persuadé que les fermiers (de Fontenay) ont du credit au bailliage et dans la justice de Caen. Ils y ont leur partie faite depuis long tems, des amis, des voisins, des parens et des comperes. Le Roux y a un frère, et moy, au contraire : il y a fort long tems aussi que j'ay éprouvé la mauvaise volonté de ces M^{rs} là envers moy. Le levain de leur aversion est une secrette envie de ce que je ne sois pas assesseur ou conseiller pour eux. Ils ne sauroient me pardonner de me voir establi au milieu d'eux d'une maniere disproportionnée à la leur. Si j'allois avec un habit gris, et un baston à la main débiter tous les matins au carrefour de mauvaises nouvelles, et manger ensuite avec eux des matelottes, on ne me calomnieroit pas comme on fait, et ils ne profiteroient pas, comme ils font, de toutes les occasions de me chagriner ; mais ces gens là ne greslent que sur le persil, et je les livre à leur mauvais sens, à leur ignorance et à leur obscurité.

(Même lettre. 20 avril.

Je reçois une lettre de Mʳ de la Coudraye, par laquelle il m'expose qu'il n'a agi dans l'affaire des fermiers *que de concert avec vous,* comme je l'en avois prié. Il dist que vous le priastes de faire son execution avant la cause des diminutions, et qu'il l'a fait; qu'il n'a pas peu prévoir l'avenir. Il se plaint des reproches que je luy ay faits, au lieu de le loüer de sa docilité. Je luy ay repondu catégoriquement et je luy conseille d'écrire une lettre d'excuse à Mʳ l'Intendant.

Paris, 23 avril 1703.

..... Je suis fort aise du départ du Breton, mais fort fasché du retardement du cheval qui est devenu boiteux. On a icy des peines mortelles à trouver des chevaux de renvoy pour Caen, particulierement dans ce tems de la foire. L'année passée, je fus contraint d'envoyer mon cuisinier par le Carosse, qui me cousta trois fois le cheval de renvoy. Si mes chevaux partirent samedy, comme vous me le mandez, ils devront arriver après demain mercredy, auquel cas je pourray partir, Dieu aidant, samedy ; mais vous aurez auparavant de mes nouvelles.

..... M⁰ de Montespan me dist il y a trois jours, en fort bonne compagnie, mais avec bonté qu'elle estoit indignée d'un discours qu'on luy a fait depuis peu sur mes procez, par lequel on me faisoit passer pour un chicaneur determiné, prest à entreprendre cent procez pour cinq sous. Elle repondit à ces gens là qu'elle ne m'a pas nommez, qu'elle me connoissoit mieux qu'eux, et qu'elle savoit très certainement que personne n'estoit d'un esprit plus opposé à celuy-là que moy. La compagnie ne me permit pas d'approfondir beaucoup cette matiere ; mais je luy manday le lendemain que si ceux qui m'ont calomnié auprès d'elle veulent convenir avec elle de quelques arbitres, gens d'honneur et intelligens, je seray toujours tout prest de compromettre sur eux, ou de leur donner mon blanc signé ; que si elle obtient cela d'eux, elle aura la satisfaction d'avoir fait une action de charité, qui aura son mérite devant Dieu et devant les hommes, que si mes parties refusent cette proposition, elle reconnoistra qui d'eux ou de moy sont les veritables chicaneurs. Cela vient sans doute de M⁰ de Chamarande et de ses émissaires, et peut estre de la maison de la Rochefoucaud, qui ne m'ont point pardonné la pension que j'ay obtenue et maintenue sur Mʳ de Soissons, leur cousin, car dès le tems du procez ils estoient fort déchaisnez contre moy. On m'a dit que M⁰ de Montespan avoit un peu chargé ce raport, pour m'obliger de veiller moins attentivement sur mes procez, qu'elle croit estre la cause qui m'empesche d'aller à Bourbon avec elle, dont elle me sollicite depuis long tems. Quoy que cela ne soit pas hors de vraysemblance, je ne le crois pas, car le recit qu'elle m'en fist étoit trop marqué, et elle le fit avec trop de chaleur. Et d'ailleurs elle ne me connoist pas si sot que de perdre mes procez, en les abandonnant par complaisance.

Paris. 24 avril 1703.

(Affaires avec ses fermiers.)

Paris. 26 avril 1703.

..... Je receus hier une lettre de M^r l'Intendant sur l'estat présent de mes affaires, fort pleine d'honestetez. Il me mande qu'il espère que les Religieux viendront à resipiscence, et chercheront son entremise. Je ne scais quelle assurance il en peut avoir, si c'est un soupçon, un souhait ou certitude. Nous verrons. Je luy ay repondu d'une manière qui, je crois, le contentera. Il me parle de Mr de la Coudraye avec beaucoup d'aigreur, et me conseille de rompre avec luy. J'ay mandé à Mr de la Coudraye de luy écrire une lettre d'excuse. Je luy ay mesme marqué le tour qu'il doit donner à sa lettre ; mais comme ce n'est qu'une affaire de civilité et non d'interest, je doute qu'il le face.

..... Le curé de Sᵗ Martin m'a ecrit qu'estant au Synode à Bayeux, Mgr de Bayeux et Mʳ de Vaux le questionnèrent fort sur l'affaire des granges dixmeresses, sur l'usage de l'Abbaye et des paroisses voisines à cet égard. Il me mande les réponses qu'il a faites sur tout cela, qui toutes me sont entierement contraires, car il a dit qu'autrefois on engrangeoit les dixmes à Sᵗ Martin, que cela a cessé depuis assez long tems, mais que quand j'aurois une grange à Sᵗ Martin, mon Abbaye ne m'en vaudroit pas moins. Ce bonhomme m'écrit cela bonnement, comme s'il avoit dit des merveilles en ma faveur. Je ne veux pas croire qu'il l'ait fait malicieusement. Si ç'avoit esté son intention, apparemment il ne me l'auroit pas mandé ; mais comment que ç'ait esté, je me defendray bien de ce tesmoignage comme venant d'une partie interessée dans l'affaire, et qui cherche l'avantage de sa paroisse. Je luy en diray neantmoins mon avis à la première veüe. A l'égard de cette conférence que vous a proposée Mʳ de Nerval après mon retour et à laquelle il veut faire intervenir Mʳ de Vaux, comme son bras droit, je vous avois prié de luy insinuer que je ne voulois point avoir de conférence à Caen sur cela, où l'affaire est déjà jugée. Je ne puis pas refuser une visite de Mʳ de Nerval et de Mʳ de Vaux, quand ils voudront me la rendre ; mais quand ils voudront approfondir la matière, je leur diray que je ne me sens pas assez habile homme pour soustenir les raisons d'un habile magistrat tel que Mʳ de Vaux. Outre que l'on raisonne à Caen, en cette matiere, sur certains principes, dont je ne conviens pas, et qu'on ne connoist point icy; et que comme cette affaire doit estre jugée à Paris, c'est à Paris qu'il la faut traitter. Si ces M^rs espèrent m'amener à quelque composition sur l'affaire des granges, ils se trompent, car ils me trouveront plus ferme qu'eux là dessus. Pour le prix des pailles, je ne refuseray pas mes offices pour les faire avoir à Mr de Nerval à bon marché. Je receus hier une lettre d'Avranches qui m'apprend que les curez de ce pays là envoyent ordinairement vendre leurs pailles hors de leurs paroisses, parce qu'ils les vendent plus cher qu'à leurs paroissiens, qui cependant ne s'en sont jamais plaints. Sur ce que Mr de Nerval ne convient pas que j'aye un si gros interest en cette affaire, ny luy un si mince, les termes de la sentence de Caen, qui ordonne que j'auray des granges là où j'ay des dixmes, font voir bien clairement où cela va, à combien de granges ou basties ou loüées, combien il coustera à faire exploiter les dixmes sur les lieux et au transport des grains. Lonchamp me dit dans le commencement, que si cela avoit lieu, il demanderoit une diminution de 3000 liv. par an sur la ferme. Pour Mr de Nerval, quand il acheteroit mille gerbes de paille de mes fermiers par an, et qu'ils les luy vendroient 20 sous plus cher qu'il ne faudroit, cela iroit à 10 liv. par an. Voilà le sujet d'un procez qu'a entrepris vostre brave cousin contre son ancien amy, contre son allié, contre son voisin et contre une personne pour qui il devoit avoir quelques égards, et pour qui il n'en a aucun. En un mot, je soustiendray cette affaire là jusqu'au bout et j'y engageray ma croix. Mr de Nerval n'a qu'à compter là dessus, et si vous trouvez occasion de le luy faire entendre doucement et sans luy déplaire, j'en seray fort aise.

Sur ce que vous a dit Mgr de Bayeux que mon affaire contre Mʳ d'Avranches estoit bonne, mais que je l'avois laissé (*sic*) gaster, j'admire comment il est si promt à parler de tout à tort et à travers, et à se rendre juge des affaires de tout le monde, sans les savoir. Je parierois ma teste qu'il ne scait pas un des points qui sont en contestation entre nous. Mon rapporteur, entre nous, m'en a parlé bien autrement les deux dernières fois que je l'ay veu, car il me conseilla de m'en aller et me dist à l'oreille que s'il n'y avoit de nouveau dans cette affaire que ce qu'il avoit veu, lorsqu'il l'avoit estudiée, je n'avois qu'à dormir en repos, et qu'il avoit dit à ma partie qu'il s'estonnoit qu'un homme de son caractère entreprist une si mauvaise affaire. Mais cela entre vous et moy, s'il vous plaist. Dans l'affaire de la pension, il plut au mesme prélat, je dis Mgr de Bayeux, dire à tout le monde et en tous les lieux, et à moy mesme que ma cause ne valoit rien, et qu'assurément je la perdrois. Vous avez veu cependant ce qui en est arrivé. Je le manday aussitost, et je luy remis devant les yeux ses pronostics. Je le prieray assurément, à la première veüe, de me faire le plaisir de ne parler jamais de mes affaires, puisqu'il n'en parloit que pour me blasmer et décrier ma conduite et ma personne, que je ne parlois des siennes que très rarement et que, quand cela m'arrivoit, je n'en parlois qu'avec respect. Si je ne croiois pas le voir bientost, je luy écrirois sur cela comme il le mérite. J'aime mieux luy écrire que de luy parler, car il n'écoute rien et ne départe pas.

Paris, 28 avril 1703.

(Huet annonce son départ prochain pour la Normandie.)

— Procès avec ses fermiers.

..... On m'a donné deux expédients. L'un est le mesme que M^r le Cocq propose, savoir une sentence sur Requeste obtenue aux Requestes. L'autre est de faire sceller leurs granges et saisir entre les mains des fermiers. Je porteray cette consultation, et nous verrons avec M^r le Cocq quel parti nous prendrons. On m'a donné un autre avis, qui est d'obtenir un *Pareatis* au Grand Sceau, en vertu duquel je pourray faire constituer Lonchamp prisonnier à Caen, nonobstant clameur de haro, ce sont les termes du *Pareatis;* et si le juge ordonnoit le contraire, je le prendrois à partie et le rendrois responsable de la dette de Lonchamp. Vous voyez qu'on apprend à urler (*sic*) avec les loups, et que ce n'estoit pas une gasconnade, quand je vous mandois que l'esprit de chicane dont est possedé Lonchamp ne me faisoit point de peur, et qu'à chicaneur je serois chicaneur et demi. Et en effet je pretens mettre toutes ces chicaneries à bout. Comme il m'a paru inévitable d'avoir un demeslé avec eux sur ces diminutions, je ne suis pas fasché de l'avoir presentement et de leur oster ce vain pretexte, après quoy je les feray bons payeurs.

..... Je ne manque jamais de porter et de rapporter mon *Committimus*. Il ne me quitte point, et un bon Chicaneur, tel qu'on dit que je suis, ne va jamais sans cela.

..... Je vous prie de mander à Mlle Merite que je la prie de me tenir de l'argent prest pour mon arrivée à Caen, car j'en ay un tres grand besoin.

Mr de la Coudraye m'a dit que cette paille pourrie qu'elle (Mlle Merite) a fournie et dont je me suis plaint, ne luy est nullement reprochable. Voici le fait. Je luy avois mandé avant mon départ, ainsi qu'à Mlle des Preaux, de convenir du lieu et du tems que l'une livreroit mes pailles à Caen, et l'autre les porteroit à Fontenay. Elles le promirent. Mlle Merite en execution fit venir par deux fois des chartées de paille à Vaucelle, près de la croix, après avoir averti la Preaux, dont le harnois ne comparut point. Enfin Mlle Merite fut contrainte de l'envoyer chez elle, qu'elle la fit decharger dans sa court et qu'elle l'y laissa cinq jours à la pluye. se divertissant apparemment à la voir perdre.

..... Comme j'envoieray apres demain quelques balots par le roullier, qui arriveront vers la fin de la semaine, je vous prie d'y avoir l'œil pour les retirer, en faisant payer le port par Mlle Merite, à un sou la livre. Des Prez qui est le roulier me les a portez quelques fois à 4 liv. 10 s. le cent. De plus il est parti depuis deux jours du vin pour moy. Il est dans des bouteilles, et les bouteilles dans des paniers. Je vous prie aussi de le retirer, et comme tout cela et peut estre quelques malles encore que je porteray feront une assez bonne voiture, il faudroit faire avertir a l'amiable Mlle des Preaux de donner ordre à un harnois de se tenir prest pour emporter tout cela à Aunay vers la fin de la semaine prochaine. Je suis bien persuadé que sa fierté luy fera mepriser cet avertissement; mais j'y suppleeray sur les lieux par une sommation que je luy feray, avec protestation de loüer un autre harnois à ses frais, au refus du sien. Elle dira peut estre qu'on luy porte les paquets chez elle et qu'elle les fera porter. Mais outre que je ne me fie pas à elle, il faut luy repondre que je craindrois qu'elle ne les laissast pourrir dans sa court, comme elle a laissé pourrir ma paille.

A Paris. 29 avril 1703.

Ce sera donc, s'il plaist à Dieu, pour demain mon depart, et comme je mets d'ordinaire six jours à faire la traitte, j'espère arriver à Fontenay samedy au soir. Dieu ne m'avoit pas encore envoyé assez d'affaires facheuses; en voilà une nouvelle qui me survient, plus chagrinante et plus embarrassante qu'aucune autre. Vous savez le traitté que j'avois fait avec Mr de la Coudraye. Il me devoit payer une certaine redevance par chaque mois. Comme le traitté est pour 2 ans et finit à la fin de cette année, moyennant une certaine remise, il y a satisfait pendant quinze mois. Ce matin je luy ay demandé s'il avoit donné quelque ordre pour me faire toucher le mois où nous sommes, qui est echeu. Il m'a repondu nettement qu'il avoit destiné à cela le terme echeu à Pasques des redevances de Fontenay, que ne l'ayant point touché il ne me pouvoit payer, qu'il n'avoit point d'argent et ne savoit où en prendre. Je luy ay remontré doucement et honestement que depuis quatorze ans que nous avons affaire ensemble, il n'avoit jamais pris pour pretexte de refuser de me payer les retardemens de mes fermiers, que ny Mr de St-Sauveur, ny Melle Merite ne l'avoient jamais payé le lendemain du terme, et qu'il n'avoit pas laissé de me payer; que les appointemens que le Roy me donne ont esté retardez d'un an et de quinze mois, sans que jamais il se fust servi de cette occasion pour me retenir les payemens; que j'avois conté là dessus comme sur une chose seure; que dans les deux derniers mois j'ay payé icy environ 4000 liv.; que je retournois en Normandie sans argent, et qu'il me jettoit dans une terrible extremité, sans savoir où donner de la teste. Tout cela n'a fait que blanchir. Je luy ai demandé s'il ne me tiendroit pas la parole qu'il m'a donnée tant de fois et déjà executée en partie, de me prester de l'argent à tel interest qu'il voudroit, pour payer ma capitation. Il m'a dit que ces 3000 liv. qu'il esperoit toucher devoient satisfaire à tout cela, que ne les touchant pas, il ne savoit où prendre de l'argent. Voilà où nous en sommes demeurez. Je vous laisse à penser l'estat où cela me met, car je me vois reduit à la nécessité de mettre tout en œuvre et tout en gage pour trouver de quoy vivre, en attendant les termes de mes revenus. Je viens d'envoyer savoir ce qui est deu de mes appointemens, et je tascheray d'empescher qu'il ne les touche; et si je puis forcer les fermiers de Fontenay à payer, comme je l'espère, je me serviray de cet argent; car estant traitté indignement comme je suis, je ne garderay pas tant de mesures. Il m'a dit que Mr de Pellevé a 1000 liv. prests entre les mains. Je crois que c'est cet argent des Acres, qui est arresté. Voilà l'estat où je suis. Si je puis trouver de l'argent en engageant ma vaisselle d'argent et ma chapelle, je le feray. J'entrevois que le motif secret qui fait ainsi agir Mr de la Coudraye avec moy, c'est qu'il perd l'interest de ces 3000 liv, et quand il a voulu faire payer les fermiers le lendemain du terme, les plaintes qu'il fait de la D^{elle} des Preaux ne sont que des pretextes, c'est l'interest de l'argent qui l'a fait agir. Je crois que si je le poursuivois en justice, je le ferois condamner. Les raisons m'en paroissent toutes claires, mais j'ay assez d'autres procez sans me charger encore de celuy là, et ce seroit bien alors qu'on diroit que je suis un grand plaideur.

Paris, 30 avril 1703.

..... Je partiray, Dieu aidant, dans une heure, comme je vous l'ay mandé. Je tascheray de voir Mr Macé samedy en passant pour aller à Fontenay. S'il est à l'extremité, comme vous me le mandez, il me semble qu'en cet estat vous luy devez bien une visite. Ainsi je pourrois vous y rencontrer, et nous irions de là à Fontenay, où nous causerions de toutes choses, et le lendemain nous reviendrions ensemble coucher à Caen.

..... Mʳ de la Coudraye me fit hier la declaration que je vous ay mandée, et j'ay appris ce matin qu'il n'avoit ny souppé ceans, ny couché dans sa demeure ordinaire tout proche de ceans. Il m'avoit demandé des lettres de sollicitation et de recommandation pour une affaire qu'il veut poursuivre au Conseil. Malgré la déclaration qu'il m'avoit faite, je dressay hier ces lettres, et ce matin je les luy ay envoyées, mais on ne l'a point trouvé. J'ay esté fort estonné qu'il m'est venu trouver, tout comme si de rien n'estoit. Je l'ai receu à mon ordinaire paisiblement et honestement, et sans luy parler de ce qui se passa hier. Après quelques autres discours, il en est venu de luy mesme à me dire que si Mʳ Nau veut estre payé en cette ville de la prochaine capitation, il luy fera donner de l'argent, ce qui est un grand point, et que j'ay accepté volontiers. Il ne m'a point parlé de la redevance du mois. Il m'a dit seulement qu'il savoit que Mˡˡᵉ Merite me donneroit de l'argent et Mʳ de Pellevé aussi. Je luy ay repondu que cela me feroit tous les biens du monde dans la misere où je suis ; mais qu'après la saisie que Lonchamp a faite sur Busnel, je ne croiois pas qu'il payast Pellevé, ny Pellevé moy. Or le denoüement de cette demande de Mʳ de la Coudraye, c'est qu'il voit un gros interest et certain de l'argent qu'il me prestera pour la capitation, mais que celuy des fermiers n'estant pas si présent, et me payant les redevances, ce seroit un petit interest perdu. Voilà les grandes veües sur quoy roulent ses demandes, et auxquelles il sacrifiera tout ce qu'il a d'amis au monde.

(Mention du P. Bourdaloüe qu'il a vu la veille).

A Aunay, 18 may 1703.

Il est question de savoir quand vous voulez que je vous envoye mon carosse. Du Coudré fait saigner mes chevaux lundy. Je ne scais s'ils pourront marcher le lendemain; mais assurément rien ne les empeschera d'aller le mercredy suivant. Il a fait assez beau tems depuis mon depart; mais voilà un retour de pluye qui ne me plaist guere.

Aunay, 19 may 1703.

Decimes et subvention dus par l'abbaye de Fontenay).

Aunay, 21 may 1703.

(Mr de la Coudraye semble disposé à payer à M. Nau ce que Huet lui doit, etc.).

Aunay, 23 may 1703.

..... Pour les arbres, vous pouvez assurer Mr l'Intendant que je me soumettray toujours à ce qu'il ordonnera. Si les Religieux veulent me les faire demander par le Prieur comme une gratification, ou que Mʳ l'Intendant me les demande comme une chose qu'il me prie d'accorder pour l'amour de luy, je l'accorderay volontiers. Mais je voudrois bien que l'on en exceptast ce qui peut servir aux reparations. Les Religieux ne peuvent pas s'y opposer, puisque leur principale défense sur celuy qu'ils ont degradé en si grand nombre depuis 35 ans, c'est qu'ils l'ont pris pour les reparations. Mᵉ de Chamarande à qui ils ont donné adjonction a fait le meme (*sic*); et comme je suis chargé de toutes les reparations, il est bien raisonnable que j'aye le mesme secours qu'ils ont eu. Sur ce pied là, je leur abandonnerois les branches et les racines des arbres tombez, et mesme les troncs des arbres qui se trouveroient n'estre pas propres aux reparations. Mais pour les troncs qui peuvent y servir, ils me demeureroient, et ne seroient employez par moy à aucun autre usage. Je crois que Mʳ l'Intendant trouvera tout cela fort juste.

Aunay, 23 juin 1703.

J'apprens avec une extresme surprise par une lettre que je reçois de Paris, que l'assignation que j'ay fait donner à Mʳ de Nerval est aux Requestes de l'Hostel et non aux Requestes du Palais.....

(M. de Charsigné a ajouté en note: « Par la lettre du 13 mars 1703, il est porté qu'il aime mieux que ce soit aux Requestes de l'Hostel. »)

Aunay, 4 juillet 1703.

..... Je vous prie de demander à M^r le Cocq si la sentence des Requestes qui vient d'estre rendue contre M^r d'Avranches, me condamnant à toutes les demandes de Mr de la Coudraye, sauf mon recours sur M^r d'Avranches, et M^r d'Avranches ayant interjetté appel de son chef et moy me trouvant pareillement lesé par cette sentence qui a esté surprise contre moy à mon insceu, et sans m'avoir communiqué les pièces sur lesquelles j'ay esté condamné, je dois appeler de mon chef ou si l'appel de M^r d'Avranches suffit, moy cependant ne faisant aucun acte d'acceptation de cette sentence.

Aunay, 6 juillet 1703.

..... M^r de St-Jacques vint hier ceans avec un huissier. Je les instruisis fort au long, et leur mis les pièces en main. Ils doivent faire aujourd'huy les copies, et dresser les actes pour les signifier demain. On attendra jeudy l'effet des significations. S'il ne produit rien, on executera sans quartier jusqu'à la concurrence de 4000 liv.

Aunay, 21 juillet 1703.

..... Je reçois une sentence par défaut rendue contre Mr de Nerval, et qui défend de rien innover à l'ancien usage observé à Fontenay pour l'engrangement des Dixmes. Mais n'en dittes rien, car M' le Vaillant ne me conseille de m'en servir qu'en cas que M' de Nerval voulust executer la sentence qu'il a obtenue à Caen.

Aunay, 22 aoust 1703.

M' de Beuvron me mande qu'il sera à Caen dans les premiers jours de septembre avec le P. Bourdaloüe, et il me fait l'honneur de m'y souhaitter. C'est à quoy, Dieu aidant, je ne manqueray pas, et je prevois que tout cela pourra produire quelque petit sejour à Caen et quelque passade à Fontenay.

(Aunay). Dimanche au soir.

(Réparation du bac de Fontenay).

Aunay, 2 octobre 1703.

(Affaires des pailles... avec M' de Nerval).

(Aunay), 3 octobre 1703.

..... J'ay receu avec vostre lettre deux relations de la defaite de M' de Stirum : elles different de la vostre en ce que vous mettez 4000 morts, et mes relations en mettent 9000. Je crois pourtant la vostre plus vraysemblable. Il y a apparence que les miennes attribuent aux morts le nombre qui comprend les morts et les prisonniers.

A Paris, 12 novembre 1703.

J'ay trouvé en arrivant icy vostre lettre du 7. J'arrivay hier après avoir trouvé bien des gens de Caen par les chemins. Mr de Bourgeauville arrivoit à Évreux avec moy. Me de Ste Marie y arriva comme j'en partois, et nous nous trouvasmes à Mante Me de Mosnac et moy. Nous n'avons pas eu une goutte de pluye par les chemins. Les chemins assez beaux, hormis entre le Breuil et Bieville où ils sont détestables, quoy que Mr de Brucourt m'assurât bien du contraire. J'administray à Beaulieu la grace à laquelle il aspiroit. Vous le verrez à Caen sous une autre figure.

Pour venir à vostre lettre, je vois bien que Mr de Pellevé est allé donner ordre à ses affaires preferablement aux miennes. Je le chargeay en partant et Mr Roulland avec luy de faire demander de l'argent aux fermiers de Fontenay, et en cas de refus de recommencer la mesme manœuvre du mois de juillet. Je suis bien aise d'apprendre par vostre lettre qu'ils n'ont pas attendu le choc. Je vous prie de recevoir cet argent. Ils doivent, Longchamp et la veuve Boulard, chacun le tiers de 3500 liv., ce qui fait pour chacun d'eux 1166 liv. 12 s. 8 d. en tout pour les deux

2333 liv. 5 s. 4 d. Vous savez que j'avois delegué sur cette somme ce qui est deu à Mʳ Nau pour le terme d'octobre tant des decimes que de la capitation. puisque Lonchamp a mieux aimé me payer moy mesme, je vous prie de payer Mʳ Nau, en vous souvenant que Lonchamp doit payer 620 liv. par an pour les decimes. Il faudra, s'il vous plaist, payer à Mʳ Nau tant la capitation pour Aunay, comme pour Fontenay.

J'avois aussi chargé Mʳ de Pellevé de faire payer les 200 liv. à des Acres. Puisqu'il ne l'a pas fait, donnez ordre, s'il vous plaist, à Morin huissier de le presser, et en cas que les avertissemens n'operent rien, de l'executer. Mais lors qu'il payera, souvenez-vous de luy faire payer les frais de l'execution qui luy fut faite cet esté. Ils sont taxés à 30 s. et il ne luy faut point faire de quartier là dessus, pour l'obliger de n'attendre pas les executions, si nous avons encore affaire à luy.

J'avois enfin chargé Mʳ de Pellevé de faire signifier ma sentence des Requestes de l'Hostel à Mʳ de Nerval, et je luy avois marqué expressément le lundy 5 novembre. Je vois bien qu'il n'en a rien fait. Dittes luy, s'il vous plaist en general, que comme vous ne doutez pas que je ne luy aye laissé des ordres en partant, vous estes estonné qu'il s'en soit allé sans les avoir executez. J'ay fait de nouvelles enquestes par les chemins sur l'usage du prix des pailles de dixme. et sur l'engrangement des Dixmes, et l'on m'a confirmé que l'un et l'autre est entièrement libre. et l'on m'a donné des exemples de granges servant à plusieurs paroisses. M. Lausier m'envoye des certificats de l'usage du diocèse de Coutances conforme à celuy de Fontenay. Sur les propositions d'accommodement que Mʳ de Nerval m'avoit fait faire par le curé de Sᵗ Martin et par Mᵉ des Ifs, je n'ay point voulu agir tant que j'ay esté dans le pays, espérant que Mʳ de Nerval qui m'a attaqué, me voyant à Caen me ferait dire quelque chose. Mais ayant veu qu'il se tenoit sur ses estriers, espérant, je crois, que je l'irois prier de me faire grâce, j'ay donné ordre, en partant, de luy signifier ma sentence, ce qu'il auroit toujours falu faire dans un accommodement pour estre but à but. Presentement que je suis à couvert de sa mauvaise volonté et de sa malhoneste procedure, je le verray venir, s'il veut encore en taster. Je vous rends conte de cela, afin que si luy ou les siens vous en parlent, vous puissiez leur rendre raison de ma conduite.

Je ne suis pas fasché que mon cheval soit mort. J'aime mieux cela que de l'avoir laissé malade dans une écurie à me faire une dépense inutile. Je croirois bien qu'il seroit mort de forbeture, car il est arrivé plus d'une fois que le Breton, estant parti le matin dès neuf heures pour promener mes chevaux, n'est revenu qu'à neuf heures du soir fort yvre. Dieu scait comment mes chevaux ont esté gouvernés pendant ce tems là. Je scais de plus que contre la defense que je luy ay faite de prêter ou se servir de mes chevaux pour des voyages ou des promenades, il a porté en croupe quelque femme à la Delivrande. A propos de cela, comme vous me contastes 18 liv. que vous luy donnastes pour sa dépense par les chemins, lors qu'il vint me querir au mois d'Avril, je luy ay fait demander compte de ces 18 liv., sachant qu'il ne pouvoit ou ne devoit pas en avoir tant depensé : il a dit qu'il avoit depensé 12 liv. 10 s., et qu'il avoit rendu 5 liv. 10 s. à Nanon pour les rendre à ma seur, et cela dès mon retour. Je n'ay eu nulles nouvelles de cela, et je vous prie de l'approfondir un peu. Je feray au Breton la correction qu'il mérite quand je le renvoieray, ce qui sera dans deux ou trois jours ; mais de vostre costé, je vous prie aussi de luy faire une mercuriale, lors que vous le verrez. Je ne scais pas s'il est aussi fidèle sur l'argent qu'on me l'a dit quand il est entré chez moy, mais pour le reste du service, il ne l'est guere, comme vous voyez.

J'oubliay en partant de donner ordre à Mr de Pellevé de donner quelque gratification à vos gens selon ma coustume. Je ne m'en souvins qu'au Breuil. Je luy en ecriray à la première occasion.

Je vous prie de dire à ma seur que la veille de mon départ M^r et Mlle du Pont me vinrent voir, qu'ils me remonstrèrent comme ils avoient déjà fait, qu'ils sont chargez de huit enfans, et qu'ils ont beaucoup de peine à vivre, et qu'ils me prièrent de ménager à Mr du Pont quelque petit employ qui put les soulager. Ils me parlèrent d'une commission dans le Tabac, à ce qu'il me semble. Il faudroit que ma seur envoiast querir Mlle du Pont pour savoir ce que c'est que cet employ qu'ils demandent ou voir avec elle ce qu'on pourroit faire pour eux. Je tascherois de les y servir. Je crois que de vostre costé vous ne refuseriez pas de vous employer à cette action de charité. Je juge de leur misère de ce qu'ils me tesmoignerent souhaitter un employ au tabellionage pareil à celuy de cet autre qui a epousé une de ces La Caterie.

A Paris, 19 novembre 1703.

Je reçois vostre lettre du 16. J'avois receu celle du 10. Je ne vous ay point écrit depuis le 12. J'ay bien jugé que vous n'auriez rien receu des fermiers de Fontenay. Cela me fait voir que la visite que Longchamp rendit chez vous pour demander à qui il payeroit est un des petits tours qui luy sont familiers, pour avoir quelque delay de bourse. J'ecrivis hier à Mʳ de Pellevé sur cela mesme, et luy manday de vous voir, et si vous n'estiez pas en parole avec eux, de faire agir Morin. Puisque vous n'avez rien ouy de leur part, je vous prie de leur faire entendre quelque chose de la vostre sans retardement. Il faut commencer par *faire sceller la grange de Fontenay et celle de la veuve Boulard*, et si ce coup de fouët ne les avance pas, il faudra procéder aux autres saisies sur tous les sous-fermiers, et mesme sur le patrimoine de la veuve. Si après ces diligences, ils commencent à chanter, je ne scais si je ne seray point en droit de leur deduire les frais que je feray, car puisqu'ils se reconnoissent redevables, il faut qu'ils *se reconnoissent aussi sujets aux frais*. Mʳ le Cocq vous pourra dire *quid juris*. J'entens de leur faire payer ces frais sans attendre le jugement du procez.

Mʳ de Pellevé m'a mandé l'entretien qu'il a eu avec Mʳ de Nerval, en luy signifiant la sentence. Il luy a exposé ses pretentions que je ne connoissois pas encore nettement, mais dont j'avois sceu que son avocat s'estoit expliqué en partie, quand la cause fut plaidée. Il pretend donc avoir droit de prendre tous les ans sur l'abbaye de Fontenay 2000 gerbes de paille sans en rien payer. ou bien d'en prendre telle quantité qui luy sera nécessaire à un prix fort modique. Il fonde ce droit, autant que je puis comprendre, sur une longue possession, et cette possession pour le desinteresser de la peine qu'ont ses harnois d'aller querir de la paille à l'Abbaye, et qu'au reste il me quitte de l'obligation d'engranger les dixmes à St-Martin. Mr de Pellevé luy a fort bien repondu à toutes ces ridicules demandes. Mr de Nerval a ajouté à ce gracieux discours qu'il ne veut point de procez avec moy et qu'il consent à surseoir toutes choses jusqu'à mon retour. Il a prié Mr de Pellevé de me le mander et de luy faire savoir ma reponse. Je l'ay faite telle que je veux qu'il la voye, qui contient en substance qu'il est l'aggresseur, et que je ne suis que sur la defensive, qu'il luy a esté libre de m'attaquer ou de ne m'attaquer pas, et qu'il n'a agi que par le motif de son interest et d'un tres petit interest, au lieu que je suis obligé par ma conscience, par mon serment, par mon honneur et mon devoir et par un très gros interest de me defendre des demandes qu'il m'a faites en justice, de luy donner des pailles pour rien ou à tres vil prix, et d'engranger mes dixmes dans St-Martin, que quant au droit qu'il prétend avoir de me faire ces demandes, c'est un droit que je ne connois point du tout, que je connois encore moins cette longue possession qu'il allegue, que je pourrois mesme aisement prouver le contraire, qu'il n'a rien à me demander, que tous ceux sur qui je prens la dixme ne puissent demander comme luy et avec aussi peu de fondement, qu'à l'egard de la surseance qu'il propose, je prendray conseil là dessus, que si la sentence que je luy ay signifiée suffit pour me mettre à couvert de celle qu'il a obtenue à Caen et de ses pretentions, je surseoiray volontiers, mais que s'il faut quelque autre chose pour ma seureté, j'espere qu'il ne trouvera pas mauvais que je l'obtienne, et que je luy promets de n'aller point au delà. Voilà quelle a esté la conclusion, et je vous rapporte le tout, afin que si M' de Nerval vous en parle, ou M' sa femme, vous sachiez que leur repondre, si vous jugez à propos de le faire, car je ne vous demande en cela que ce qu'il vous plaira. Mais il peut conter cependant que je mangeray jusqu'à ma croix plustost que de souffrir qu'une aussi folle pretention ait lieu, et qu'il establisse une portion congrue sur mon abbaye.

Je vous prie de faire demander à des Acres les 200 liv. qu'il me doit de reste, ou autrement de charger Morin de l'executer sans le marchander davantage.

M' Nau m'avoit prié à Caen de vous renvoyer une quittance de 662 liv. que j'avois payée à M' Badin en cette ville, moyennant quoy il en offrit une de pareille somme. J'ay retrouvé cette quittance, et je l'envoierois volontiers, si je ne craignois les risques de la poste. Je vous prie de luy mander que s'il vouloit envoyer sa quittance à M' Badin en cette ville, je luy rendrois la sienne, et que cela me paroist plus seur.

Je n'ay icy ny le dernier compte que nous avons arresté ensemble vous et moy, ny celuy de ma seur. Ils sont demeurez à Aunay. J'ay fait un oubli considerable dont vostre demande m'a fait appercevoir, c'est que contre ma coustume, je n'ay point rapporté ces deux comptes dans mon journal de depense. Ainsi je ne puis les revoir pour y retrouver les 18 liv. que vous donnastes au Breton, ny les 5 liv. 10 s. qu'il a rendus à Nannon, et dont ma seur dit qu'elle m'a conté. Mais tenez pour très certain que vous ou elle m'avez mis en compte ces 18 liv., car je n'en ay eu connoissance que par là, et je n'ay peu l'avoir d'ailleurs. Pour les 5 liv. 10 s. je ne m'en souviens point. Il me souvient seulement que dans le compte que ma seur me donna, il y avoit un article hors d'œuvre et de rang, et dont je n'eus connoissance que par l'avertissement qu'elle m'en donna, après que le compte fut arresté. Elle me mande que je luy fis sur cela une longue correction : elle devoit dire qu'elle m'engagea par là à faire une longue correction sur le compte qui estoit dejà arresté.

Je vois par les deux pages de vostre lettre employées à justifier le Breton que vous n'approuvez pas les plaintes que je vous en ay faites. Je connois fort bien ce qu'il y a de bon en luy ; mais depuis plus de trois ans qu'il me sert, j'en connois aussi le mal et j'ay cru que vous trouveriez bon aussi que je vous le fisse connoistre. Il est certain qu'il luy est arrivé plusieurs fois de sortir à 9 heures du matin sous

pretexte d'aller promener mes chevaux, et qu'il
n'est revenu qu'à neuf heures du soir, yvre comme
un pourceau, tesmoin ce jour qu'il tomba dans
(déchirure), et faillit se noyer. Je vous ay dit que
contre mes defenses il avoit porté une femme à la
Delivrande par un de mes chevaux. Ma seur me
mande que ce n'est pas sur celuy qui est mort qu'elle
fut portée, mais sur un autre qui avoit les pieds
blancs. J'en parlay icy au Breton la veille de son
depart. Il m'avoua bien qu'il avoit porté Nanon à la
Delivrande, mais il me désavoüa positivement que
c'eust esté sur un de mes chevaux, mais sur un autre
cheval. En quoy vous voyez quelle foy on peut ajouter
à ses paroles. Quand je vous en ay fait mes plaintes,
ce n'a pas esté pour vous appeller, ny vous, ny ma
seur, en garantie de ses fautes. Je n'ay pas pretendu
non plus avoir en luy un valet sans defauts, mais
d'en prendre le bon, et tascher par vostre moyen de
le corriger du mauvais. Quant à tout ce que vous me
dittes des desseins qu'on a ceans de le faire chasser
et des mesures qu'on prend pour cela, soyez tres certain que je n'ay rien remarqué tendant à cela dans
aucun de mes gens, et croyez encore que, quelque
opinion qu'on ait de moy chez vous, je ne suis pas
tout à fait si buffle que de me laisser mener par le
nez. Ceux qui m'ont averti des fautes du Breton ont
fait le devoir de valets fideles et affectionnez, et je
dois les en estimer, bien loin d'imputer leurs avis à
leur haine et à leur mauvaise intention. C'est un avis
que St Paul nous donne d'écouter tout, d'éprouver et
examiner tout et d'en prendre ce qui est bon ; c'est ce

que je tasche de pratiquer. Ma seur me mande qu'aucun de vous ne s'est meslé de luy pour me le faire prendre: elle ne se souvient pas qu'elle me manda en propres termes, quand je le pris, que pour sa fidelité il n'y avoit personne chez vous qui ne m'en repondist; mais encore un coup, je ne vous appelle, ny elle, ny personne, en garantie de sa conduite. Tout cecy servira de reponse à vostre lettre, comme à celle de ma seur.

Il y a long tems que le Portier s'est offert à moy pour estre jardinier de Fontenay. La raison qui m'a empesché de le prendre, c'est que je n'ay pas cru qu'il sceut rien au jardinage et que je ne le crois pas dans mes interests. Cependant je ne suis pas fasché de son offre, afin que si la Mare venoit à nous manquer, nous ayons recours à celuy-là, faute de mieux.

J'ay envoyé aux Augustins pour scavoir ce que c'est que ce remède pour la suppression d'urine dont on nous parla cet esté. Il propose un grand regime et il ne donne pas ses remèdes pour rien. Je tascheray de le voir.

Je vous envoye la copie de la quittance de M' Badin pour la faire voir à M' Nau. Je recommande à M* de Charsigné le linge et la b *(déchirure)* sine (batterie de cuisine).

Habin faiseur de thermometres est mort : ainsi Honoré n'a pu vous en envoyer. Il en avoit recommandé un à quelqu'un qui tient sa place ; mais l'ouvrage ne pouvoit estre prest que dans quelques jours, et je ne pus pas garder si long tems à Paris mes chevaux et mes gens sans trop de dépense. Outre

qu'il me paroist presque impossible que le Breton
eust pu emporter cette machine droite. à cheval. Cela
eust fait une figure fort ridicule, car on *(mots effacés)*
qu'il devoit la porter droite sur son dos.

J'ay veu Mʳ de Monthullé, mon rapporteur. Il m'a
donné quelque esperance de me rapporter bientost.
Mon Procureur parla de la conduite de Mʳ de la Coudraye avec moy comme la chose le merite.

A Paris. 22 novembre 1703.

J'ay receu vos deux lettres du 17 et du 18. Je vous
ay écrit le 19. Je n'ay rien dit à Honoré de la maladie
de sa femme, et je ne luy en parleray qu'en cas de
mort ou de guerison. Je vous exhorte à continuer vos
soins charitables pour elle. Cette femme est très chargée d'humeurs, et ne fait aucun exercice : elle devroit se purger tous les mois dans sa meilleure santé.

Cet empressement de Lonchamp à venir offrir le
payement me parut une gasconade. Il a cru par là
nous arrester tout court, et avoir loisir de chercher
de l'argent. Je vous prie de faire agir Morin avec
vigueur. Je vous ay mandé qu'il faut commencer par
la saisie des granges, et principalement par celle de
Fontenay. Il seroit bon aussi de saisir les meubles de
Caen et prendre pour cela le tems qu'ils seront à
Caen. Mais sur tout il faudroit tascher de coffrer le
brave Lonchamp pour voir quelle contenance il tiendra. quand il sera *intus*. Donnez, je vous prie. sur
cela, tous les ordres nécessaires aux sieurs Morin et

Roulland. Souvenez vous de ce que je mandois par ma derniere, savoir si ces frais qui se feront ne peuvent pas estre pris sur le premier argent qui viendra de leur part, puisqu'ils se reconnoissent redevables. Souvenez vous aussi que par leur bail ils sont obligez de me faire tenir à Paris l'argent des fermages. Ce que je vous dis, pour vous en servir selon ce qui vous paroistra plus commode et meilleur.

Je vous avois mandé l'autre jour que j'envoiay chez le frère Fulgence aux Augustins, savoir son remede pour la suppression d'urine. J'y ay encore renvoié, et il m'a envoié l'instruction cy jointe (1) : elle est intitulée « pour l'Hydropisie », mais il dit que la suppression d'urine se traite de la mesme manière et par le mesme remede. Il me paroist que ce remede est plustost un remede de precaution que pour un mal present, et c'est à mon avis un remede de cette derniere sorte qu'il faudroit, particulierement connoissant comme nous faisons la cause du mal, qui sont les pierres qui se forment et bouchent le passage. Le remede que propose frere Fulgence coustera cher, et quand on l'aura pris, on ne saura quel en sera l'effet, ni si ce sera à la disposition du malade ou à l'operation du remede qu'il faudra attribuer la bonne santé. Causez en avec M. du Bourg. Je verray le frere qui debite le remede pour m'éclaircir.

En repensant à ces fermiers, je crois qu'après l'emprisonnement, le plus promt remede est la saisie de

---

(1) N.-B. Cette instruction n'accompagne pas la lettre de Huet.   A. G.

la grange, car ils ne devront rien qu'à Pasques quand ils auront payé la Toussaints, et si leurs sous-fermiers payent dans les mesmes termes, ils ne se soucieront guère qu'on saisisse les fermages qui ne seront deus qu'à Pasques, car par là ils auront cinq ou six mois de delay, et c'est ce qu'ils cherchent. Je vais pousser icy le procez des diminutions et des portions congrues sans relasche. Nous les verrons venir s'escarmoucher icy.

Je vous prie d'envoyer chez Mlle Merite luy dire qu'elle m'avoit promis de me faire tenir 500 liv. en cette ville, sitost que j'y serois arrivé, et je n'entens parler de rien, et que j'ay grand besoin de cette somme. Elle me doit 1000 liv. sur le quartier de St-Michel, sur quoy elle a payé fort peu de chose. Les rescriptions que j'ay données sur elle sont sur le quartier de Noël, et cela ne peut luy servir d'excuse.

Mr de Pellevé m'a mandé que Mrs Roulland et St Jacques veulent faire un procez à Mlle Merite pour l'obliger à la reparation des fossez des Dixbars. Ils ne sauroient commencer ce procez qu'en s'addressant à moy. Il est certain qu'il n'y a point de clause particulière sur cela dans le bail de Mlle Merite. Je ne scais si cela est de droit, et j'en doute. Mr de St Jacques peut savoir si, lors qu'il quitta ma ferme, Mr Merite l'obligea de rendre ces fossez curez. D'ailleurs ils pretendent obliger Mlle Merite de remettre de certains barreaux à l'entrée de l'herbage, qui y estoient lors qu'elle fit faire la barriere. Si cela est ainsi, leur demande me paroist raisonnable. Mais taschez, je vous prie, de les concilier et d'empescher le procez.

Le Pere Martin, cordelier, me prie ouvertement de vous addresser les lettres que je luy écris. Je ne scais si vous en estes convenus. C'est pour epargner le port, qui en tout l'hyver ne peut guere aller qu'à 15 ou 20 s. Je le rendrois volontiers à vous ou à luy.

A Paris, 23 novembre 1703.

Je vous ecrivis hier assez au long, je vous écris encore aujourd'huy à l'occasion d'une lettre que je reçois de Mr de Pellevé, sur laquelle je luy repons presentement, et je luy mande de vous voir. C'est pour regler un memoire du meusnier du grand moulin et un chommage du petit moulin. Ce sont choses que je ne scais point et sur lesquelles je ne puis donner aucun avis. Faites, je vous prie, cela avec luy. Il me mande de plus que ce meusnier se plaint fort de moy, sans que je puisse comprendre quel sujet il en a. Il m'envoya sa femme à Caen, pour reclamer contre l'arbitrage de Mr du Hamel sur ce chommage, quoy qu'il s'y soit soumis; sur quoy je ne voulus pas écouter cette femme. Il y a un petit memoire à regler avec eux, que je vous prie de voir et de regler. Faites venir Hallot, et prenez, s'il le faut, l'avis de Nourry. Ce sont minuties que je ne connois point, et sur lesquelles je ne puis rien dire.

Il y a aussi un chommage pretendu par le meusnier du petit moulin, que je vous prie d'arrester.

Mr de Pellevé me mande que Lonchamp fait enlever ses meubles de l'abbaye de Fontenay, et qu'il croit que cela tend à une separation ou à une banqueroute. Cela et le retardement de payement et l'esprit de ces gens là vous fait voir la necessité pressante de faire saisir de tous costez. Mon intention estoit que cela se fist dès le lundi 5ᵉ de ce mois, incontinent après mon départ. et nous voilà au 23, sans avoir encore rien fait. Cependant les granges se vuident, ce qui seroit nostre gage le plus present et le plus assuré. Je vous prie donc tres instamment de faire saisir ces granges sans retardement et de faire executer les meubles de Lonchamp et de Le Roux, s'ils paroissent à Caen, car je ne voudrois pas en venir à un mandement d'ouverture qu'à la derniere necessité. Mais sur toutes choses à quoy il faut viser, c'est d'appreḥender au corps le redoutable Lonchamp, car par là nous saurons ses intentions clairement. Il faut recommander cela à Morin et de s'y conduire secrettement et vigoureusement. Il faudra ou qu'il renonce à paroistre à Caen ou qu'il s'expose à estre arresté sans grande peine.

Le sieur de Pellevé me demande de l'argent avec grand empressement pour satisfaire à une reparation nouvelle et importante du grand moulin et autres besoins. Je luy mande que je suis estonné de sa demande, veu qu'il scait bien qu'il me doit encore sur le quartier de Toussaints la somme de 452 liv. 14 s. 5 deniers, et que des Acres doit encore 200 liv., que cette dette de des Acres est sa propre dette, et qu'il peut le poursuivre et le faire payer.

J'ay laissé ces sommes exprès à Caen pour s'en servir dans les besoins imprevus et pressants, sans avoir recours à moy, qui dans l'eloignement où je suis, et dans l'estat de mes affaires ne puis guere envoyer de l'argent d'icy à Caen, puisque, au contraire, j'ay besoin de l'argent de Caen pour subsister icy.

Mᵣ de Pellevé me mande que le curé de Sᵗ André a fait piller ses pommes au pressoir de l'abbaye contre ma defense, et comme cela pourra donner lieu aux defenses de Mʳ de Chamarande sur la reparation du pressoir, et qu'ils diront que le désordre y est arrivé par la permission que j'ay donnée aux externes d'y piller leurs pommes, je vous prie d'exposer le fait à M le Cocq, et de luy demander son avis pour ma défense contre cette objection de Mʳ de Chamarande.

(Affaire de Mʳˢ le Roux)..... Si les fermiers refusent de payer, et que je sois obligé d'en venir aux dernières rigueurs, il faudra faire entrer en dance Mʳˢ Le Roux...

A Paris, 25 novembre 1703.

Je reçois vostre lettre du 22. Je vous ay écrit le 19, le 22 et le 23. Dans toutes ces lettres, je vous ay prié avec toute l'instance qui m'a esté possible, de faire commencer sans retardement la poursuite et les saisies contre les fermiers de Fontenay. Je chargeay en partant Mʳ de Pellevé que cela se fît dès le 5ᵉ de ce mois, et cependant j'apprens par vostre lettre qu'il n'y a encore rien de fait. Je ne doute pas que ce n'ait esté luy Mr de Pellevé qui a arresté la poursuite, pour le petit interest qu'il y a, suivant sa loüable coustume de vouloir que je regle tous mes interests sur les siens, ce que je ne feray pas. Je luy en ecris et luy mande qu'il scait bien que je luy ay declaré plusieurs fois que je ne voulois point entrer dans ses demeslez avec les gens à qui il a affaire, que l'ordre de la procédure veut que j'agisse contre mes fermiers, et que luy ne l'estant pas, je ne puis pas agir comme s'il l'estoit, dont Lonchamp tireroit des avantages contre moy. Faites luy, je vous prie, entendre la mesme chose, et la luy faites trouver bonne, et cependant je vous conjure que, sans differer d'un seul jour, vous mettiez en œuvre le sr Morin. Je ne doute pas que depuis la recolte les fermiers qui ont pris si grand soin de se faire payer des sous-fermiers n'ayent pris soin aussi de vuider leurs granges et leurs greniers. Mais il vaut mieux tard que jamais. Faites faire main basse partout, et si vous pouviez faire mettre la main sur le collet de Lonchamp, vous ne sauriez me mander une plus agreable nouvelle pour foüetter les chicaneurs des verges de la chicane et pour les mettre au pas.

(Huet ne comprend pas pourquoi le sr de Pellevé a remis entre les mains de Charsigné 452 liv., et demande de l'argent pour payer des reparations faites à Fontenay. Il fallait prendre l'argent qu'il avait entre les mains, au lieu de le remettre à de Charsigné.

..... Si vous faites saisir les granges, je crois qu'il faudroit aussi saisir et sceller les greniers. Vous savez qu'on trouva deux ou trois cens boisseaux chez la Roux cet esté.

Lors que je laissay à M⁰ de Charsigné les memoires de la batterie de cuisine et du linge, ce fut avec intention qu'elle prist la peine d'acheter ce qui est convenu d'estre necessaire. Il me semble que le memoire de la batterie de cuisine nécessaire est arresté. Pour celuy du linge, je ne scais s'il est arresté. S'il ne l'est pas, elle peut voir avec ma seur ce qui est absolument necessaire et s'en pourvoir à loisir. S'il y a quelque difficulté, vous pourrez me consulter. J'ay supposé que les 200 liv. du sʳ des Acres, les 452 liv. du sʳ de Pellevé, et ce que l'on tirera des fermiers, et près de 1000 liv. que me doit Mˡˡᵉ Merite sur le quartier de Sᵗ-Michel fourniroient à tous mes besoins.

Jusqu'icy je n'ay pas dit un mot à Honoré du mal de sa femme. Je suis assuré qu'il me saura gré de luy avoir epargné une grande et inutile inquietude, et peut estre un voyage de Caen qu'il n'auroit pu s'empescher de faire et d'apprendre la bonne santé avant la maladie. Je ne scais si vous luy en parlez dans le billet que vous m'addressez pour luy et que je luy ay rendu.

A Paris, 30 novembre 1703.

Je receus hier vostre lettre du 27. Je ne vous ay point ecrit depuis le 25. Je suis fort aise d'apprendre que les fermiers de Fontenay entendent raison. Je ne puis entendre par vostre lettre si nonobstant les 367 liv. que vous a payées Mlle des Preaux, Morin a executé l'ordre que vous luy aviez donné de saisir, nonobstant ce payement, et je vous prie de me l'apprendre. Apprenez moy aussi si elle aura continué de payer. Avant mon depart de Caen, je savois qu'elle cherchoit de l'argent. Cependant j'ay bien de la peine à croire que sa grange et son grenier soient vuides ; mais peut estre qu'elle attend un meilleur tems pour vendre son bled. Quoy qu'il en soit, c'est une creature emportée, fiere et gueuse, fanfaronne et hableuse et qui s'embarrasse et gaste ses affaires en voulant satisfaire toutes ces belles qualitez. Quand elle reparoistra devant vous, glissez luy un petit mot de ces dix mille ecus d'avance qu'elle m'offrit la premiere fois qu'elle me vint demander ma ferme, et de ce qu'elle dist à Pasques derniere devant M^r l'Intendant, que sitost que l'affaire des diminutions seroit reglée, je serois payé exactement, l'argent estant tout prest, et que cela ne s'accommode guères avec les payemens qu'elle me fait presentement chiquet à chiquet et avec tant de peine..... Sur l'avis que je reçois de vous que Mr Honoré est hors de peril, j'ay enfin declaré sa maladie et sa guérison à son cher epoux, et luy ay remis la lettre de Nanon, que ma seur m'envoya ouverte, il y a huit ou dix jours... Quand je vous ay mandé de faire arrester Lonchamp, ç'a esté sur l'apparence qu'il trigaudoit pour reculer son payement. Il est vray qu'il est bien dur de le faire arrester, mais il est vray que cette dureté convient bien à un homme qui a à me faire en justice des demandes impertinentes et outrées comme sont les siennes, et qui a agi avec moy avec tant de malhonesteté, et m'a jetté par sa conduite dans tous les embarras que vous savez, et a fait son possible pour m'oster la jouïssance de mon bien. Un homme de cet esprit, et si rempli de malignité et d'intentions perverses, mérite d'estre traitté sans menagement, sachant très assurement que le mal qu'il ne me fait point est celuy qu'il ne me peut faire. Le remède que j'y veux apporter est violent, mais aux chevaux rebours il faut user du cavesson. Cependant, puisqu'il est entré en payement de la meilleure partie, il faut surseoir au chastiment ; mais je vous prie de luy faire demander le payement de ce qu'il reste de ce dernier terme, les deux quittances de Mr Nau, et qu'il presse Mlle des Preaux d'achever de payer. Nous verrons ce qu'il repondra.

Pour le pillage du curé de St-André, je ne suis pas de vostre avis. Mme de Chamarande sera fort bien fondée à dire que, si le pressoir est en desordre, ce n'est pas elle qui l'a fait, mais ceux qui y ont pillé, et quand je prouveray par tesmoins le refus que je luy en ay fait, Me de Chamarande dira que j'ay du l'empescher, qu'elle n'est pas sur les lieux pour y veiller, mais que c'est à moy à y prendre garde.

Je reçois la lettre de ma seur, où j'apprens les nouvelles gentillesses de Mr de Pellevé. Je luy en écris de bonne encre.....

A Paris, 5 décembre 1703.

.... (Herbage de Blainville. Difficultés, à ce sujet, avec M' l'Intendant.....) Quant à ces menaces obliques que l'on me fait faire de retenir les eaux, de me forcer à contribuer à une digue, ce sont des moyens qu'on peut employer avec d'autres gens que moy, mais avec moy, je ne suis pas si aisé à effrayer, et mesme cela me fera tenir plus ferme et refuser tout net, que si l'on y venoit par des voyes plus gracieuses. Je ne crois point que Mrs de Blainville, ny les ecuyers puissent retenir l'eau, ny m'obliger à contribuer aux ouvrages qu'ils voudront entreprendre pour leur commodité. Si cela est de droit, je m'y soumettray sans peine; si c'est une entreprise, je sauray fort bien m'en défendre. La justice est pour tout le monde, et si l'on pretend se servir de voyes de hauteur et de violence, je ne marchanderay pas à porter mes plaintes au Roy mesme contre tous ceux qui entreprendront de m'opprimer. Je n'ay pas le loisir de vous écrire une lettre que vous puissiez montrer, comme vous me la demandez; à peine ay-je le loisir de vous ecrire celle-cy. Je ne crois pas que M' l'Intendant exige de vous que vous luy monstriez mes lettres. S'il le faisoit, cent raisons ne vous manqueront pas pour vous en defendre..... M. de Pellevé me mande qu'outre le curé de St-André, Crevel, fermier de M' du Hamel, par la connivence des religieux, a pillé au pressoir. Vous en voyez les consequences. Il me semble qu'il faudroit se saisir de la clef, et ne la donner que pour le pillage de ceux qui y ont droit. Il faudroit un peu entretenir là dessus Mr le Cocq, tant pour empescher ce desordre, que pour me mettre à couvert contre Me de Chamarande de ce qui s'est fait. Il y a une rupture que Mr de Pellevé me mande que les religieux vous imputent lors que vous y avez pillé. Il me mande que le curé de St-André a derobé les cercles de la cuve. Cela meriteroit bien que vous approfondissiez le fait, car je ne m'en rapporte pas tout à fait à Pellevé. Je m'imagine que ce sont ses galanteries qui l'empeschent d'aller chez vous. Dittes, je vous prie, à ma seur que je luy ay ecrit aussi vertement qu'elle l'auroit pu desirer. Nous verrons ce qu'il repondra. Il faudroit que vous sceussiez de Mr le Sauvage la verité tant de ce scandale que des cercles derobez.

J'ay donné ordre à Mr de Pellevé de se servir de ce bois tombé qui est demeuré sur le bord de l'eau pour la reparation du moulin. Il me semble que les Religieux ne pourront pas s'en formaliser, cela estant employé à son veritable et legitime usage. Je serois pourtant d'avis que, comme il est demeuré sur l'eau par l'entremise de Mr l'Intendant, vous luy dissiez un mot, et luy fissiez approuver l'usage que j'en veux faire.

A Paris, 8 décembre 1703.

(Affaire des Dixbars)..... Pour commencer par l'affaire des Dixbars, je n'ay pas douté que cette affaire n'ait esté recommandée à Mʳ l'Intendant, et les termes de sa lettre m'ont bien fait connoistre qu'il l'affectionnoit; mais je n'ay pas cru que cette affection allast à vouloir qu'elle se fist quand elle me seroit desavantageuse. Je luy ay mandé que je croiois autant pouvoir compter sur son amitié que les fermiers de Blainville, et ce seroit une estrange amitié si elle consistoit à prendre dans ma bourse pour mettre dans celle de gens qu'on luy recommanderoit. Après tout, je sais bien que ce que je luy ay ecrit est raisonnable et qu'il ne peut s'en plaindre. J'attendray la reponse de Mʳ de Pellevé pour prendre mon parti. Je n'ay sceu que depuis cette affaire que les fermiers ont sous-baillé l'herbage; mais je scais bien que ce fut l'herbage uniquement qui fit demander ma ferme à feu Mʳ Merite, et que Sᵗ Jacques et Barbier m'en ont toujours parlé, comme du morceau de toute la ferme le plus delicat et sur lequel il y avoit le plus à gagner..... Je vous avois bien dit que ces ecuyers se paroient du nom du roy, et que le roy n'y avoit aucun interest. Il est clair maintenant que ce pretendu ecuyer cherche uniquement son profit; jugez s'il est raisonnable que ce soit à mes depens. Je vous diray de plus que cet ecuyer estant fils d'un marchand de chevaux, je doute fort qu'il soit effectivement ecuyer du roy, au moins du nombre de ces ecuyers de la maison du roy, tel qu'estoit Mʳ de Matan. Le roy n'y en reçoit point qu'ils ne soient gentilshommes. Il peut donc fort bien estre que ce Mʳ l'ecuyer est un veritable marchand de chevaux, qui apporte une recommandation mandiée auprès de

Mr l'Intendant, et un grand appetit de gagner aux depens d'autruy. La seule difficulté que je trouve en cette affaire, c'est l'herbagement de ce tiers des chevaux : c'est une clause captieuse et qui sera sans effet. Auray-je un homme sur les lieux à compter tous les jours le nombre de chevaux, et s'ils l'excedent de quelque partie? Leur ferai-je un procès là dessus? Quand mesme ils s'en tiendroient au nombre fixé, n'y ayant qu'un tiers de chevaux, je compte qu'il n'y aura que le tiers de mon herbage de ruiné.....

..... La raison que rend Mlle des Preaux de son defaut de payement, savoir la maladie, est fort plaisante et digne d'elle. Comme si les gens malades ne payoient point, et comme s'il luy estoit bien difficile de faire prendre de l'argent dans son coffre, s'il y en avoit, et l'envoyer chez vous..... Mandez moy combien vous me pourrez donner de figuiers, si l'on en peut trouver à acheter dans le pays, et en cas que cela ne suffise pas, combien il en faudra acheter. Je dis acheter, et non pas demander à Me de Montespan, car je ne suis pas demandeur.

Quand vous verrez Mr Rouxelin, je vous prie de savoir de luy, si parmy ses papiers il n'a point de certains imprimez de Mrs des Yveteaux les uns contre les autres, et s'il me voudroit les communiquer; qu'autrefois Mr Rouxelin son grand pere fit bien plus que de me prester de ces sortes de papiers, mais qu'il m'en donna plusieurs; que je luy rendrois ce qu'il me fera la grâce de me prester.

A Paris, 12 décembre 1703.

..... Il faut commencer par vous féliciter de l'héritier que Dieu vous a donné. Faites-en mes complimens à cette bonne ouvriere qui a pris soin de le mettre au monde.

Je commence à recevoir des eclaircissemens sur l'affaire des Dixbars. Mr de Benouville m'a ecrit sur cela une lettre très instructive, très utile, très sensée et très obligeante. Je vous prie de luy faire connoistre que j'ay receu cette marque de son amitié avec beaucoup de plaisir et de reconnoissance, et que j'en feray bien mon profit. Ces inondations dont on vous parloit sont de pures visions. La mer ne va point là. De plus, cet herbage estant sous-baillé à un homme qui pretend le bien garder, comme on me l'ecrit, je n'en suis point le maistre, non plus que les sieurs de St Jacques et Roulland. Il me paroist par ce qu'on m'écrit que Mlle Merite a bonne part à cette tentative des fermiers de Blainville, qu'elle y prend sans doute un interest caché. M^r l'Intendant m'en ecrit de la maniere que je l'avois esperé, après la lettre que je luy en avois ecrite, c'est à dire fort honnestement. Il me mande que dès qu'il reconnoist que cette affaire ne m'agrée pas, il s'en désiste et n'y pense plus, et qu'il a regardé mon avantage en toutes choses. Regardez quel rapport il y a de cela à tout ce que (vous) m'en vouliez faire apprehender par vostre lettre precedente. Vous estes un trembleur, qui avez peur de vostre ombre. Quand on a une femme et des enfans, on devient timide. Je luy ecris presentement en luy mandant que je n'ay point encore pris ma dernière resolution, et que dans peu de jours je la luy manderay. Il m'avoüe que ce sont uniquement les fermiers de Blainville qui demandent cet herbage et qui le demandent pour eux. Il n'est plus mention de ces ecuyers du Roy.

Je luy mande que vous luy contiez les derniers exploits des Religieux de Fontenay à l'occasion de ce nouveau bois tombé. Je le prie d'entrer là dedans, et je luy fais connoistre le besoin que j'en ay pour les reparations, et que c'est son véritable usage. Vous m'apprenez qu'ils pretendent que le bois du mail est à eux, comme provenu sur leur fonds ; c'est donc à dire qu'ils pretendent que le mail et les autres allées de ce clos leur appartiennent. Au premier jour ils pretendront avoir droit de m'empescher d'y passer, et me feront fermer les portes que j'y ay. Je vous assure que si j'estois un peu nettoyé de mes autres affaires, je leur donnerois leur partage, sans attendre qu'ils me le demandassent pour savoir à quoy m'en tenir et n'estre pas toujours exposé à la brutalité de ces bons Pères.

Vous voyez par le billet de M^r Le Sauvage que vous m'envoyez, quel homme c'est que la Mare, jardinier de Fontenay, et ses enfans, et si j'avois grand tort quand je m'en plaignois. Pour le portier, il y a long tems que je suis persuadé de son infidélité et que je le luy ay dit. Mais il fera tant qu'il s'en trouvera mal. Jugez si la clef du pressoir est bien entre ses mains. Il est devoué aux Religieux et il y laissera piller qui ils voudront et qui il voudra. Je ne vois point de raison suffisante pour m'empescher de prendre la clef, car depuis le procez verbal de Cardon, il est certain que le déchet qui survient est à ma charge, et cette charge augmente à mesure qu'on fait servir le pressoir, et si le portier ou les Religieux sont les maistres de le faire servir quand ils voudront, ils seront les maistres de ma bourse, car je ne suis point de l'avis de M^r le Cocq, que le pillage du curé de St André, ny celuy de Crevel ne me regardent point, car qui regardent-ils ? Peut-on imputer à Mr de Chamarande la garde du pressoir dont il n'a point la clef, et qu'il ne peut garder ? Si le pillage qui est dû aux Religieux augmente la reparation du pressoir, comme il l'augmente sans doute, cette augmentation de reparation peut-elle regarder un autre que moy ? Mon avis seroit donc que Mr de Pellevé demeurast à l'avenir saisi de la clef et ne la donnast que pour ceux qui ont droit de piller au pressoir. Cela mérite bien que vous en ayez encore un petit entretien avec M^r le Cocq.

Vous en parlez bien à vostre aise, quand vous dittes qu'il faut presser le jugement ; pensez vous que je m'y endorme ?

Vous dittes que ce sont apparemment les Religieux qui prestent la clef, et qui y font piller qui ils veulent, et que si on s'y oppose, ce sera un sujet de brouillerie. Veritablement ce seroit une bien terrible prétention à ces M^{rs} de vouloir ainsi servir leurs amis à mes depens. Quand ils demanderont la clef, et qu'ils diront que ce sera pour quelqu'un qui n'y a point de droit, on sera en droit de le refuser, ce service estant sur ma bourse, ou du moins en tirant une assurance que s'il en arrive quelque desordre, ils le repareront. De bailler la clef au portier, c'est la bailler aux Religieux.

Je suis d'avis de laisser ce bois tombé au mesme estat où est l'autre, c'est à dire d'attendre la décision comme les Religieux l'ont proposé, car pour les branches pillées, courez derriere, c'est à dire qu'on ne scait à qui s'en prendre. J'écrivis hier à M^r l'Intendant sur bien des choses, mais entre autre (*sic*) sur ce nouvel exploit des moyens. Je le prie d'entrer là dedans et d'en prendre connoissance, comme il a dejà fait. Je luy parle des reparations urgentes qui se presentent, à quoy ce bois est propre, que c'est sa véritable destination et son légitime usage; que les Religieux n'ont pu excuser les degradations qu'ils ont faites du tems de Mr de Chamarande qu'en disant que ç'a esté pour les reparations; que M^r le Prieur n'en a point employé d'autre pour la construction, non nécessaire et très inutile de sa maison, qu'il...? reparation que le bois de l'Abbaye, et qu'il n'a pas attendu qu'il fust tombé, mais qu'il l'a coupé exprès. A plus forte raison, un abbé chargé de toutes les reparations peut-il se servir d'un bois tombé pour une reparation visible, pressante et nécessaire. Je mande à M^r l'Intendant que vous l'entretiendrez là dessus. Je vous avouë que j'ay une extreme impatience de mettre une regle certaine dans l'Abbaye, et de n'estre plus exposé à la brutalité de ces gens là, soit en faisant un partage, soit en convenant d'un arbitre. Car jugez s'il est agréable de payer la capitation de ces gens là, de dissimuler tous les jours toutes sortes d'insultes, et de n'oser me defendre d'aucune de leurs entreprises, et les laisser plus maistres de l'abbaye que je ne le suis moy mesme. D'envoyer des ouvriers de Caen, comme vous le proposez, pour estre les plus forts, c'est à mon gré le pire parti de tous, car c'est s'exposer à donner une bataille, et à faire un grand procez de crime, et tomber dans les dernieres brouilleries que vous proposez d'éviter, Je mande à Mr l'Intendant que vous le verrez sur cela et luy conterez l'estat des choses.

Vous direz, s'il vous plaist, à Mr Nau que les biens des fermiers de Fontenay sont executez et sur le point d'estre vendus pour en tirer de l'argent et luy payer ses 500 livres et que cela ne tardera pas. Vous ne m'avez point dit si la grange de Fontenay est scellée. C'est là le gros morceau.

Mr de la Coudraye a esté icy deux ou trois jours. Il avoit dit à Mr le Vaillant qu'il regleroit avec moy ce qui concerne la sentence qu'il a obtenue contre moy, et il ne m'en dist pas un mot dans une visite qu'il me rendit. Cela m'obligea d'aller voir Mr du Hamel, avocat, pour le prier de se charger de cette affaire. Il me repondit que Mr de la Coudraye luy avoit rendu service et à sa famille, mais néantmoins que cela ne l'empescheroit pas d'accepter ma commission. Il me pria seulement de vouloir bien qu'il luy écrivist, pour l'exhorter à me satisfaire. Sur le soir, Mr le Vaillant et luy me vinrent voir. Nous examinasmes la sentence dont il s'agit pendant deux heures. Ils me dirent le pour et le contre. La conclusion fut que Mʳ le Vaillant écriroit à Mʳ de la Coudraye pour l'exhorter à prevenir le procez entre luy et moy. Nous en attendons l'effet. Mais je suis très resolu à soutenir mon appel. On m'avoit dit que Mʳ d'Avranches estoit à Paris, ce qui n'est pas vray. J'avois pris des mesures pour la distribution du procez, mais Mʳ de la Coudraye ne l'a pas mis en estat. Ce ne pourra estre que dans six semaines qu'il sera distribué, selon l'ordre du Palais. Je vais travailler à donner ma production contre les fermiers de Fontenay, car je les presserai vivement. Cependant, si pour le payement present vous jugez à propos de faire arrester Lonchamp, je n'en serois pas fasché pour luy faire sentir l'inutilité de tous ses tours de souplesse et luy faire connoistre que les chicaneurs trouvent des chicaneurs. Mais en cela ne faites que ce que vous jugerez le meilleur. Pour ce que vous a mandé Mʳ le Sauvage touchant le Jardinier, ne pourriez-vous point par sous main et sans bruit m'en chercher quelqu'un, car j'ay toujours regardé la Mare dans mon jardin comme un loup dans la bergerie. Cet homme et ses enfans sont gens de mauvaises meurs. Cela m'a paru dès le commencement et il m'est confirmé tous les jours à mes depens. Je vous prie de presser Morin pour pousser vivement et jusqu'au bout l'execution qu'il a commencée.

A Paris, 17 décembre 1703.

..... Je crois que Mʳ l'Intendant est content de moy sur l'affaire des Dixbars. Je luy manday avant hier que je consentois que mes fermiers cedassent leur bail aux fermiers de Blainville, mais sous certaines conditions que je proposerois si l'affaire venoit à la conclusion. J'adjoustois que je savois à n'en pouvoir douter que l'ancienne fermière entroit dans cette négociation, comme je l'avois soupçonné. Mais dans le moment que j'allois cacheter cette lettre, le sous-fermier des Dixbars vint ceans me trouver. Je ne scais pas si l'on me soupçonnera d'avoir fait intervenir cet homme par sous main : le soupçon sera très faux et très injuste, car je ne savois pas qu'il y eust un sous-fermier, quand j'écrivis la première fois à Mʳ l'Intendant, et lorsqu'on me l'apprist, je ne savois quel homme c'estoit. Enfin il s'est fait connoistre à moy. Il me dit qu'il estoit venu uniquement pour me parler, en quoy je trouvay qu'il ne plaignoit guere ses pas, son tems et sa peine. Honoré croit pourtant qu'il estoit venu mener des bœufs à Poissy. Je m'en rapporte à ce qui en est. Quoy qu'il en soit, il me conta toute l'histoire, quelles sortes de gens ce sont qui demandent cet herbage, la part qu'y a Mˡˡᵉ Merite, le pour et le contre de leur proposition. La conclusion fut qu'il me prioit de ne point trouver mauvais qu'il voulust demeurer mon fermier, qu'il ne quitteroit point son herbage, qu'il en avoit quitté d'autres pour celuy-là, qu'il a augmenté le prix de 200 liv., qu'il a donné les 2 s. pour livre de vin et qu'il souffriroit une grande perte, s'il le quittoit, qu'il l'avoit déclaré à M. l'Intendant, qu'au reste il mettroit mon herbage au meilleur estat qu'il eust esté, qu'il restabliroit les fossez, et qu'il prendroit plaisir à me donner toute sorte de contentement. Pour reponse à tout cela, je luy lus la lettre que je venois d'écrire à M^r l'Intendant. par laquelle je luy declarois que je consentois que mes fermiers sousbaillassent cet herbage au desir de M^r l'Intendant, moyennant certaines conditions dont je m'expliquerois, que je ne savois que depuis fort peu qu'il le tenoit de mes fermiers, que je n'avois ny la volonté ny le pouvoir de le forcer à ceder son sousbail et qu'il se demeslast comme il pourroit de la demande des fermiers de Blainville, et que j'allois adjouster à ma lettre pour M^r l'Intendant son voyage, le sujet, sa demande et ma reponse. Je l'adjoustay en effet à ma lettre. Vous pourrez savoir comment M^r l'Intendant l'aura receüe. Ce mesme homme, qui s'appelle la Riviere, maistre de l'hostellerie du Grand Turc, me parla de ces pretendues digues et inondations qui sont des billevesées, dont ces M^{rs} aux haras ont cru m'éblouïr. Mr de Benouville, M^r de St Jacques et Mr de Pellevé m'ont écrit amplement sur tout cela, et j'y suis grec présentement... J'ay esté bien aise d'apprendre la liaison de M^r le Sauvage avec Mr de Pellevé. Je compteray là dessus dans ma conduite. Mais, à moins que je ne découvre que cette liaison s'entretienne à mon préjudice, je dois en estre bien aise. Ce sont les deux seules personnes par qui je puisse savoir ce qui se passe en ce quartier là, et par qui je puisse conserver mes interests. S'ils se brouillent entre eux ou avec moy, regardez où j'en serois et à quel saint je pourrois me vouër pour les affaires de ce pays là. De plus, Mr le Sauvage me paroist un homme très droit, plein de probité et de sagesse, d'un bon cœur et fort affectionné pour mes interests. Tout cela me doit estre précieux. Je n'ay garde de vouloir justifier les meurs de Pellevé; j'en ay trop reconnu les vices par moy mesme. Je voudrois que vous eussiez veu la lettre que je luy ay ecrite sur sa derniere avanture, vous verriez que je ne l'ay pas manié de main morte. J'ay cru qu'il ne la pourroit souffrir et qu'il me quitteroit. Mais il me paroist fort croyable que le curé de St André a fort chargé le récit; c'est un homme furieusement animé et à qui je ne crois pas devoir me fier. Du reste, je ne scais pas qui vous a rapporté que ç'a esté du Coudré et Pellevé qui m'ont induit à prendre Mr le Sauvage pour mon Aumosnier. J'ay questionné du Coudré là dessus, en prenant mon tour de fort loin. Il n'y auroit eu nulle raison qui pust obliger du Coudré à desadvouer la chose; cependant il m'a paru que jamais il n'a eu de part à cela. Je vous diray de plus que ce fut par hazard que je sceus la volonté de Mr le Sauvage et que je luy en sceus bon gré. Mais encore un coup, je dois estre bien aise de sa liaison avec Pellevé, que je crois ne me pouvoir estre qu'avantageuse.

J'ay sceu depuis peu que le 8 de ce mois Dom Joseph alla disner à Fontenay chez Mr le Prieur, où estoit toute la cabale, excepté Mr de Montmaur.

Gruchy et sa femme y estoient aussi. Il fut receu avec caresse. Il y coucha et y disna encore le lendemain, et revint à Caen après Vespres. Or, j'ay un soupçon là-dessus que je crois vous devoir communiquer. Si tost que j'eus cette abbaye, Dom Joseph me pria de luy donner une place. Cela me parut fort ridicule, mais je ne luy en tesmoignay rien. Depuis ce temps là, je le fis venir pour le Chartrier. où vous savez qu'il se lia fort estroitement avec les Religieux et avec Gruchy, et que je fus averti qu'il avoit avec eux de frequentes et de secrettes conferences. Je m'en suis expliqué depuis avec luy à Aunay, et il a nié le fait. Or, je suis averti que Mr de Beaussein quitte Fontenay et doit resigner son office claustral d'aumosnier à M^r d'Orville. Cela obligera M^r d'Orville a resigner son office de sacristain. Je soupçonne qu'ils ont jetté pour cela les yeux sur Dom Joseph comme sur un homme qui sera fidele au parti, intelligent dans les affaires, instruit des miennes, et qui pourra leur estre utile contre moy. Vous voyez que Dom Joseph est venu justement dans le tems que cela est sur le tapis. Il a eu de longs et secrets entretiens avec eux et particulièrement avec Gruchy. Voilà mon soupçon que j'ay écrit au P. Prieur d'Aunay, le priant d'observer un peu le personnage. Après tout, je ne repugnerois pas trop à cela. Je connois cet homme qui n'est pas si habile qu'on croit, et qui. de l'humeur dont il est, pourroit fort bien passer dans mes interests quand il seroit là. Outre qu'il est moribond, et que s'il m'incommodoit, il ne m'incommoderoit pas long tems.

Je me suis esclairci avec S‍t Jacques sur ces repas qu'il doit avoir faits chez M‍r d'Orville. Il nie fortement la chose. Il m'a avoüé qu'il y mangea, je pense, l'année passée, avant que la guerre fust déclarée, que cet esté M‍r d'Orville l'invita d'y aller. et qu'il le refusa.

Je ne suis pas content du retardement de Morin. ny d'avoir négligé la saisie de la grange de Fontenay. Rien n'est plus capable que cela de les faire chanter.

Je vous ay repondu et à M‍r de Pellevé sur cette roüe. Si le marché qui s'offre d'une roüe toute faite est aussi bon, que de faire travailler, je suis bien d'avis de le prendre. Mais il faudroit à loisir negotier par M‍r l'Intendant que le bois tombé sera mis à part pour les reparations qui pourront survenir. Je crois cela de droit, et qu'il me sera accordé en justice quand je le demanderay, mais j'aimerois mieux l'avoir par une convention. Si on avoit voulu s'en saisir par surprise, comme vous me le proposiez, il eust fallu prendre pour cela le tems qu'ils sont à la grand'messe... Pour ce chemin de Beauvais, je serois d'avis qu'après quelque précaution contre M‍r de Chamarande, on pourroit faire porter quelques pierres dans les trous de ce chemin rompu. Je vois tous les jours des chemins mille fois pires, où l'on se contente de remedier au gros du mal. Parlez-en à M‍r de Pellevé; c'est là vostre jurisdiction.

Je suis bien aise que vostre frère soit parrain de vostre fils, quand cela ne seroit qu'afin de remettre chez vous en honneur le nom de Daniel, et afin que ceux à qui il a esté donné n'ayent pas honte de le porter.

———

A Paris, 21 décembre 1708.

..... Depuis la lettre que j'ay écrite à Mʳ l'Intendant, je luy en ecrivis une autre le 15, qu'il vous aura peut-estre monstrée comme la premiere. par laquelle je luy mandois que je consentois à la cession du Bail de mes fermiers en faveur de ceux de Blainville, sous certaines conditions que je me reservois à proposer, quand on concluroit, et comme j'achevois cette lettre, le sous-fermier me vint trouver pour me faire entendre qu'il ne cederoit point son bail, et j'ajoutay cela en apostille à la lettre de Mʳ l'Intendant. Je ne scais si on me soupçonnera de trigauderie dans l'intervention de ce sous-fermier, car on est fort soupçonneux à Caen, et ces petits tours y sont en usage; mais c'est mon extreme aversion, et je ne les crois ni honestes ny chrestiens, et je me pique sur toutes choses d'une grande candeur. Mais comme on n'est pas obligé de m'en croire, si Mʳ l'Intendant veut envoyer querir le sous-fermier et l'obliger de ceder son bail, on verra si j'apporteray la moindre resistance, car ces conditions mesmes, auxquelles je me reserve, je les soumettray au jugement de Mʳ l'Intendant. et vous pouvez luy dire tout ce que dessus.

Je doute que les Religieux veuillent suivre le conseil de Mʳ l'Intendant sur l'affaire du bois tombé. Nous verrons leur reponse. S'ils le recusent et que je veuille presenter icy une requeste pour demander qu'il me soit permis d'employer le bois tombé aux reparations, cela me sera accordé sans difficulté. Mais c'est une voye que je voudrois bien ne point prendre, de peur de noise.

..... J'avois dejà sceu la maladie perilleuse de M⁰ de Cauvigny, et j'en avois esté sensiblement touché. J'aime cette Dame depuis ma première jeunesse et je l'estime autant que je l'aime, et elle m'a toujours temoigné beaucoup d'amitié. Je prie Dieu du meilleur de mon cœur qu'il nous la conserve.

Si les contestations de Mlle Merite avec les nouveaux fermiers ne sont que pour la reparation de l'abbatial et des maisons des fermiers, je ne crois pas que Mlle Merite ait tort, car elle a quitté la jouissance des terres dès la St-Michel, mais peut estre a t'elle manqué à quelques formalitez. Cela ne vaut pas une contestation. Mais s'il s'agit des reparations des eglises, elle n'a pas raison, car elle jouït des dixmes jusqu'à Noël, et les fermiers ne sont obligez de se charger de la reparation des granges dixmeresses et des chœurs des eglises qu'après ce terme là. Si l'affaire vient à un procez, taschez de faire en sorte qu'elle s'adresse directement aux fermiers sans m'y appeller.

Dom Benoist m'apprit hier que le sujet de la visite de D. Joseph à Fontenay fut l'ordre du P. Prieur pour obtenir des Religieux et de Mr de Gruchy des lettres de recommandation pour Me de Chamarande, amie intime de Mr Maboul, maistre des requestes et rapporteur de l'affaire qu'ils ont contre Mr de Buron...

Je reconnois le curé de St-André à ce que vous

m'en écrivez. Voilà à quoi je suis exposé, n'estant point maistre de la clef. Comme on a pris les cercles, on peut prendre les cuves mesme, et les grosses pièces du pressoir, dans l'incertitude si cette perte tombera sur moy, ou sur Mʳ de Chamarande. Vous voiez de plus la pretention du curé, d'estre en droit de piller. Cela meriteroit bien que vous approfondissiez un peu l'affaire de ces cercles, car comment faire sans estre assurez du fait et consulter Mʳ le Cocq pour avoir un remede à de pareils inconveniens. S'il est toujours d'avis que le Portier demeure saisi de la clef qui luy a esté deposée, je serois d'avis que vous fissiez venir le portier, et que vous luy defendissiez, sous peine d'être chassé aussitost, de donner la clef à qui que ce soit sans exception, que par vostre ordre, et après vous avoir consulté. Il me vient un autre expédient à l'esprit, que vous pouvez examiner avec Mʳ le Cocq, qui seroit de faire mettre à la porte du pressoir une seconde serrure, dont Mʳ de Pellevé garderoit la clef. Par là le depost de la premiere clef entre les mains du portier subsisteroit, et je serois assuré de la conservation du pressoir. Jugez par parentheze quelle foy on doit ajouter à l'accusation de ce curé contre Pellevé. Je ne dis ny ne crois que Pellevé soit tout à fait innocent, mais je suis très persuadé que le curé y aura bien mis du sien.

J'oubliois de vous dire que Dom Benoist soupçonne fort D. Joseph d'avoir la veüe d'estre receu à Fontenay par la voye que j'ai pensée.....

Si vous voyez Mʳ le Sauvage, vous pourrez le prier de vostre part et de la mienne de chercher un jardi-

nier ; mais je doute fort qu'il soit dans ce commerce
là. Un Mr de Tailleville nous y aideroit bien davantage, mais je ne le connois point. Mr de Bonvoisin
pourroit en parler à ce muet de Mgr de Bayeux.
Ecrivez luy en un mot. Ecrivez en à vostre frère.

———

A Paris, 29 décembre 1703.

..... Je suis bien aise que nos fermiers mutins
soient enfin venus à jubé. Ce que vous a dit le Sr de
Longchamp que c'est à Mlle de Preaux à payer les
frais est une discussion entre eux qui ne me regarde
point. Je ne doute pas que dans les quittances que
vous avez données, vous ne vous soyez reservé aux
frais. Je vous fais encore souvenir de ceux des Acres.
Ce que vous a dit Lonchamp sur ces frais est une
marque de ce que vous me mandiez dernierement,
qu'il y avoit entre eux quelque refroidissement. Ne
pourriez vous point vous servir de cette occasion
pour faire inspirer par sous main à cette femme de
faire reflexion sur les embarras où l'a plongée Lonchamp et le mauvais mauvais (*sic*) procez qu'il luy a
fait entreprendre, qui, outre qu'il n'est pas soustenable, et qu'elle en portera la peine et les depens,
elle sera executée le lendemain de tous les termes,
qu'elle feroit bien mieux de chercher à se reconcilier
avec moy, en desistant de son chef du procez commencé. Il faudroit luy faire dire cela par quelque
personne amie et non suspecte. Le Sr de Pellevé
pourroit l'indiquer. Cela rendroit mon affaire bien

meilleure, quand on verroit en justice que Lonchamp seroit abandonné de ses associez. Je passay une apres disnée, l'autre jour, avec Mʳ le Vaillant pour examiner et mettre en estat cette affaire des fermiers, où je joindray celle de la resolution du bail, les erreurs de compte, les menues reparations à quoy les fermiers sont sujets, et les affaires des curez de Sᵗ Martin et de Sᵗ André. Je vais pousser tout cela vigoureusement.

Mʳ de Pellevé me mande que Mʳ d'Orville luy a dit que Mʳ l'Intendant avoit ordonné que le bois tombé ne seroit point employé aux reparations. Vous voyez qu'il va droit au but, mais en avançant une fausseté. La conduite que vous me mandez que vous tiendrez en cela sera fort bonne. Il est certain, et vous le pouvez remonstrer à Mʳ l'Intendant, que sur la premiere requeste que je voudray presenter, j'obtiendray permission d'employer le bois tombé aux reparations.

J'ay écrit à ma seur sur les galanteries de Mʳ de Pellevé. Mʳ le Sauvage a approfondi l'affaire et m'en a rendu un compte fort exact et fort circonstancié, et de la vérité duquel je ne puis pas douter, à moins que de douter de la probité de Mʳ le Sauvage, ce que je n'ay nul sujet de faire, mais au contraire de le tenir pour un homme de bien. Le fait est très différent de celuy qu'on a rapporté à ma seur. Dès que je sceus que cela venoit du curé de Sᵗ-A (1), j'en rabbattis plus de la moitié, comme aussi est-elle à rabbattre.

(1) Sᵗ-André.

J'ay esté eclairci sur le sujet de voyage de Dom Joseph à Fontenay. Dom Benoist m'a dit que c'estoit pour obtenir une recommandation de M⁶ de Chamarande auprès de leur rapporteur. Je leur ay dit qu'ils avoient à craindre que cette voye ne leur fust plus nuisible qu'utile, parce que M⁶ de Chamarande, femme très soupçonneuse, pourra croire que c'est moy qui mandie son crédit par leur moyen, pour mes propres interests. Dieu veuille que je me trompe. Dom Benoist ne laisse pas de voir beaucoup d'apparence que Dom Joseph a les veuës que j'ay soupçonnées, et que son séjour de deux jours à Fontenay et de dix jours à Caen paroissent avoir eu d'autres motifs que la recommandation de M⁶ de Chamarande. Mais ces espérances de Dom Joseph sont fort frivoles, car les règles de l'eglise ne permettent pas ces changemens d'ordre.

J'ecris au sʳ de Sᵗ Jacques pour la reparation de ma maison d'Aunay, qui a esté endommagée par la tempeste. Parlez luy en vous mesme, et luy remonstrez qu'il n'est pas juste que pour leurs contestations avec Mᴵᴵᵉ Merite, mes meubles et mes livres pourrissent. Je luy touche quelque chose de la conduite de Morin et du changement du sʳ Roulland. Je vois qu'ils ont pris l'exemple sur le duc de Savoye et le Roy de Portugal. Sans doute qu'ils les ont fait gouverner, peut-estre par les sʳˢ Le Roux pere et fils.

J'ay toujours oublié de vous mander que pour vous faire connoistre l'esprit d'envie et de médisance a toujours regné à Caen, j'avois ouï dès mon enfance mille choses au désavantage de Mʳ Chazot. J'ay sceu cependant, à n'en pouvoir pas douter, que la famille des Chazots est très honorable à Dijon, qu'il y a un président à mortier de cette famille au Parlement de Mets, parent très proche de Mʳ de Meaux. J'avois déjà ouï dire à Mʳ Chazot vostre conpere, qu'il estoit proche parent de Mʳ de Meaux. Si vous voulez dire cela de ma part à Mʳ Chazot, cela luy fera plaisir. Je luy rendray avec plaisir ce temoignage quand l'occasion s'en presentera...

J'ay sceu que le Portier de Fontenay, qui demandoit le jardin ne scait rien du tout au jardinage, et pour la Mare, au mois de septembre dernier, on le trouva chargé d'un panier plein de fruits couverts de légumes, qu'il portoit à Caen. Je ne doutois pas que cela ne se fist ainsi, et je te luy reprochay peu de jours avant mon départ d'Aunay. Regardez en quelles mains je suis..... Quand Mᵉ de Charsigné sera bien restablie, je la prie de se souvenir de nostre batterie de cuisine, et du linge le plus nécessaire.

A Paris, 7 janvier 1704.

..... (Affaire du bois-tombé, que les religieux de Fontenay reclament comme leur appartenant, et que Huet veut employer aux réparations).

..... J'ay receu les deux lapins avec le dindon. J'attens les autres. Je vous remercie de tous ces régales. Les premiers furent mangez chez Mʳ de Croismare avec Mᵉ de Vandeuvre et Mᵉ la Mᵃˡᵉ de Choiseul, et ils furent trouvez d'une bonté exquise.

(Difficultés avec M. de la Coudraye).

Huet dit qu'il a écrit à l'Intendant pour l'informer qu'il consent de bon cœur au sous bail des Dixbars.

(La double serrure du pressoir) [voir les lettres précédentes].

A Paris, 11 janv. 1704.

..... (Indisposition de Huet). Cette indisposition est un grand degoust qui m'a pris depuis lundy. Je m'en prenois à deux grands repas où je m'estois trouvé les deux jours precedens. La nuit du mardy j'eus un peu de fievre, et le mercredy matin revenant de la messe, je me trouvay foible, et entrant dans ma chambre je m'evanouïs dans toutes les formes, ce qui ne m'estoit jamais arrivé, hormis cette nuit de Noël, que M' Losier nous pensa tous tuer par son charbon. Mes gens m'ont dit que cela dura un *Miserere*. Ils me firent revenir avec de l'eau de la Reyne de Hongrie. Mon medecin me trouva le poux mauvais, petit et fort inegal, et m'ordonna d'estre saigné le lendemain largement, ce qui fut executé. Il me trouva hier le poux meilleur, plus fort et plus degagé. Une heure après la saignée, en prenant du thé, je sentis encore un affaiblissement, mais qui n'alla pas jusqu'à l'evanouissement. Ce matin j'ay pris une medecine et je pourray bien estre encore saigné demain. Je ne sais si cette defaillance n'est point le premier son de Complies. Dieu me donne un grand dégagement du monde, par sa grâce, et j'espère que mes preparatifs seront bientost faits.

M⁺ de S¹ Jacques m'ecrit une assez grande lettre touchant un nouveau procez qui se prepare à Grainville. Le Curé a fait un exploit à la Communauté de sa Paroisse pour se voir condamner à la reparation de son presbytere, à la reparation du chœur, et à y fournir des livres et des ornemens. Il y a bien des choses à dire sur tout cela. Melle Merite a interest à la reparation du chœur, et moy comme paroissien j'ay interest à celle du presbytere.....

M⁺ de S¹ Jacques me mande que M⁺ Roulland ne fist prester de l'argent à Melle des Preaux pour me payer que par la pitié qu'il en eut, et qu'elle employa auprès de luy plusieurs de ses amis, et que quand elle luy rendra l'argent qu'elle luy doit, il ne manquera pas de luy faire la leçon qu'elle merite. L'occasion me semble favorable pour prier M. de S¹ Jacques d'engager M. Roulland à remonstrer à cette femme le mauvais parti qu'elle a pris de se brouiller avec moy pour entrer dans les interests d'un chicaneur outré, qu'elle m'a baillé pour mes pechez, qui est plus fin qu'elle et qui la ruinera, que la mesme peine où elle vient de se trouver pour me payer, elle s'y retrouvera dans deux mois et à tous les termes, qu'elle feroit bien plus sagement pour son avantage, de sortir de cette malheureuse société et de le laisser poursuivre tout seul les procez qu'il a entrepris contre moy.

..... Souvenez vous de me chercher des figuiers pour Aunay.

..... N'auriez vous point gardé par hazard quelque copie de cette plainte que rendit à Falaise le s⁺ de

Lonchamp contre Mʳ de Baussen, lors qu'il donna un soufflet à Charles au mois d'aoust 1701 ? J'en aurois bien besoin.

———

A Paris. 17 janvier 1704.

Je reçois vostre lettre du 14. Je ne vous ay point écrit depuis le 11. Je vous manday que je devois estre soigné le lendemain 12, et je le fus en effet. Le 13, je fus purgé. Mʳ Tuillier fut content de l'effet de ses remedes et je vis que mon poux se restablissoit et que l'appetit me revenoit, car pour le sommeil il a toujours esté à souhait. Mais avant hier 15, je m'eveillay avec une douleur au grois doit du pied gauche, que je crus estre une engelure, à quoy je suis fort sujet. Je la traittay comme telle, en la bassinant avec de l'eau de la Reyne de Hongrie. Mais hier je fus bien desabusay (sic), je m'eveillay avec une grande douleur au mesme endroit, avec beaucoup d'inflammation, en sorte que je ne pus pas douter que ce ne fust une goutte avec tout son appareil. Je souffris hier tout le jour de tres cruelles douleurs, sans pouvoir appuyer aucunement sur ce pied gauche qui, quand je me couchay, estoit enflé à plein cuir. Cette nuit j'ay moins souffert, et j'ay assez bien dormi pour un homme en cet estat. Je me suis levé avec un sentiment si vif à ce pied là que je n'y saurois appuyer le moins du monde. Voilà mon novitiat et mon apprentissage dans l'exercice de la goutte.

Vous devez une belle chandelle à Dieu pour vostre caffé repandu. Je scais cent accidens pareils qui ont esté funestes. La bruslure de l'estomac, penetrant un peu avant et attaquant les muscles interieurs et le peritoine, c'estoit fait de vous. Je loüe Dieu que vous en soyez quitte.

Vous m'apprenez une nouvelle, de la mort de Roulland qui me chagrine fort, et est pour moy une matiere de nouveaux embarras. Je crois que M^r de St Jacques se trouvera aussi embarrassé. Un associé luy sera necessaire, et peut estre qu'il va songer à en chercher un pour me le proposer. Mais comme ce sont des conjectures, envoyez le querir, pour voir ses dispositions et prevoir les nouvelles mesures qu'il va prendre. Mandez moy, je vous prie, si Roulland a du bien : ce bien, petit ou grand, me sera toujours hypothequé. On m'a dit que son père vit encore.

..... (Procès à propos de l'affaire du Pont-Gilbert, 500 livres saisies par Mr de Coetenfao sur les revenus de 1698, etc., etc.).

..... Le P. Martin m'a mandé tout le détail de l'ouverture de la nouvelle Academie et m'a envoyé son programme. Mais il ne m'a pas appris ce que j'ay le plus envie de savoir, qui seront les membres de cette Assemblée. Le P. de Vitry est de quoy faire un bon academicien. Mr Galland scait bien de belles choses, mais ce sont gens passagers. Il s'agit des gens de Caen, car à commencer par le restaurateur, Mr de Croisilles, je n'avois jamais ouï dire qu'il aspirast à estre homme de lettres, et entre nous je n'en connois pas un seul à Caen, si ce n'est des gens de l'Université qui y sont obligez par leur profession.

On pourra dire de cette Academie ce que Mʳ de Montausier disoit des fontaines de Versailles, que ce sont les plus belles fontaines du monde, et qu'il ne manque que de l'eau. On pourra dire aussi que c'est la plus belle Academie du monde et qu'il n'y manque que du savoir.

En relisant vostre lettre, sur cette plenitude à quoy j'attribuois mon mal avec Mʳ Tuillier, l'estat où je suis m'en a fait juger autrement. Il y a quelques jours que je me trouvois le ventre dereglé, et que je sentois un mouvement d'humeurs que je prenois pour un rumatisme. Cela venoit, à mon avis, de cette humeur de goutte qui deregloit l'habitude de mon corps, et qui enfin, apres bien du remuement, s'est determinée et a fait un depost sur le pied.

Je suis bien aise de ce que vous avez dit à Mʳ du Hamel sur l'accommodement, mais j'en espere peu, veu la disposition de mes parties qui sont gens incapables de raison. Le prieur qui m'ecrivoit tous les ans au commencement de janvier ne l'a point fait cette année. Apparemment il a encore sur le cœur de m'avoir ecrit l'année passée, sans que j'y aye repondu. Il s'en plaignit à moy; je le luy ay dit et redit que je n'avois point receu sa lettre, ce qui est tres vray. A cela la perte n'est pas grande pour moy, et je me passe fort bien de civilitez fausses et de complimens iscariots.

Mᵉ de Coulanges me dist l'autre jour que Mᵉ de la Fayette qui estoit de ses amies luy avoit fait confidence autrefois qu'elle estoit auteur de Zahyde et que cela estoit si public que personne n'en doutoit. Mʳ Morin et le P. Martin m'ont dit qu'ils l'ont entendu dire à Mr de Segrais luy mesme. Mais sans toutes ces preuves, je scais la chose, par moy mesme comme tesmoin de visu.

J'ay receu deux voitures de lapins. Je mangeay ma part des premiers, qui estoient excellentissimes, mais non des derniers à cause de mon mal.

A Paris. 28 janvier 1704.

..... Je ne vous ay point ecrit depuis le 17. J'ecrivis seulement à ma seur le 21 de ce mois, pour luy faire savoir l'estat de mon mal. Il continue encore de me tourmenter, quoy que les douleurs et les enfleures des jambes et des pieds soient un peu moderées par la grace de Dieu. Mais autant que je puis juger, cela ira encore loin. J'avois commencé de faire quelques remedes pour moderer les douleurs, et cela par l'avis de mon medecin ; mais par l'avis des anciens gouteux, j'ay resolu de n'y rien faire du tout, car ils m'assurent sur de longues experiences que les remèdes font plus de mal que de bien, et je scais plusieurs exemples de gens qui, cherchants à se defendre de la douleur, y ont sacrifié leur vie.

J'ecris presentement à Mr l'Intendant, pour luy parler d'un marchand de medailles, qui me vient voir hier, et dont je luy avois dejà ecrit. Je luy ecrivis amplement, il y a trois semaines sur le sujet du bois tombé. Il ne m'a pas fait l'honneur de m'y repondre. Je suis bien aise qu'il ait pris la resolution de terminer l'affaire au fond. J'espere avoir un exemplaire des œuvres de Patris que je luy destine. Je n'en aurois rien dit pour le surprendre plus agreablement. Mais comme l'affaire du bois ne sera peut estre pas encore reglée, quand vous recevrez cette lettre, je suis d'avis que vous luy en faciez une confidence comme de vous mesme, et comme d'une chose que je vous ay mandée sous le secret, mais que vous avez cru qu'il luy feroit plaisir.....

Le P. Martin m'ecrit au long l'histoire de l'Academie. Je vous ay veu faisant figure dans la liste. Je n'en connois pas le quart, et de ce quart je n'aurois jamais soupçonné le quart de se mesler de literature.

(Doit-on mettre deux serrures au pressoir ?)

(Toujours les difficultés avec Mʳ de la Coudraye)... Je voulois bien discuter certaines questions devant Mʳ du Hamel, mais (je disois) qu'il falloit avoir de la santé pour soutenir le choc d'un aussi redoutable plaideur que Mʳ de la Coudraye, et qu'en l'estat où je suis, extenué des douleurs de la goutte, d'une longue diette et d'une longue insomnie, de deux saignées et de trois purgations, ce seroit m'exposer à me donner quelque fievre violente que d'entrer en lice et parler avec chaleur de questions qui me tiennent au cœur.....

L'autre jour je receus une année de la pension de Mʳ de Soissons, qui luy (à Mʳ de la Coudraye) appartenoit en deduction de ces sommes que je luy devois. Je t'envoiay querir pour la recevoir de moy. Pour epargner 5 sous qu'il auroit payez à un crocheteur, il pria la Barre mon laquais de luy aider à porter ces sommes. La Barre le fit, mais comme il est maladroit, le sac se delia au milieu de la rue. l'argent se repandit, le peuple y accourut se (mot illisible) (?) de son mieux pour defendre son avoir, mais il ne put si bien faire qu'un (mot effacé) petit (?) laquais ne luy escamottast un ecu blanc pour lequel il vouloit l'arrester.

———

A Paris, 4 février 1704.

..... Je vous envoye la copie d'une lettre que je reçois de Mlle Merite, la quelle me deplaist en bien des manieres et principalement en ce que j'avois esperé que ses differens avec les nouveaux fermiers se termineroient sans m'y impliquer, et j'aprens par cette lettre qu'ils ont plaidé en pleine audience. que trois avocats furent ouïs, dont l'un estoit pour moy, sans que je sache ni le sujet du procez. ny par où j'y suis entré, ny par quel ordre mon avocat a plaidé, n'y quel a esté son soustien. Quoy que la derniere lettre que j'ay receüe de M^r de St Jacques depuis cinq ou six jours me parlast de toutes ces contestations comme devant se terminer sans mon intervention, j'ecris à Mlle Merite en peu de mots, et sans entrer dans le detail de sa lettre, et je luy mande que si elle veut entrer en conférence devant vous, comme je l'en prie, tout ce que vous arresterez ensemble sera approuvé et ratifié de moy. Je vous prie donc de luy dire ce qui suit.

(1° Pièces contre Mr du Four) (2° Reparations de l'abbatial d'Aunay) (3° L'affaire des Dixbars)......

Cependant je vous prie de dire en particulier à M. de

S¹-Jacques que je l'avois tant prié de ne me point embarquer dans toutes ces minuties d'affaires qui ne proviennent que de son animosité contre Mlle Merite, et qu'il me l'avoit tant promis, et que cependant j'éprouve tout le contraire, et que me voilà tympanisé dans les jurisdictions de Caen pour des vetilles qui ne me font ny honneur, ny plaisir, ny profit.

..... (Toujours les difficultés avec M. de la Coudraye).

..... Je ne suis point guéri. J'ay encore les pieds fort enflez. Je n'ay pas de grandes douleurs, mais j'en ay de sourdes, et quelquefois aigues. J'ay esté purgé aujourd'hui.....

A Paris, 8 févr. 1704.

(Toujours les difficultés avec Mr de la Coudraye).

..... Je crois vous avoir mandé que ce procez (avec Mr de la Coudraye) est distribué à M^r l'Escalopier, conseiller à la troisième chambre des enquestes. Je vous envoye une liste des juges. Je vous prie de la monstrer de ma part à M^r l'Intendant, et de savoir de luy s'il ne voudra pas me faire la grace de recommander mes interests aux amis qu'il a dans cette chambre. J'ay appris que Mr de Rabodange, mari de Me Mallet, avait epousé en premieres noces la tante de mon rapporteur, et par conséquent M^e des Tourailles est sa cousine germaine. Comme je connois cette dame, je veux luy écrire pour luy demander ses sollicitations auprès de son cousin. Mais je ne scais où luy addresser ma lettre, ny où elle demeure. Vous pourrez savoir cela à Caen, et je vous prie de me le mander promptement.....

(A la fin de la lettre). Ne m'indiquerez vous point quelque voye par où je pusse obtenir des lettres de recommandation de Mr de Rabodange auprès de M^r l'Escalopier son neveu ?

A Paris, 13 févr. 1704.

Je reçois votre lettre du 10. Je ne vous ay point ecrit depuis le 8. Mr de Pellevé m'avoit dejà mandé l'accommodement de M^r de St Jacques avec Mlle Merite. J'apprens par vostre lettre et par une de M^r de St Jacques qu'il n'est pas vray qu'un avocat ait plaidé pour moy, comme cette petite femme me l'a mandé avec exaggeration. Je la trouve d'une extreme effronterie, et assez grossiere mesme, de me mander un tel mensonge, dont je puis estre eclairci d'un jour a l'autre, comme je le suis. Je voudrois bien que ma seur sceust cela, car elle est sa protectrice..... (Toujours les difficultés avec Mr de la Coudraye).....

Je me serviray de l'addresse que vous me marquez pour ecrire à M^e des Tourailles. Si elle veut bien employer sa sollicitation pour moy et prendre mes interests, comme je l'espère, elle suffira pour m'obtenir les recommandations de M^r son père et de sa famille. Mais vrayment j'ay beau loisir de solliciter, car gens du mestier m'ont dit que ce procez ne sera rapporté d'un an. D'aller employer M^es d'Olonne et de la Ferté pour obtenir des lettres de recommandation de Rabodange, cela me sembleroit tiré par les cheveux. M° d'Artagnan vaudroit mieux.

Je suis bien aise de la meilleure santé de ma sœur. Pour moy je ne suis pas encore gueri. Je marche un peu dans ma chambre et mes pieds s'affermissent. Mais tous les soirs ils sont encore fort enflez. Je me trouve assez abbattu tous les matins. Je m'en prens à cette humeur de la goutte qui n'est pas encore tout à fait dontée.

Vous saurez au reste que, comme j'ay temoigné quelquefois, et particulièrement chez Mme de M^{pan} (Montespan) que j'aurois fort souhaitté trouver à louer quelque petite maison auprès de Paris pour y aller quelquefois prendre l'air et m'y retirer. M^r le Pelletier, ministre d'Estat, cy devant controlleur general, l'ayant sceu, m'a escrit pour m'en offrir une delicieuse qui est à luy et qu'il a occupée long tems avec toute sa famille, et qu'il n'a quittée que quand il a acquis la seigneurie et le chasteau de Villeneuve, où cette maison est située. Les deux maisons sont voisines, et aux deux bouts d'un même parc. Il me l'offre gratis, et de la maniere du monde la plus prevenante et la plus gracieuse. Cette maison qu'il m'offre a tous les accompagnemens souhaittables, bois, fontaines, canaux, allées. Je ne seray chargé de l'entretien de rien. Cela n'est pas loin d'Atys, que Mr Foucaud m'a dit, ce me semble, luy appartenir presentement. Souvenez vous de demander de ma part des recommandations à Mr Foucaud, quand ce ne seroit que pour voir quel parti il prendra.

Je remercie de bon cœur de l'offre du petit chariot M‍ᵉˡˡᵉ Elizabet Danielle, selon son nom reformé.

A Paris, 21 février 1704.

(Sentence obtenue par le curé de Sᵗ-Martin, et qu'il faut faire promptement executer).

J'ay envoyé par le carosse une caisse dont le port est payé : elle s'addresse à vous. J'y ay fait enfermer un tableau pour l'eglise de Benneville, dont je luy fais present. Donner ordre à Mʳ de Pellevé ou à Mʳ de Sᵗ Jacques de faire savoir au curé de Benneville que cette caisse est chez vous, et qu'il ait soin de la faire prendre.....

A Paris, 24 février 1704.

(Recriminations contre M. de la Coudraye, etc...
(L'affaire du bois tombé est à peu près reglée, mais Huet n'en est qu'à moitié satisfait).

..... Quoy que tous ceux qui ont veu la maison de Mʳ le Pelletier m'en disent des merveilles, néantmoins la manière dont il me l'a offerte vaut mieux que l'offre mesme — Je dois aller disner dans deux jours avec luy aux Chartreux, où il passe tous les caremes, pour convenir de toutes choses et prendre jour pour aller voir la maison avec luy.

(Vives recriminations, toujours contre M. de la Coudraye).

..... Pour les avenues qui dépérissent si fort, j'en suis bien fasché, mais je n'y scais pas d'autre remede que de planter de jeunes arbres à la place des vieux qui tombent. J'aurois esté, il y a quatre ans, plus sensible à la ruine de ces belles allées que je ne le suis présentement, car je ne compte pas à l'avenir de faire grand sejour dans cette maison, où je n'ay guère d'occasion de me plaire, et où j'aurois incessamment devant les yeux des objets qui ne seroient pas pour moy fort rejouissants. Outre les occasions de brouilleries, qui, dans l'estat où sont les choses, et la disposition des esprits, ne manqueroient pas d'arriver à tous momens.

J'oubliois de vous dire que, si je suis obligé de replanter les arbres qui manquent aux avenues, il me paroist raisonnable que les Religieux contribuent au tiers de la dépense, puisqu'ils ont le tiers des arbres.....

Ce que je vous dis du peu d'inclination que j'ay à séjourner à l'avenir à Fontenay me fait penser que, s'il se trouvoit occasion d'affermer le jardin et le colombier, comme il l'estoit du tems de Mr de Chamarande, je le ferois volontiers. Ce seroit un profit de 100 liv. par an. J'y gagnerois les gages d'un jardinier, et la nourriture des pigeons pendant l'hyver. Le tout n'iroit à guere moins de 300 liv. de rente.....

A Paris, 7 mars 1704.

..... Le curé de S*t*-Martin (1) a un procureur qui nous désole. Il est habile et fier de son habileté, grossier, testu et se gouvernant a sa fantaisie. Nous avons esté trois semaines avant que de parvenir à luy faire presenter la requeste du curé. Quoy qu'on luy ait dit et redit que nous allons du mesme pied, il s'opposa hier à ce qui fut jugé, et cela nous reculera, s'il ne change de langage.

..... Je crois qu'il est tems d'envoyer le Breton à Aunay pour y faire du fumier pour mon jardin. Donnez, je vous prie, les ordres sur cela. M*r* l'Intendant me propose par sa lettre un autre expédient, c'est d'élaguer les arbres qui donnent trop de prise au vent par la quantité et la hauteur de leurs branches. Examinez, je vous prie, cela avec gens intelligens dans la matière, afin que cela ne face pas de tort aux arbres, et ne les defigure pas. Parlez en à M*r* de Pellevé et donnez les ordres nécessaires. Mais avant toutes choses, il faut que nous sachions si les Religieux ne prétendent point avoir le tiers des branches qu'on coupera. Si cela estoit, ils auroient donc droit aux émondes qui font une partie du revenu, ce que je ne souffrirois pas. D'ailleurs si leur prétention avoit lieu, il faudroit qu'ils fournissent au tiers des frais. Il faudroit pressentir M*r* l'Intendant là-dessus.....

(1) De Fontenay.

Il pourroit bien estre que le jardinier laissant aller sa vache, et le Portier, l'ayant trouvée en dommage dans son jardin, l'aura tuée. Le jardinier a toujours esté incorrigible là dessus, et pour sa vache et pour son cheval que j'ay veu broutter les espaliers de mon jardin en sa présence......

Je crois qu'il faudra nous voir avant que de regler le loyer du colombier et du jardin de Fontenay. J'espère aller à Fontenay pour disposer toutes choses et prendre mon parti. Je n'y laisseray qu'une chambre meublée, la petite salle et quelques lits pour les valets. J'en feray enlever le reste des meubles qui n'y sont pas trop en seureté. J'ay aussi besoin d'aller à Bourbon. Si je n'y avois esté l'année passée, je n'aurois pas eu l'estreinte de cette année. Quelques uns me disent que Bourbon et la goutte ne s'accommodent pas.

M^r le Pelletier me donna l'autre jour à disner. Nous nous separasmes fort contens les uns des autres, et il temoigna beaucoup de joye que j'accepte sa maison. Je dois l'aller voir après Pasques, à Villeneuve, et il m'y doit donner à disner. Mr de Caillères plénipotentiaire a loué depuis peu une maison de campagne proche de Paris, qui n'est pas le quart de la mienne, en beauté, en grandeur et en commoditez, qui lui couste 2600 liv. par an de loyer.

..... Je suis fort inquiet de ce que vous me mandez de la fenestre de mon cabinet de Fontenay, qui est ouverte. Je me doute que c'est du costé du jardin. Comme il y a des chassis, vous ne me mandez point si le vent a renversé la fenestre et le chassis. Je soupçonne qu'il y a quelques carrez qui manquent au chassis, et que le vent aura passé par ces places vuides et aura poussé la fenestre. Ce qu'il y a à craindre, c'est que le vent ne chasse la pluye sur la table, où il pourra y avoir quelque livre qui en souffriroit. Faites voir, je vous prie, en quel estat cela est. Je ne voudrois pas que personne autre que vous entrast dans mon cabinet. J'envoieray la clef, s'il le faut, ou bien vous ferez lever la serrure de mon cabinet pour remédier au mal, et en attendant qu'on l'ait replacée, il faudroit tenir fermée la porte de la petite antichambre de mon cabinet.

A Paris, 17 mars 1704.

..... Le petit cheval estoit bien d'age de mourir. Après m'avoir servi 18 ans, je ne devrois pas le regretter. Je le regrette pourtant, car j'aime mes vieux domestiques, et celuy là n'avoit nul vice que ceux de l'age. Il ne seroit pas mort gras fondu, si on ne l'avoit nourri que de paille et qu'on luy eust un peu diminué son avoine, mais il auroit esté plus capable de gouverner le Breton, que le Breton de le gouverner.....

..... J'apprens qu'ils (les Religieux de Fontenay) forment bien une autre prétention. Ils pretendent que c'est à eux à remplir les places des chapelains, quand elles vaquent, et sur ce qu'on leur dist que j'estois en possession, et moy et mes predecesseurs, ils ont repondu que quand on est en guerre on conteste tout. Par là vous voyez leur disposition. Ils se croient en guerre et en disposition de me faire des affaires en toutes remontres. Cette seule considération me feroit fuir Fontenay. Ce qui les a rendus si fiers, c'est qu'ils m'ont veu mollir et plier sur tout, dans l'affaire de la subvention, dans l'affaire du bois tombé, et cela parce qu'ils croyent que j'apprehende le partage. De sorte qu'ils croyent qu'ils n'ont qu'à entreprendre et qu'ils en viendront à bout. Je me souviens de vous l'avoir mandé et à M^r l'Intendant, lorsqu'il me remonstroit les conséquences du partage. Cela estant, je suis tres resolu de leur monstrer les dens à l'avenir, et de plaider vigoureusement contre eux, et de ne leur ceder plus rien.....

M^r de St Jacques (1), que j'avois averti de me chercher un cheval à la foire, suivant son bail, m'a mandé que si je le veux faire chercher par son connoisseur, il le payera ; que si je veux me servir de celuy qu'il a, il me le laissera en deduction, et payera le surplus. Il ne peut pas en parler plus raisonnablement. Mon avis seroit qu'au lieu du cheval de vint pistoles qu'il me doit, il m'en fournist deux qui n'excedassent pas ce prix. Je veux bien prendre aussi celuy qu'il a coustume de me bailler à deüe estimation. Reglez, je vous prie, cela avec luy. J'auray besoin de ces chevaux pour aller à Bourbon, où je crois aller. Me de la Ferté m'a assuré que feu son

---

(1) Le fermier général.

mary y alloit tous les ans. quoy qu'archigouteux. Mʳ Thuillier, qui estoit son médecin, m'a dit la mesme chose et m'ordonne d'y aller.

(Dans la lettre précédente. Huet informe son neveu que) « Frère Nicolas qui prend de Sᵗ Jacques ma prairie d'Aunay et qui se promet de la retablir. me fait proposer de luy donner une procuration pour faire valoir la prairie d'Aunay, pour ma provision, et compter le surplus avec les fermiers généraux. et cela pour s'exemter de payer la taille, dont les paroissiens d'Aunay le menacent. Je vous prie d'en demander l'avis à Mʳ le Cocq. Pour rien au monde je n'attesteray le faux..... »

(Dans sa lettre du 17. Huet écrit à ce sujet à M. de Charsigné).

« Quand je vous ay proposé de consulter Mʳ le Cocq sur cette procuration de Fr. Nicolas, c'estoit seulement pour savoir si ces sortes de detours sont en usage, et quels en sont les inconveniens. J'ay mandé à Mʳ de Sᵗ Jacques que toute la paroisse scait qu'il est mon fermier general, que quand frere Nicolas se dira mon procureur, il sera aisé de prouver que c'est une collusion pour l'exemter de la taille, que pour ma vie je n'attesteray pas le faux, que pour rien non plus je ne voudrois qu'il parust une trigauderie de ma part. que du reste je feray pour Fr. Nicolas et pour luy Mʳ de Sᵗ Jacques tout ce qui dependra de moy »......

Si j'avois à faire un discours sur les chaussures des Anciens, j'y serois fort empesché. Cela est d'une grande recherche et opereuse. L'intention de Mʳ l'Intendant est bonne, savoir de reveiller à Caen l'amour des lettres et de les y faire refleurir, mais les moyens n'en sont pas aisez. Je ne comprens pas comment il vous a chargé de cela, et comment vous vous y estes engagé, cela n'estant nullement de vostre mestier ; et dans la vie que vous avez menée, et à l'age où vous estes, il n'est gueres à propos que vous entriez dans une estude pour laquelle vous n'avez fait nuls préparatifs. Je ne connois point ce livre qui traitte des chaussures dont vous parle M. le curé de S¹-Estienne. Il faudroit en dire l'auteur. J'ay ce Binœus dont vous me parlez. C'est une chose bientost ditte, de parler des chaussures des Anciens, mais le détail en est très grand. Il faut parler des chaussures des Ebreux, des Egyptiens, des Perses, des Grecs, des Romains, des Gaulois et des anciens Allemans et peuples du Nord. Jugez où cela va. Dans les histoires de ces peuples, vous en pourrez trouver quelque chose et peut estre rien. Si je vous mettois sur ce papier tout ce qui me passe par l'esprit, touchant les recherches qu'il faudroit faire pour bien traitter cette matière, cela ne finiroit pas. Encore un coup vous ne deviez point vous en charger. Cela n'est nullement vostre gibier. Si on m'obligeoit à faire un traitté sur la reformation des finances ou la conduite d'une armée navale, ou de faire un bateau, je ne m'y engagerois pas.....

A Paris, 20 mars 1704.

(Recriminations nouvelles contre M. de la Coudraye qui a voulu, dit-il, le jouer).

..... Vous croyez bien que je n'ay pas donné dans ce paneau, qu'il m'a tendu trois jours avant le terme dans un tems (1) où il a cru que je serois fort distrait, et que j'aurois l'esprit fort eloigné des affaires du Palais. Mais il ne tient rien. Il y a long tems que je luy ay dit que je suis fort ignorant dans les affaires de plaidoyerie, mais non pas tout à fait au point qu'il croit. J'ay agi dans une si grande confiance avec luy pendant le tems de nos traittez qu'il compte encore là dessus.....

A Paris, le 27 mars 1704.

Puisque Mr le Cocq ne juge point à propos de faire signifier à Lonchamp que je veux estre payé à Paris, je consens d'estre payé à Caen; mais je veux l'estre sans retardement. Pour cela je vous prie de faire dire ou à Lonchamp, ou à la veuve Boulard que je veux estre payé incessamment entre vos mains, à faute de quoy vous allez leur faire des frais. Et, en effet, je vous prie de leur découpler un sergent, qui aille saisir sans quartier à Fontenay, et mesme à leurs maisons de Caen, et à Vieux et à Ste Honorine. Je ne crois pas Morin propre à ce ministere après son infidelité. Vous me mandastes que vous vous serviriez de vostre huissier du Bureau, et je crois que c'est le plus seur que vous puissiez choisir, pourveu qu'il soit homme agissant et d'execution.....

(1) Le carême sans doute.

..... Mʳ de Pellevé m'a mandé que les deux chevaux qui me sont morts cet hyver, sont morts gras fondus. Cela vous fait voir qu'on les nourrit trop et qu'on les fait trop peu travailler.....

..... Hier estant à l'Academie, Mʳ le duc de Coislin me demanda comment alloient mes affaires avec Mʳ de Chamarande. Je luy en rendis compte, et je luy dis en mesme tems, en presence de toute l'Academie qu'estant ami de Mʳ de Chamarande, comme il dit l'estre, je luy serois fort obligé de m'accommoder avec luy, et que toutes fois et quantes il voudroit recevoir mon blanc-signé, je le luy donnerois, et je suppliay Mʳˢ de l'Académie d'estre tesmoins de mon offre. Il me promit d'en escrire à M. de Chamarande. Mais je n'en espere guere, car Mʳ de Chamarande, qui est en Bavière, le renvoiera à sa femme, et sa femme est un rocher. Quelques uns de ces Messieurs qui estoient présents me dirent qu'ils estoient fort aises d'avoir esté presens a mon offre, parce qu'on leur avoit parlé de la conduite que j'avois tenue avec Mʳ de Chamarande comme de la plus injuste conduite du monde. Mʳ de Coislin me dit que ce qu'il apprehendoit, quand il se mesloit d'accommodemens, c'estoit de se brouiller avec quelqu'une des parties. Je repartis que si je me brouillois jamais avec luy pour le jugement qu'il rendroit, je voulois bien que toute la Compagnie me tint pour un homme sans parole.....

..... Je ne connoissois point ces engourdissemens dont vous vous plaignez. Sachez que Bourbon est le veritable, et, comme je crois, l'unique remède à ces maux. Ce qui est engourdissement dans l'age où vous estes, peut devenir paralysie dans un age plus avancé, lors que la chaleur naturelle sera sur son déclin. Je songe toujours à aller à Bourbon, quoy que quelques medecins m'en détournent. J'ay ecrit à mon medecin de Bourbon pour luy demander son avis.

A propos de vos recherches sur les chaussures, il m'est souvenu d'un auteur nommé *Balduinus* qui a fait un livre de *calceo antiquo*. Vous trouveriez là une matiere toute maschée. Il est joint à un autre auteur nommé *Negronus* qui a traitté de *Caliga*, c'est à dire *du brodequin*. Voyez si M. le Bourgeois n'a pas ce livre, ou le P. Martin. Je le feray chercher icy, et si je le trouve, je vous l'envoieray. Mais le mieux que vous puissiez faire est de vous decharger de cette entreprise.

A Paris, 28 mars 1704.

Je vous ecrivis hier assez amplement, et je vous manday que je ferois chercher chez les libraires ce Beaudoin de *Calceo* et Negron de *caliga*. On les a trouvez, et mesme Honoré a plus fait que je ne luy avois commandé, car il les a achetez sans mon ordre, et mesme il les a donnez à relier. Je ne seray pourtant pas fasché de donner ce petit enrichissement à ma Bibliothèque ; mais cela ne m'empeschera pas de vous les prester et de vous les envoyer, en cas que vous persistiez dans la résolution de vous engager dans cette recherche qui ne vous convient nullement. J'attendray donc sur cela vostre resolution. Sitost que je la scauray, si vous voulez que je vous les envoye, vous serez obei sans retardement, et vous me les renvoierez quand vous vous en serez servi, ou je les reprendray quand je seray sur les lieux...

Quand on aura reparé l'abbaye, il faudra faire faire aux fermiers la mesme corvée aux chœurs des eglises des paroisses dependantes de l'abbaye, mais il n'en faut rien dire jusqu'à ce que l'abbaye soit reparée, de peur que la grandeur de la besogne ne rende Lonchamp plus restif...

———

A Paris, 3 avril 1704.

(Huet a besoin d'argent pour aller aux de Bourbon et desire recevoir sans frais l'argent que lui doivent les fermiers).

..... S'il vous paroist que les fermiers aient sincerement intention de payer, et qu'ils ne trigaudent pas, je ne suis pas si arabe que M. de la Coudraye, et je consens qu'on leur donne du tems, pourveu que cela n'aille pas trop loin. Mais pour peu que vous remarquiez qu'ils trichent, faite (*sic*) main basse sur le corps et sur les biens.

..... Je ne comprens pas comment vous pouvez me mander, vers la fin de vostre lettre, que vous ne pouvez satisfaire aux depenses qui sont marquées à la fin du memoire que vous m'avez envoyées (*sic*) faute de fonds, après m'avoir mandé dans le commencement de la lettre que M*elle* Merite vous a payé 500 liv.

Vous ajoutez que le Breton n'a pas encore touché d'argent, quoy qu'il crie qu'il n'a pas un sou. Si cette lettre tomboit en d'autres mains, on me prendroit pour un homme qui paye tres mal mes gens. Je ne scais point du tout quel argent demande le Breton. Si ce sont ses gages, il a tort de dire qu'il n'a pas receu un sou Je paye les gages de mes gens deux fois l'année, et le Breton y a toujours eu sa part comme les autres. Si c'est quelque autre chose qu'il demande, je ne scais ce que c'est, et ne le puis deviner, et quand je l'aurois oublié, cela est bien pardonnable à l'esloignement, aux affaires et aux maladies. Quoy qu'il en soit, quand je sauray de quoy il s'agit, il faudra tascher de contenter le Breton, et l'empescher de crier plus long tems contre moy, particulierement dans un lieu où rien ne tombe à terre de tout ce qui peut estre dit contre moy.

M^r de St-Jacques me doit un cheval de 20 pistoles. Celuy qu'il a coustume de me prester et que je veux bien prendre à deüe estimation ne vaut guere plus de 6 ou 7 pistoles, à ce que l'on m'a dit. Le surplus, qui est 13 ou 14 pistoles peut bien fournir à en avoir encore un autre. Une pistole ou deux de plus ou de moins ne doivent faire rompre un bon marché. Il faut considérer au reste que, si j'ay un bon cheval de selle, il me sera souvent emprunté, et bientost ruiné, et que je n'en ay besoin que pour monter des valets.....

Vous ne m'avez point mandé si vous feriez mettre une seconde serrure au pressoir de Fontenay. M^r le Cocq l'approuvoit et cela me semble necessaire pour n'abandonner point le tout à la mauvaise intention du public qui en est le maistre absolu.

Mon nouvel avocat a dressé un écrit de griefs contre la sentence subreptice de Mʳ de la Coudraye. J'en suis parfaitement content. Il ne se peut rien de mieux. Beaucoup d'ordre, de netteté et de solidité. Nous verrons quelle reponse à griefs (*sic*) nous fournira Mʳ de la Coudraye. Mʳ d'Avranches n'a point encore fourni les siens. Il faudra un peu le reveiller, comme dans trois mois. Dieu aidant, je le reveilleray sur les reparations d'Avranches, car alors le tems que luy a donné le P. dela Chaize sera expiré.

A Paris, 6 avril 1704.

Mʳ de Pellevé demande d'être reçu à la ferme d'Aunay à la place de Roulland).

..... Je suis saisi de mes griefs contre Mʳ de la Coudraye, où son loyal procédé est exposé d'une manière fort modérée et sans aigreur, mais qui frappe son coup, et fait connoistre la conduite du (le papier est déchiré).....

A Paris, 11 avril 1704.

Je receus hier au soir une lettre de vous dattée du 1ᵉʳ avril. Vous me marquiez par cette lettre que vous m'aviez ecrit le jour precedent 31 mars. Je receus cette lettre deux jours après, et j'y repondis le 3 avril. Je vous ay écrit depuis, savoir le 6 avril. J'aurois dû recevoir vostre lettre du 1ᵉʳ avril le 3ᵉ du mesme mois. Je ne scais pas d'où vient ce retardement, ny si c'est vous qui avez retenu cette lettre ou peut estre ceux que vous avez chargez de la mettre a la poste. Car de ce costé cy l'exactitude est grande. Quoy qu'il en soit, cette lettre du 1er avril est la dernière que j'ay receüe de vous, et apparemment j'en pourray recevoir quelqu'autre de vous en reponse aux miennes du 3 et du 6, avant que vous receviez celle-cy. J'ay assez d'impatience de savoir si les fermiers ont payé. Vostre lettre que je reçois dit que mercredy est le terme marqué. Ce mercredi est le second avril, et nous voicy à l'11e. Je m'imagine bien qu'ils auront encore obtenu de vous quelque delay de bourse. Vous savez ce que je vous manday là dessus par mes dernieres. Il faut faire le bien contre le mal et ne pas renoncer à l'humanité, mais aussi il ne faut pas donner lieu à la négligence par trop d'indulgence, ny estre la dupe de ces gens là. Du moins il faut leur faire sentir que si je les traittois comme ils me traittent, lors qu'ils travaillent à ma ruine, je les pousserois sans quartier, et qu'ils n'ont qu'à s'y préparer à la St Jean prochaine, et aux termes suivans, s'ils continuent d'agir avec moy avec leurs chicanes et leur mauvaise foy ordinaire. Demandez leur un exemple d'aucun des fermiers qui les ont precedez, Mrs de Gruchy, le Grand, Blanchard, le Vicomte etc. qui se soit avisé de former contre Mr de Chamarande des demandes pareilles à celles qu'ils me font en justice, quoy qu'ils eussent le mesme droit de le faire ; qu'en comparant le procedé de ces Mrs là avec le leur, on reconnoistra aussitost la difference qui est entre un homme de bien et d'honneur et un chicaneur. Du reste, je vous prie de faire reflexion que le tems de Bourbon s'avance fort, et que je ne le puis faire sans argent, et je vous reitere par cette lettre tout ce que je vous ay mandé par mes dernières.....

..... Je finiray par vous dire que me trouvant l'autre jour chez Mʳ le duc de l'Esdiguières, il me conta qu'il fut taillé il y a 25 ans, qu'on luy tira une pierre grosse comme un œuf, que depuis ce tems là il a usé continuellement d'un remede qui l'a entierement preservé du retour de ce mal, dont il n'a senti aucune atteinte depuis. Je pensay aussitost à ma seur, et luy demanday ce remede, dont il me donna la recette que voicy. Il faut avoir des gratteculs. Ce sont de petits fruits rouges qui viennent dans les hayes et qu'on prend aux eglantiers. Rien n'est plus commun : on en vend icy au marché, et j'en envoyay querir pour en voir. Cela est gros comme le bout du petit doit, et est rempli de petits pepins durs comme des pierres, et l'escorce a un petit goust aigret assez agreable. Il faut prendre 25 ou 30 de ces petits fruits, les mettre dans un pot d'eau, le tout dans un pot de terre, ou coquemar de terre vernissé par dedans. Les faire bouillir jusqu'à la diminution d'un peu plus de la moitié, c'est à dire qu'il faut qu'il reste moins de la moitié d'eau. Il faut laisser refroidir cette eau, et en user ordinairement dans ses repas avec du vin, comme on se sert de l'eau ordinaire. Mʳ de l'Esdiguieres me dist qu'il n'en buvoit point d'autre.

Je n'ay pu parvenir à voir Mʳ Foucaud, quoyque j'ay esté ou envoyé dix fois à sa porte, particulierement depuis sa nouvelle dignité.

(Dans sa lettre du 3 avril, Huet disait à son neveu :
« M. l'Intendant (Foucaud) pourra bien avoir part à
la place vacante au Conseil, par la mort de M⁰ de
Harlay, qui mourut hier »).

———

A Paris, 12 avril 1704.

.... Comme j'apprens que vous vous proposez de
venir de Caen à Bourbon à droiture et dans vostre
carosse, si vous y estes determiné, la route que vous
devez prendre est Falaise, Alençon, Le Mans, Blois,
Bourges et Bourbon. Mais préparez vous à trouver
des chemins détestables, qui dans ce tems cy vous
embarrasseront fort, crevant vos chevaux et brisant
vostre carosse. J'ay fait ces routes au mois de juillet
avec six chevaux, et j'ay trouvé à qui parler. Preparez
vous aussi à une grande depense et à de tres che-
res et souvent tres mauvaises hostelleries sur ces
chemins de traverse. Si vous menez M⁰ de Charsigné
comme vous le proposez, vostre depense augmentera,
vous obligeant à un plus grand logement à Bourbon,
qui est tres cher. Joint que, comme il y a toujours
quantité de gens de grande qualité, elle sera obligée
ou de se tenir enfermée, comme j'ay veu faire à des
dames de nostre pays, ou à porter des habits, se mettre proprement et a jouer souvent, exercice fort ordinaire en ce pays là. Le plus court, le plus seur et
le plus commode est que vous veniez à Paris dans le
carosse public. Je vous conseille de ne mener qu'un
laquais. Vous logerez à Paris où logeoit M⁰ de la
Coudraye, icy tout contre, à 4 s. par nuit. Vous mange-

rez avec M^r (papie. déchiré) dré. Si vous voulez venir d'icy à Bourbon à cheval, nous ferions la mesme route, et il ne vous coustera rien pour la nourriture, ny de vous, ny de vostre laquais, ny de vostre cheval. Mais comme vous estes un pere douillet, et que je doute que vous vouliez prendre cette voye, il faudra que vous vous mettiez dans le carosse de Moulins. Honoré s'informera du prix et du tems qu'il est en chemin. Je crois que cela va à six jours. En ce cas, vous irez sur vos crochets. Vous trouverez à Moulins des commoditez pour aller de là à Bourbon, qui n'est qu'à 5 lieues. A Bourbon, je vous logeray et vous nourriray. Si vous y meniez vos chevaux, ils vous cousteroient bonne (*sic*) pendant le sejour. Au retour, supposé que vous ne vouliez point venir à cheval, vous prendrez un bateau à trois lieuës de Bourbon, qui vous portera à Orleans. Vous y serez à couvert, et vous y pourrez trouver compagnie. On descend tous les soirs, et je crois tous les midys. Rien n'est plus commode. A Orléans on trouve tous les jours des voitures qui viennent icy en deux jours. Le chemin d'icy à Moulins est tres beau, très bien reparé, et pavé en beaucoup d'endroits. Pour moy j'espère revenir à Paris. Nous pourrions nous y retrouver, et vous prendriez chez moy les mesmes commoditez qu'en venant. Voilà quel est mon avis. Je ne crois pas partir avant le commencement du mois de may. Je dois passer par Villeneuve chez Mr L. Pelletier, pour voir la maison qu'il me preste. Je dois aller de là à Petit Bourg, chez Me de Montespan, mais ce ne sont que des couchées.

..... Je ne compte pas beaucoup sur cette demonstration que vous ont faite les fermiers d'estre las du procez. Ce pourroit estre un artifice de Lonchamp. S'ils en sont las tout de bon, ils me trouveront tres facile sur le desistement. Cette fiction d'une lettre de cachet pourroit bien estre aussi une fiction du mesme personnage. J'avois déjà ouï quelque chose de cette fadaise.

Je vous prie que la nourriture du Breton lui soit payée sans retardement.....

A Paris, 14 avril 1704.

Quoy que je vous aye ecrit l'11 et le 12, j'y reviens encore aujourduy pour repondre à la lettre que vous avez ecrite à Honoré. Il s'est informé du prix du carosse qui va d'icy à Bourbon. Il en couste 40 liv. par personne, moyennant quoy ils vous porteront d'icy à Moulins, mais encore de Moulins à Bourbon, car on change de voiture. D'Orléans à Paris il couste 12 liv. par personne. et le carosse part tous les jours. Je ne sais point ce qu'il couste de Bourbon à Orleans, en allant par eau, mais selon les apparences le prix doit estre modique, car toutes sortes de petites gens prennent cette route qui est fort commode, et que je prendrois volontiers si je faisois le voyage sans equipage. J'oubliois de vous dire que l'on est six jours et demi à faire le voyage de Moulins par le carosse. Je ne scais si le voyage de Moulins à Bourbon est compris dans ces six jours et demy. Sur ce que vous proposez à Honoré de me venir joindre en chemin. c'est à quoy il ne faut point penser. Je ne vois pas d'endroit où vous puissiez me joindre qu'à Briare qui est sur la Loire. En ce cas, il faudroit qu'au lieu d'aller à Blois, comme je vous le marquois par ma derniere, vous allassiez de Caen à Orleans par Falaise. Seez, Mortagne, Nogent le Rotrou, Chateau Dun et Orleans, et que d'Orleans vous vous en vinssiez le long de la Loire par Chateauneuf à Gien, à Briare. Mais tous ces chemins là de traverse (sic), et seront très difficiles jusqu'au mois de juillet, d'une grande depense, et d'une grande incommodité. De plus, ce rendez vous à Briare, ou en quelque autre lieu que ce fust, seroit d'un assujetissement tres incommode pour vous ou pour moy, car le premier venu sera dans une inquiétude continuelle sur tous les accidens qui peuvent avoir retardé celuy qu'il attend, car si un de vos chevaux manquoit, ou que vostre carosse se rompist, ou que quelque maladie, quelque cheute, quelque blessure survint, et qui vous obligeast de demeurer par les chemins, qui m'en viendroit dire des nouvelles à Briare ?

On n'est point nourri dans le carosse qui va d'icy à Bourbon. Chacun fait sa depense. Honoré s'est informé pour louër des chevaux rendus à Bourbon, ils demandent 6 liv. par chaque cheval : ce seroient 12 liv. par jour pour deux chevaux. Ils vous donneroient un homme pour les ramener de Bourbon à Paris, car on ne les louë point rendus à Bourbon, Bourbon n'estant pas un lieu d'un assez grand commerce pour y avoir de ces correspondances. De sorte qu'il faudroit que vous payassiez encore le retour, et mettant 7 jours pour l'aller et autant pour le venir, ce seroient 14 jours qui à 12 liv. par jour vous en bailleroient pour vos 168 liv. D'ailleurs vous auriez de la peine à trouver des chevaux à Bourbon pour vous remener à Paris, et si vous en trouviez, ce seroient autres 168 liv. pour le retour à Paris.

Je vous ay mandé que je reviendray de Bourbon à Paris. Quand j'ay pris la route de Saumur, ce n'a esté que pour passer à Fontevraud, où, encore que je sois logé et nourri à l'Abbaye, mes gens et mon equipage logent à l'hostellerie, où il m'en couste un louys par jour. Comme j'y ay passé quelquefois des mois entiers, j'y estois pour mes trente louys. Si vous estiez d'une telle partie, que feriez vous pendant un si long tems, dans une hostellerie, à croquer le marmot? Le Cavelier et M^r le Roux m'y vinrent voir un jour, et n'y purent demeurer que deux jours, et en attendant mon depart, ils s'allerent promener dans les villes voisines. Je n'iray donc point par là, et je reviendray droit icy. J'oublioïs de vous dire que, loüant icy des chevaux à 6 liv. par jour par chaque cheval, l'homme qu'on vous donnera pour les accompagner les nourrira, sans qu'il vous en couste rien.

Pour les eaux, il vous coustera environ 60 liv. Il m'en couste davantage, parce que je fais les choses un peu plus largement. Il vous coustera 7 ou 8 liv. pour quelques aumosnes à l'hospital et aux Capucins.

Tout consideré, je vous conseille de venir icy par le carosse. Si vous aviez icy assez de courage pour prendre icy un cheval ou deux pour vous et pour un valet, et venir avec moy, je payeray la nourriture de vous, de vostre valet et de vos chevaux. Si vous prenez le carosse, comme nous n'irons pas mesme train, vous ferez vostre depense. A Bourbon, je vous logeray et je vous nourriray, vous et vostre valet; mais il faut me mander promptement vostre resolution, afin de me faire retenir un logement assez grand à Bourbon. On m'a dejà ecrit sur cela. Si, au retour, vous prenez encore la voye du carosse de Moulins à Paris, nous cheminerons separement, et partant vous ferez vostre depense. Pour le sejour de Paris, vous mangerez avec Mr André, car pour moy, je suis nourri par les Jesuites, et je ne pourray manger avec vous. Il vous coustera 4 sous par jour pour un lit dans le voisinage, car je n'en ay point à vous offrir. Si vous faites un long séjour, vous pourriez loüer des meubles, et je vous donnerois une chambre assez jolie dans la maison où sont mes gens. Prenez vostre parti sur tout cela.

Je vais demain à Villeneuve voir M^r le Pelletier, qui m'y attend. Je verray la maison qu'il m'offre. Je seray deux jours chez luy. Je pensois n'y aller qu'en chemin faisant pour Bourbon; mais il m'a mandé qu'il m'attend avec le P. Bourdaloüe.

Lors que vous viendrez, je vous prie de m'apporter ce que vous avez d'argent à moy, car j'ay bien des choses à payer icy, et il m'en faudra beaucoup pour mon voyage.

Lonchamp las du procez qu'il soutient contre Huet, avoit parlé a M. Le Vaillant d'accommodement... « Voir, avec prudence, ce qu'il y a à faire ».

À Paris, 18 avril 1704.

..... J'en revins hier au soir (de Villeneuve). Je vis la maison qu'on me destine. Je serois bien difficile, si je n'en estois content. C'est une maison qui a cousté 40.000 escus à faire bastir. Mʳ le Pelletier m'a dit qu'il en a les memoires. Il la quitta quand il acquit la seigneurie de Villeneuve, et pour mettre l'ancien chasteau, qu'il a voulu conserver en l'estat où il est présentement, il luy en a cousté cinq cens mille francs. Sur cela laissez agir vostre imagination. Mʳ le Pelletier me témoigna une très grande impatience de me voir habiter la maison qu'il me preste.

Il croioit que j'allois y planter le piquet, et j'y trouvay plusieurs ouvriers qui y travailloient pour mettre les choses en estat. Mais je luy fis connoistre que je ne pouvois pas l'habiter sans meubles, et que mes meubles estant en Normandie, il falloit que j'y allasse au retour de Bourbon, pour donner ordre à tout. Ne croyez point que cela me face abandonner Aunay. Peut-estre mesme feray-je mettre dans la sale la tapisserie de la sale de Fontenay. Je resoudray tout cela sur les lieux, Dieu aidant. Mais contez que Fontenay est bien *a remotis*, et que je regrette bien la depense que j'y ay faite.....

..... Je vous prie de faire prendre les mesures de la tapisserie de Fontenay qui est dans la sale par Mʳ de Pellevé, afin qu'il voye, lorsqu'il ira à Aunay si elle s'ajustera à la sale d'Aunay. Il faudra prendre les hauteurs et largeurs de chaque piece de tapisserie en particulier.....

A Paris, 21 avril 1704.

..... Je m'estonne que vous me laissiez, ou peut estre que vous demeuriez vous mesme si long tems dans l'incertitude de vostre voyage de Bourbon. Ce silence me fait douter que vous vous y determiniez. La dépense, la fatigue, l'éloignement de la petite famille et de la chere épouse sont de grands obstacles. J'approuveray tout ce que vous resoudrez, en vous souhaittant néantmoins une bonne santé, et que vostre paresse n'y soit nuisible. Je scais combien en vaut l'aune, et je suis persuadé que si j'y avois esté l'année passée, je n'aurois pas souffert les maux qui m'ont attaqué cet hyver.

(Remise de la ferme d'Aunay offerte par le tuteur des enfants de Roulland. — Les affaires de la succession de Roulland se trouvent très mauvaises par les engagemens qu'il a pris avec M{{r}} des Fontenelles).

..... Voilà, au reste, le tems de se disposer au voyage de Bourbon, et pour cela je vous prie de faire partir le Breton avec mes chevaux, et le palfrenier ordinaire, et de luy donner de l'argent pour faire la route. J'ay mandé à M. de Pellevé de me prester son cheval, parce que je n'en aurois pas assez pour porter tous mes gens, et comme il a toujours besoin de son cheval, je luy ay mandé que je payeray ce qu'il luy coustera pour se pourvoir de quelque autre jusqu'à ce que je luy remene le sien, car on ne trouve point icy de chevaux de renvoy pour Moulins, et moins encore à Moulins pour Paris. J'achete icy un cheval de carosse, parce qu'on me mande que celuy qui avoit mal au cou ne promet pas un long service. On m'a dit que le Breton n'aime pas ce palfrenier, nommé Louys, demeurant à S¹ Georges. J'ay craint que si je le chargeois de le faire venir, il ne le fist pas, ou ne le fist lentement ou mal ; ainsi j'en escris directement au P. Prieur, et qu'il l'envoye à Fontenay joindre le Breton. Je vous prie d'en ecrire de vostre costé au P. Prieur, et de mander au Breton de partir, si tost qu'il sera arrivé, de faire les traittes ordinaires, et de partir le matin pour eviter la chaleur que voilà venue. Si mes chevaux viennent à point nommé, je fais estat de partir, Dieu aidant, dans les premiers huit jours du mois de may.

Je me souviens, en finissant ma lettre, que le Breton en allant et venant avec mes chevaux est receu et nourri dans les hostelleries à credit, et que je paye (déchirure) sa despense à mon retour. Cela l'assujettit à mes traittes et mes gistes et empesche les ferremens de mule. Mais neantmoins, comme il peut survenir des accidens et qu'il peut se rencontrer quelques changemens dans les hostelleries, et qu'il faut mesme quelque ferrure, il faut, s'il vous plaist, luy bailler quelque petit argent.

———

A Paris, 22 avril 1704.

..... Je viens au voyage de Bourbon. Si vous vous estiez resolu à venir dans vostre carosse, je vous aurois conseillé de venir de Caen icy, et d'icy à

Bourbon pour éviter les inconveniens des chemins de traverse. Mais je crois que vous irez encore plus seurement et à moins de frais en prenant les voitures publiques. Si M⁕ de Charsigné ne vient pas, et que vous ayez le courage de venir à cheval, vous ferez le voyage avec fort peu de dépense ; mais je ne serois pas d'avis que vous fissiez faire la traitte à pied à vostre laquais. Vous supposez que les miens font la mesme chose ; mais nullement. Il y en a toujours un derriere ma chaize, et un autre monté sur le fourgon auprès du Breton, et ils se soulagent ainsi. Je ne crois pas que vostre laquais y pust resister sans quelque secours. Je vous diray sur cela que l'Allemand m'a demandé permission d'aller à son pays, et m'assure fort que je le trouveray icy à mon retour de Bourbon ; mais j'en doute, et je vois apparence qu'il veut se retirer. J'en suis fort fasché, car c'est un bon garçon qui a de l'esprit et de l'addresse, qui n'a nul vice et me sert fort bien depuis près de dix ans, outre qu'il me laisse avec deux maroufles fort grossiers. Vous saurez de plus que Lavenassier, mon cuisinier, m'a quitté et m'a quitté d'une très impertinente manière. Il tomba malade et se fit porter aussitost chez sa femme. J'envoiois souvent savoir de ses nouvelles, et je supposois qu'il demandoit à S¹ Jacques ce qu'il vouloit. Lors qu'il fut gueri, il pria Mʳ André de me demander son congé, prenant pour son pretexte que je l'avois abandonné dans sa maladie, au lieu de luy envoyer tous les jours tant de livres de viande, des medecins, des chirurgiens et des apothicaires. Je dis aussitost à Mʳ André que sans doute il avoit dessein d'aller servir quelque autre, et qu'on me l'avoit debauché, que quand j'ay eu des gens malades, je les ay fait assister, que, s'il s'en est allé loin d'icy chez sa femme, je n'ay pas pu deviner ses besoins, qu'il a deu les demander à S¹ Jacques qui le voioit. Enfin la suite a decouvert la tricherie. Il avoit pris une autre condition. Ce mesme La Fontaine qui m'a servi autrefois et qui me quitta par deux fois si malhonestement m'avoit donné ce cuisinier. et c'est luy mesme qui me l'a osté. Car. comme son maistre l'a mené à l'armée, il a mis Lavenassier à sa place, et ce brave Lavenassier, en me faisant ce vilain coupecu, et me plantant là, a voulu encore couvrir son infidelité par des reproches et des plaintes mal fondées et me donner le tort de sa malhonesteté. Mais, enfin, en s'en allant, comme je le contentay sur tout, et le payay bien, il dist à mes gens que j'estois un fort bon maistre et qu'il se louëroit toujours de moy.

Je reviens à nostre voyage. Comme Mʳ de Pellevé m'a mandé qu'il doute que mon cheval qui a depuis si long tems mal au cou puisse faire le voyage, j'achetay hier un cheval de carosse ; mais comme il me faut dix chevaux pour mon equipage, deux pour ma chaise, quatre pour mon fourgon et quatre pour mes gens, si ce cheval malade me manquoit, je n'en aurois que neuf. Dans cette crainte, j'ecrivis à Mʳ de Pellevé qu'il me feroit plaisir de me prester le sien, mais comme je crains que cela ne luy face de la peine, je vous prie de savoir de M. de Sᵗ Jacques s'il voudroit bien me prester pour le voyage seulement ce cheval qu'il me bailloit tous les estez, et que je crois qu'il a encore. Faites que j'aye ou celuy là ou celuy de Mᵣ de Pellevé, car autrement je me trouverois embarrassé. Du Coudré vient de me dire qu'il connoit un certain loüeur de chevaux, qui pourroit m'accommoder pour un ou deux chevaux de loüage, si j'en avois besoin. Je l'y ay envoyé aussitost. Cet homme demande que je mene et defraye un homme d'icy à Bourbon et de Bourbon icy, pour ramener le cheval qu'il me loüera. Jugez quelle depense. Si vous venez à cheval, vous pourriez faire venir le Breton et mes chevaux avec vous. Ils vous serviroient à porter vostre laquais et vostre valise. Je ne scais si vous comptez de prendre un cheval à Caen pour faire vostre voyage. Cela me paroist presque necessaire dans la difficulté et la dépense à quoy on s'engage en prenant icy un cheval de renvoy. Outre que quand il s'agiroit du retour, il seroit encore plus difficile, et plus cher d'en trouver là pour venir icy. Auquel cas il faudroit que vous revinssiez par eau et par Orleans et par conséquent sans moy. Examinez donc cela, et prenez vostre parti et me le mandez promtement.....

———

A Paris, 23 avril 1704.

Je m'attendois de recevoir aujourd'huy des nouvelles de vostre resolution sur le voyage par vostre lettre du 20 que je reçois. Cependant vous ne m'en dittes pas un mot. Il n'y a pourtant plus à differer, car le tems presse et d'autant plus que cette chaleur excessive avance le tems des eaux. Car si elle augmentoit, elles seroient impraticables. D'ailleurs mon hostesse de Bourbon m'a ecrit lettre sur lettre pour m'offrir sa maison, et je ne saurois luy donner de paroles que je ne sache si vous logerez avec moy ou si vous n'y logerez pas, afin de retenir, outre mon logement, une chambre pour vous, ce qui, je crois, vous pourra suffire. Je ne scais pas mesme si elle a chez elle de quoy vous loger. Ces gens là veulent s'assurer, de peur de demeurer sans hoste, ce qui est une grosse perte pour eux. Si vous logez ainsi avec moy, vostre logement ne vous coustera rien. Mais si vous amenez M⁎ de Charsigné, il vous faudra bien plus de logis, car vous ne sauriez faire vos eaux dans la mesme chambre, et vous serez contraints de vous pourvoir d'une autre maison qui vous coustera 50 ou 60 sous par jour. Prenez, je vous prie, promtement vostre parti et me le mandez, car il ne seroit pas juste que vostre irresolution me fist perdre l'avantage et le tems de mes eaux, ou me les fissent *(sic)* rejetter à une autre saison, ce que ma santé ne me permettroit pas.....

La tapisserie de la salle de Fontenay, que je veux faire porter à Aunay est un gage de mon attachement pour ce lieu là, qui est le lieu du monde où je me plais le plus. Quoy que la demeure de Villeneuve soit tres agreable, neantmoins la maniere dont j'y suis invité est ce qui m'y attire le plus. Cette famille, qui est très grande et tres considerable, me témoignent *(sic)* tous un extreme empressement de me voir parmy eux. J'ay receu encore ce matin une lettre du maistre

de la maison par laquelle il me fait paroistre une
telle impatience qu'il semble que c'est une grace
qu'ils attendent de moy, et non pas qu'ils me font. Je
ne trouve pas cela parmy les gens de Caen. Vous avez
esté tesmoin que c'estoit la mode à Caen de parler
mal de moy. Vous savez comme j'ay esté traitté à
Fontenay non seulement par les fermiers et par les
Religieux et par les voisins, et entre autres par vostre bon cousin Mr de Nerval, mais encore par les
curez et les ecclesiastiques. J'apprenois tous les jours
des medisances noires qu'on faisoit de moy, et mesme
dans les sermons. C'estoit à peu près la mesme chose
à Caen, par reconnoissance de tous les services que
j'ay rendus à la ville en general, aux compagnies de
la ville et à une infinité de particuliers, et principalement de l'amitié que j'ay toujours eüe pour ma patrie, qui m'a toujours fait chercher les moyens de
m'en approcher, mesme au desavantage de ma fortune, car j'aurois pu obtenir des establissemens plus
considérables ailleurs. Vous avez veu que dans l'affaire de Me de Chamarande, presque tout le monde
de Caen s'est declaré contre moy. Qu'ay je fait à
Mr de Croisilles, pour s'estre dechaisné contre mes
interests, tambour battant? Ce que vous me mandiez
hier touchant cette lettre qu'il doit escrire à M^e de
Chamarande est une preuve bien convaincante que
ce qu'il a fait contre moy n'estoit pas par un motif de
justice. Je ne trouve assurement rien de semblable ny
icy ny ailleurs et bien moins encore à Villeneuve.
Voilà ce qui m'a fait ecrire, contre mon intention, ce
que vous m'avez mandé de l'abandonnement que

vous croyez que je feray de vos quartiers. ...

A Paris, 24 avril 1704.

..... Je vous trouve fort lent sur la resolution du voyage. Lent ou promt, je vous prie que mon équipage parte incessamment, et sans aucun retardement. Cette chaleur avancée fait partir tout le monde.

A Paris, 25 avril 1704.

Si tost que j'ay receu à midy vostre lettre du 23, sans attendre à la lire au lendemain, je l'ay ouverte et j'ay decouplé aussitost Honoré pour vous aller retenir des places au carosse de Bourbon. Ma diligence n'a pas esté aussi heureuse que je l'aurois voulu. Ce carosse part deux fois la semaine, le dimanche et le mercredy. Comme vous me mandez que vous partirez sans doute mardy 29, vous arriverez icy samedy 3 may. Ce ne peut estre pour partir dans le carosse de dimanche 4. Il a donc fallu s'informer des places du carosse qui part le mercredi 7. Or toutes les places de ce carosse estoient retenues, à la reserve des trois dernieres. Il a donc fallu parler des places du dimanche 11e, et de cette voiture les trois premières places sont retenues. Ainsi il auroit fallu que trois de vostre troupe eussent esté à la portiere, chose fort incommode, soit que cette excessive chaleur continue, soit que le tems devienne pluvieux et venteux, comme il pourra bien arriver. D'ailleurs ce jour 11ᵉ may est le jour de la Pentecôte jour auquel les voitures ne marchent point, et le carosse ne part que le lendemain 12ᵉ. Tout cela considéré, j'ay jugé qu'il valoit mieux attendre le carosse du mercredi 14ᵉ may, pour y estre à vostre aise et avoir les quatre premieres places. Le retardement de deux jours n'est pas une affaire. J'ay donc renvoyé Honoré sur l'heure retenir les quatre premières places pour ce jour là 14ᵉ, et cependant faire promettre au messager, suivant son offre, que s'il luy vient avant ce tems là quelque voiture extraordinaire qui reparte plus tost, comme cela arrive souvent, il vous y donnera les quatre premières places. Cependant comme cela me separera de vous, et que je vais assez lentement, je ne laisseray pas que de partir dès le 4 ou le 5ᵉ, et d'autant plus que je suis engagé à faire quelque visite en chemin, où je crains bien qu'on ne m'arreste, mais cela n'ira pas à plus d'un jour. Ainsi je pourray arriver à Bourbon le 12ᵉ ou 13ᵉ, et j'auray moyen de vous y retenir un logement. Je ne laisseray pourtant pas pour cela d'écrire le premier jour d'ordinaire qui sera lundy. Je crois qu'il vous faudra là plus de logement que vous ne croyez. Je doute que vous puissiez prendre le bain et vous faire doucher dans la mesme chambre que Mᵉ de Charsigne. Il vous faudra d'autres lits pour suer que pour dormir, et je ne crois pas que vostre propreté vous permette de suer tous deux dans le mesme lit. J'ay déjà mandé, il y a assez long tems à mon hostesse de me retenir son logis, et elle m'attend. Je ne crois pas qu'il y ait dans cette maison assez de logement pour vous.

Voilà Honoré qui revient de chez le Messager. Dans l'intervalle qu'il a esté à venir icy et retourner, on a loué la première place qui part le mercredy 14. Honoré a retenu les quatre suivantes. Il faut donner la moitié d'erres, ainsi ce sont 80 liv. Vous voyez par tout ce recit, que ce n'estoit pas sans raison que je vous disois par mes lettres precedentes que j'estois estonné que vous fussiez si lent à prendre vostre resolution.

Honoré vous a retenu dans ce voisinage une chambre garnie, qui vous coustera 20 ou 25 sous par jour. Vous vous nourrirez comme vous voudrez, et l'on vous fournira les ustencilles (sic) de cuisine par dessus le marché.

Le retour de Bourbon ne vous coustera pas tant, car vous pourrez revenir par eau à Orleans, et d'Orleans icy. La depense par eau est fort modique.....

Je compte que mes chevaux pourront partir de Caen un des premiers jours de la semaine prochaine, et arriver icy vers le commencement de may.

Je ne vous ecriray plus, car mes lettres vous trouveroient parti.

Le lieu où logeoit Mr de la Coudraye est, à ce que m'ont dit mes gens, une vilaine gargotte. Je ne l'ay jamais veüe. Vous me parlez d'auberge, mais je ne scais pas comment vous l'entendez. Si vous estiez seul, vous auriez pu estre logé et nourri à table d'hoste; mais Me de Charsigné iroit-elle manger à cette table d'hoste ?..... Comme le lieu où descend la (sic) carosse est fort eloigné de ce quartier, j'ay pensé d'aller faire une visite vers la porte S¹ Honoré, vers l'heure de vostre arrivée, samedy 3ᵉ may, parce que c'est par cette porte qu'entre la (sic) carosse de Caen. Je feray tenir l'Allemand par vostre passage, qui arrestera vostre gribasse (?) et vous fera monter dans mon carosse, où je feray mettre exprés un strapontin, et puis il me viendra aver [tir] que je sorte pour vous mener à vostre menage.

A Bourbon, 24 juin 1704.

Je vous ecris, comme vous l'avez souhaitté, sans savoir si cette lettre vous trouvera encore à Paris. J'ay continué mes remedes jusqu'au bout. Je les achevay hier, et j'ay pris medecine aujourd'huy. Je me proposois de partir demain, mais après avoir veu mon sejour en ce triste lieu prolongé par le rume, par la goutte et par une fluxion sur les yeux, il m'est arrivé un autre accident depuis deux jours, c'est à dire sur le point de mon depart, qui m'embarrasse fort. Le cheval de Mʳ de Pellevé s'est mis un clou dans le genou, sans qu'on sache comment. Cela a fait une playe assez profonde, qui suppure, qui luy a fait enfler toute la jambe jusqu'à l'épaule, et qui le fait clocher. Si je vois qu'en retardant mon depart d'un jour ou deux, je puisse l'emmener avec moy, je le feray, sinon, je le laisseray à Mʳ de Noyers, qui a la bonté de vouloir bien se charger du soin de le faire traitter, et me le ramener à Caen, en luy rendant, comme de raison, tous les frais et loyaux cousts. Il y a long tems que je dis qu'il n'y a pas d'animaux plus commodes et plus incommodes que les chevaux, plus commodes, pour le service qu'on en retire, plus incommodes, pour les maladies infinies à quoy ils sont sujets. Vous voyez par ce recit que, Dieu aidant, dans deux ou trois jours je partiray d'icy, et Mʳ de Noyers ne se propose pas d'en partir avant le 12 ou 15 juillet.

J'aurois grande envie de savoir si mon Allemand est de retour à Paris, comme je le souhaitte. S'il vous voit, loüangez le un peu sur sa perseverance, et luy faites entendre le bon gré que je luy en sauray, et l'amitié que vous avez remarquée en moy pour luy.

Je retourneray à petites journées selon ma louable coustume, et mon retour sera encore allongé par les visites que je feray en passant à Petit-bourg et à Villeneuve, et peut estre à Fleury.

Je sejourneray à Paris le moins que je pourray, mais je crains que ce moins ne soit plus long que je ne voudrois, car j'y ay beaucoup de petites affaires. Je les abbregeray tant que je pourray.

Je me propose, en arrivant en nos quartiers d'aller débarquer à Fontenay. Je seray fort aise que vous vous y rendiez, car je prevois plusieurs explications, dans lesquelles je seray bien aise que vous entriez, comme estant mieux instruit que moy. J'y feray porter du vin. Il faudra que Mʳ de Pellevé nous y face trouver du sidre. Ce n'est pas que j'aye dessein d'y faire un grand sejour. Je l'abregeray au contraire autant que je pourray, et je l'eviterois mesme tout à fait, si je pouvois ; mais comme c'est un lieu d'où je veux me detacher le plus qu'il me sera possible, je veux y faire une revision de mes meubles, les faire battre et nettoyer et en enlever la meilleure partie.

Si tost que vous serez arrivé à Caen, je vous prie de reveiller un peu vos aimables fermiers de Fontenay, et de les faire payer, car je seray bien aise de trouver quelque consolation de bourse, dont vous savez que j'ay grand besoin. Donnez le mesme avis à Mlle Merite. Vous me feriez fort bien vostre cour, si pour ma bienvenue en ma maison de l'Isle-Bouchard vous me presentiez quelques sacs de grosse toile bien lourds et de bien difficile transport.

Tout est à peu pres icy comme vous l'avez laissé.

Souvenez vous de la consultation dont vous vous estes chargé sur l'affaire que vous me proposastes. Vous savez les chefs sur lesquels il est necessaire d'estre eclairé. Il me paroist qu'il faudroit consulter l'affaire à Paris et à Caen, sur les coustumes des lieux et sur les remedes qu'on peut apporter à leur diversité, afin que tout se puisse faire à vostre avantage.

A Paris, 8 juillet 1704.

Vous avez bien jugé que la guerison de mon cheval a causé mon retardement. Je ne partis de Bourbon que le 28 juin et j'arrivay hier au soir. Je n'ay trouvé personne à Petit-bourg ny à Villeneuve. L'Allemand m'apprit que vous estiez parti le matin de mon arrivée..... Je suis bien aise que vous ayez consulté sur l'affaire qui vous regarde et qu'on ait approuvé le remede que je vous ay proposé. Il faut savoir outre cela si le lieu où se fera le Testament n'y changera rien, car j'ay remarqué il y a long tems que les testamens se font tres differemment à Paris et en Normandie. De plus, supposé que la difference du lieu face de la difference aux testamens, je datterois le mien du lieu que je voudrois, mais savoir s'il ne faudroit pas du papier timbré du lieu d'où je le datterois, et pour cela je porteray à Aunay du papier timbré de Paris, mais la difficulté sera de savoir précisément en quoy consiste la difference des testamens que peut causer la difference des lieux, et c'est ce que je ne scais pas. Il faut de plus faire reflexion que rien n'est plus ordinaire au Parlement de Paris, que de voir casser des testamens. Messieurs les Juges se croyent maistres absolus là dessus, et une vetille leur sert de pretexte pour cela. C'est pourquoy il n'y a point de precaution, grande ou petite, qu'il ne faille prendre. Examinez tout cela à Caen, sans vous flatter, et s'il y a à craindre de pecher, il vaut mieux que ce soit à estre trop scrupuleux qu'à ne l'estre pas assez.

Je seray icy tout le moins de tems que je pourray; mais je ne puis pas encore savoir precisement le jour de mon depart. Cela depend d'un cuisinier, d'un laquais et peut estre d'un cocher que je chercheray icy.

Souvenez vous d'avertir M. de Pellevé de faire trouver à Fontenay une petite provision de sidre pour ma table, une autre pour mes gens. J'y feray porter du vin. Il faut aussi des provisions pour mon ecurie. Je pourray bien y sejourner 8 ou 10 jours.

Depuis ma lettre ecrite, j'ay veu Mʳ Le Fevre qui m'a conté les faits et gestes de la Roux, qui sont de son caractere. On m'avoit déjà dit qu'elle cherche à se remarier en cette ville, n'y ayant rien à Caen digne d'elle. Dans l'avertissement qu'elle m'a signifié, je n'ay veu encore que deux articles qui sont celuy du clos des Religieux et celuy de la pesche. Ils ne se défendent que par deux insignes faussetez. Ils disent que Mʳ de Chamarande les laissoit jouir du clos en deduction de leurs pensions : ils auront de la peine à le prouver. C'est de quoy je n'ay jamais ouï parler. Vous me ferez plaisir d'en parler à Mʳ le Sauvage, à Mʳ le Grand et à Mʳ Blanchard. Je crois que les Religieux donneront avec plaisir une attestation du contraire. Je scais que Mʳ l'abbé de Montmorel commença à le leur abandonner en partie, et ensuite par l'absence de Mᵐᵉ de Beringhen et de Chamarande, ils s'en sont impatronisez. Sur l'article de la pesche, ils avancent que Mʳ de Chamarande leur affermoit la liberté de pescher. Tout cela sont des fictions poëtiques du bel esprit de Mʳ de Lonchamp. Je n'auray pourtant pas recours aux Religieux pour mandier leur desaveu.....

A Paris, 13 juill. 1704.

Je vous ecrivis le 8 juillet, qui fut le lendemain de

mon arrivée en cette ville. Depuis ce tems là j'ay travaillé sans relasche à disposer mes affaires pour aller en vos quartiers. On m'a renvoyé de Bourbon la lettre que vous m'y ecrivistes de Paris le lendemain de vostre retour. J'avois appris par les chemins une partie de vos avantures. Je sceus que vous aviez couché à Nevers et vostre couchée à deux lieuës de Nevers. Mais c'est tout ce que je pus apprendre. Je n'ay pu, comme vous voyez, faire vos complimens à Mlle d'Ardenay et à son frère, n'ayant receu vostre lettre qu'à Paris. Je luy aurois fait aussi les miens, puisque j'ay eu quelque part à vostre avanture.

On m'a mandé de Caen la brouillerie de M^r le Prieur et de M^r d'Orville : ma presence les fera se reconcilier. Me de Brucourt vous aura parlé sans doute de ce nouveau resignataire dont m'ecrivit M^r d'Acy.

Les hableries de mon successeur et de son amy, qui en a conté de si belles à Mr du Puits ne me surprennent nullement. Je reconnus en luy ce caractere dès les commencemens de notre connoissance. Il eut la hardiesse de me dire, devant le P. de la Ch. (Pere de la Chaize) et quatre ou cinq autres personnes, devant qui je luy avois leu un ecrit de defenses sur ma pension, qu'il commençoit à me vouloir contester, que toutes mes raisons ne toucheroient pas à terre, sitost qu'il y auroit repondu, et le P. de la Ch. me dist un quart d'heure après, qu'en cent ans il n'y repondroit pas. Il dist de mesme à Mr Hardy, nostre rapporteur, que son affaire contre moy estoit nette et claire comme le jour. J'ay sceu que Mr de la Coudraye a poursuivi icy son procureur pour l'obliger à fournir ses griefs. M' de la Coudraye avoit cru que je le dechargerois de cette poursuite. Il n'a point repondu à mes griefs. Peut estre y travaille t'il chez luy, où il est retourné, ou peut estre M' le Vaillant y travaille t'il pour luy. Le tems nous en eclaircira.

Ce qui m'oblige de vous ecrire aujourduy, c'est pour vous dire que je feray adresser chez vous du vin pour Fontenay et mesme pour Aunay. Je ne scais si ce sera par le messager ou par le roullier. Ce qu'il y a de seur, c'est qu'il partira par la premiere voiture qui se trouvera preste, entre cy (*sic*) et vendredy 18 de ce mois, et s'il ne s'en presente point d'autre, ce sera par le carosse de vendredy. Ce ne peut estre par le carosse de demain lundy, parce que les choses ne sont pas prestes.

S' Jacques m'a donné un memoire de ce qui nous sera necessaire à Fontenay, pendant le sejour que nous y ferons. Je vous l'envoye et vous prie de le communiquer à M' de Pellevé, afin qu'il prenne soin de ce qui sera de sa competence. Pour le linge, vous savez qu'avant mon depart de Caen, j'en fis dresser des memoires exacts, tant du linge d'Aunay que de celuy de Fontenay, et mesme de la batterie de cuisine qui me manque, et que M' de Charsigné se voulut bien charger du soin d'acheter ce qui me manquoit. Je ne scais en quel estat est tout cela, mais je vous prie de donner ordre que nous ne manquions pas de linge en ce lieu là. Voilà les embarras où l'on se trouve, quand chaque maison n'est pas fournie, et qu'on est forcé de porter de l'une en l'autre, ce qui est une ruine visible, et une commodité ouverte à toute sorte de friponnerie.

J'espère partir d'icy dans trois ou quatre jours. Je vous le manderay. Si je prévoiois que le vin ne fust pas arrivé, quand j'arriveray, j'irois droit à Caen débarquer chez vous.

Je ne seray point en estat à Fontenay d'y recevoir de visites, et vous me ferez plaisir de l'insinuer doucement dans les occasions, et de remettre les visites à Aunay.

Je suis fasché que vous ayez éprouvé ce que c'est que les hemorrhoïdes, dont j'ay esté tourmenté si long tems. Vous avez à prendre garde aux suites dangereuses qu'elles ont quelquefois. J'ay esté icy repris de la goutte, et je n'en suis pas quitte encore, mais elle n'est pas violente, et ne m'empesche pas de sortir. Elle m'a empesché d'aller faire ma cour sur la naissance du Prince. Je me suis contenté de me donner l'honneur d'ecrire à Monseigneur.

A Paris, 20 juillet 1704.

Vous vous attendiez sans doute de me recevoir moy-mesme, quand vous recevrez cette lettre, mais il m'est arrivé à Paris à peu près la mesme chose qui m'arriva à Bourbon, des retardemens venus l'un après l'autre. J'avois disposé mes affaires pour partir jeudi 17. Mon cocher se trouva pris de la fievre qu'on m'avoit cachée. Il a fallu chercher un autre cocher. Le depart ayant donc estre (sic) remis à hier 19, je me trouvay pris moy mesme le vendredy 18 d'un rume terrible, et tel que je n'en avois point eu de pareil depuis plus de deux ans, quoy que j'y sois fort sujet. Cela m'a arresté tout court et m'arrestera jusqu'à ce que cela soit un peu passé. Je ne puis vous dire le jour. Vendredy je fis partir par des Prez, roullier, trois malles, une cassette et un panier, avec un autre panier plein de bouteilles de vin. Je vous prie de les faire retirer par M. de Pellevé. Le roullier a une lettre de voiture pour vous.

Comme vous me mandastes que vous iriez de Cressanville au Breuil, avant que d'aller à Caen, sans me mander le sejour que vous y feriez, j'ay apprehendé que mes lettres ne vous trouvassent pas à Caen, si je vous y ecrivois, mais presentement je vous crois chez vous de retour. Je fais toujours mon compte d'aller debarquer à Fontenay. Je vous manderay le jour, afin que vous y faciez porter mes paquets, et que je les y trouve en arrivant. Il faudra demander un harnois à Mlle des Preaux. Je suis fort en peine si vous avez receu quelque payement de cette part, dont j'ay, je vous assure, grand besoin.

(Plaintes contre Mr de la Coudraye qui se terminent ainsi).

Je comptay à M. le Vaillant un entretien que j'ay eu avec Mr Everard. C'est par M^r le Vaillant que je connois Mr Everard, et il l'estime fort. Je luy dis donc que j'avois conté à M. Everard l'histoire de la sentence que Mr de la Coudraye a surprise contre moy aux Requestes, et que je luy avois demandé son sentiment, et qu'il m'avoit repondu, en fronçant le sourcil, que ce tour dans la personne d'un magistrat estoit un cas pendable. Ce sont ses propres termes. J'adjoutay à Mʳ le Vaillant que quelques personnes intelligentes dans les affaires m'avoient dit que si je portois mes plaintes à Mʳ le Chancelier de la trigauderie de Mʳ de la Coudraye, il l'obligeroit de se défaire de sa charge, et le declareroit incapable d'exercer aucun office royal, particulierement si l'on y adjoustoit ses usures infames et l'employ de fermier qu'il a exercé si long tems contre l'ordonnance de Blois.

A Paris, 26 juillet 1704.

Je reçois vostre lettre du 23. Je ne vous ay point ecrit depuis le 20. Je souhaitterois fort estre en estat de ne vous plus ecrire d'icy et de partir. Mais il faut me tirer de ce rume et laisser passer cette horrible chaleur qui brusle tout. Quand je vous ay parlé du sejour que je feray à Fontenay, vous avez peut estre étendu cela au delà de ma pensée. J'y seray tout le moins que j'y pourray, et j'abbregeray ce tems le plus que je pourray. Je vous dis cela, afin que Mʳ de Pellevé n'y face pas des provisions qui y seroient perdues.

Vous ferez bien de faire payer ponctuellement Mˡˡᵉ des Preaux.

J'avois ecrit une grande lettre de Bourbon à Mᵉ de Brucourt sur ce Religieux de Honfleur, à quoy elle ne m'a point repondu. Vous me mandez qu'elle n'en a pu apprendre de nouvelles. Il me sembloit neantmoins que cela luy eust esté aisé en causant avec Mr d'Assy, son voisin, qui m'en avoit ecrit. Il faut qu'il y ait du plus ou du moins à ce que vous m'en ecrivez, car ce Religieux estant resignataire d'un office de la maison, il y entrera malgré les Religieux, malgré le Prieur, et malgré moy, et mesme malgré Mgr de Bayeux. Il faudra qu'en le refusant on luy donne des causes de refus, et il se pourvoyera à la Metropole. Nous verrons un peu de plus près ce que c'est que tout cela..... Mes paquets doivent estre arrivez à Caen depuis deux ou trois jours.

Ce que vous me mandez du linge et de la batterie de cuisine me fasche fort. Voilà ce qu'ont produit les ports et transports qu'on faisoit d'une abbaye à l'autre, à quoy je me suis toujours opposé. L'année passée, avant mon départ, je fis faire des memoires exacts de ce qui estoit dans chaque maison, tant de linge que de batterie de cuisine. Je priay Me de Charsigné de les examiner et d'y joindre des memoires de ce qu'elle jugeroit à propos d'y ajouster pour ne rien transporter d'une maison à l'autre. Cela fut fait, et vous voyez quel en est le fruit. Le desordre a augmenté, et nul remede n'y a esté apporté. Mais puisqu'il se trouve de quoy nous aider à Fontenay, nous verrons sur les lieux ce qu'il y aura à faire, et nous tascherons, à quelque prix que ce soit, de me tirer de la misere où je suis. Par où il faut commencer, c'est d'empescher que tant de gens ne mettent la main à mon linge, car, quand cela est, il n'y a plus rien à conter.

Un de mes amis, que vous connoissez, se declara l'autre jour à moy sur ce qu'il pense de la conduite de M' le Vaillant. Il en pense comme vous et moy : cependant je le vois toujours perseverer dans les mesmes sentiments, quoy qu'il me face de grandes protestations.

Je ne puis apprendre ces demarches de M. de Bourgeauville sans une extreme indignation. Je souhaitterois de tout mon cœur de ne revoir de ma vie, et qu'il renonçast à moy, comme il renonce à mes proches, et comme je renonce de bon cœur à luy.

Pour l'affaire que vous voulez que je consulte icy, c'est bien mon avis, mais il survient dans l'execution tant de nouvelles difficultez que je crois qu'il vaut mieux differer à mon sejour à Aunay, et sur les doutes qui surviendront j'ecriray icy. Je ne scais pas qui vous a dit qu'il faut faire la chose à Paris. Pourveu qu'il soit ecrit de la main de celuy qui agit, le lieu n'y fait rien. Mais il faut qu'il soit fait en sorte que la coutume du lieu où les biens se trouvent ne s'y oppose pas. Le reste, quand nous serons ensemble.

Je vous manderay le jour de mon depart.

A Paris, 29 juillet 1704.

Ce billet est pour vous donner avis que je pars ce soir, Dieu aidant, pour aller coucher à S'-Germain, et pour arriver dimanche au soir, 3 aoust, à Fontenay ou à Caen. Ce sera à Fontenay, si vous ne me mandez rien au contraire. Mais si, lorsque vous recevrez cette lettre, vous n'aviez pas encore envoyé à Fontenay les paquets que je vous ay envoyez par le roullier, et que vous avez dû recevoir il y a sept ou huit jours, vous pourriez les garder à Caen, et j'irois coucher chez vous dimanche au soir, car j'ay besoin de ces paquets au lieu où j'arriveray, et dans le tems que j'y arriveray, et sans cela je serois fort embarrassé. Mais au cas que j'allasse coucher chez vous dimanche au soir, il faudroit que vous me le fissiez savoir à Cressanville ce mesme jour à midy, car si je n'y entenz de vous aucune nouvelle, j'iray à Fontenay.

Je vous ecrivis le 26 juillet. J'ay une consultation de Mr de Sacy sur l'affaire que je vous ay promise. Je vous avois bien dit que le lieu n'y fait rien. J'entens le lieu où l'on ecrit, et fust ce à la Chine.

Le P. Prieur m'a ecrit qu'il vous a porté une lettre qu'il a receue pour moy de Mgr le Dauſin, et que vous devez me l'envoyer. Ce sera le vray moyen de la faire perdre. Le P. Prieur me la devoit garder; mais puisque vous en estes saisi, gardez la moy, car si vous me la renvoyez icy, elle me trouvera parti, et on me la renvoyera à Caen, et jugez quelles pirouettes. J'ay appris que le Mr de la Poste en a fait payer le port.

J'ay impatience de savoir ce que vous aurez arresté pour l'affaire de Mr de l'Aunay. Comme l'année de la cure luy appartient sans difficulté, ayant fait la Pâque, je crois qu'il sera toujours à son option de prendre le revenu de la cure ou de la prebende, et le pis qui luy en peut arriver, c'est de restituer ce qu'il a perceu des fruits de la prebende, qui sont les distributions et le loyer de la maison. Le gros de la prebende qui appartient au Chapitre, est à mon avis une raison decisive, et s'il estoit jugé qu'il s'en tiendroit au revenu de la prebende, il faudroit du moins qu'il fust recompensé de ce gros sur le revenu de la cure, car autrement, bien loin de jouir de tous les deux benéfices, il ne jouiroit d'aucun. Je crois l'affaire de M' de l'Aunay bonne. J'ecriray, s'il le faut, à Mgr de Lisieux. Je ne crois pas qu'il faille precipiter cette affaire là. S'il est obligé de restituer ce qu'il a receu de la prebende, la restitution s'en fera aux pauvres du lieu, c'est à dire à Bayeux, et le patron n'aura l'avantage que de luy avoir fait du mal. En cas de procez. M' de l'Aunay pourroit faire intervenir l'Official de Bayeux pour rompre les mesures de M' de Bourgeauville du costé de Lisieux.

Si dimanche j'arrive chez vous, je vous prie de donner ordre que ma chaise entre sous vostre porte, et que je ne sois pas forcé de descendre à la rue, ce qui me deplaist infiniment.

(Fontenay) lundy 4 aoust 1704.

(Affaire toujours pendante du curé de St-Martin).

..... Je rouvre ma lettre pour vous dire que depuis qu'elle a esté ecrite, M" les Chapelains de ceans me sont venus voir et m'ont appris que M' de Longchamp et Mlle des Preaux ne leur ont pas encore payé leur quartier de la St Jean. Ils ne l'ont pas dit par plainte, mais comme je l'avois sceu d'ailleurs, ils me l'ont confirmé. M^r le Sauvage qui est sur le compte de Mr de Pellevé a esté payé aussitost après l'echeance. Je vous prie de dire à Mlle des Preaux, lorsque vous la verrez, que si M^rs les Chapelains ne sont pas payez incessamment, je prendray soin de les faire payer.

A Fontenay, 5 aoust 1704.

Je vous ecrivis hier une lettre par M^r le curé de St Martin. Celle cy est pour vous dire qu'en examinant mes memoires de mise et de recepte, je n'ay rien trouvé du terme de la Toussaints 1703, que ce qui est contenu dans un memoire que vous m'envoyastes au mois de février 1704. Or, par ce memoire, je ne trouve de receu des fermages de Fontenay que 1944 liv. 6 s. 7 d., et mesme de ce nombre il y en a 200 receues des Acres Busnel. Or cela est bien eloigné de 3500 liv. qui estoient deus (sic) pour ce terme là. Je vous prie de voir dans vos papiers de Caen l'estat de ce compte, et de l'apporter icy, afin que je regle le mien, que j'avois différé de regler jusqu'a ce que je fusse avec vous. Voilà Mr de Pellevé que par le compte que j'arrestay avec luy l'année passée je me trouvay redevable envers luy d'une somme qui avec celle qui est marquée dans vostre memoire remplit sa quote part pour le terme de la Toussaints. Mlle des Preaux paroist avoir aussi rempli la sienne; mais Mᵣ de Longchamp ne paroist avoir payé que 124 liv. 18 s. 4 d.

Je vous prie aussi, en venant icy, d'apporter les memoires du linge et de la batterie de cuisine, tant de Fontenay que d'Aunay, avec les memoires qui y furent joints des supplemens que Mᵉ de Charsigné y trouva necessaires, et qu'elle se chargea d'acheter, afin de voir en quel estat tout cela est, car, veu ce que vous me mandastes à Paris du desordre où Nanon a trouvé tout le linge, il faut y apporter des remedes plus efficaces que par le passé. Je vous prie qu'on face coudre et ourler ce linge qui a esté acheté, qu'on prenne une couturiere que je payeray. Mais il me paroist necessaire à l'avenir qu'une seule personne y mette la main, afin qu'on sache à qui en demander compte.

Envoyez moy par le porteur les gazettes et mes lettres.

A Fontenay, 18 aoust 1704.

Quand je n'aurois pas esté resolu à me defaire de la Mare, j'appris hier tant de choses de sa mauvaise conduite que je luy ay fait donner son congé ce matin par Mᵣ de Pellevé. Il a repondu que lors que vous le pristes pour me servir, vous luy promistes que si je me defaisois de luy, je l'avertirois six mois devant. Je luy tiendray la parole que vous luy avez donnée, mais il faut que je sache par vous, et non par luy, ce que vous luy avez promis. Je vous prie donc de me le mander le plustost que vous pourrez, et dès aujourduy, s'il se peut. Le Portier est ravi de prendre le jardin. Il me fait le maistre des conditions, mais je ne luy en proposeray que de raisonnables. Cependant la reponse qu'a faite la Mare me fait voir qu'il ne s'en ira que le plus tard qu'il pourra, et comme il y a un usage pour la demeure et le congé des valets, que je ne scais point, et que je ne veux rien demander de luy contre l'usage et la raison, je vous prie de me mander s'il est à la liberté d'un maistre de chasser un valet ou une servante toutes fois et quantes, et sur le champ, ou s'il est obligé de luy donner un tems, et quel est ce tems. Si vous ne le savez pas, informez vous en à quelqu'un qui le sache seurement, car je ne veux rien entreprendre mal à propos. En cas de laquais, de cochers et de valets de chambre, il est à la liberté des maistres de les chasser dans le moment, et je ne l'ay jamais pratiqué autrement. M' de Pellevé est à Falaise pour vostre affaire. Le curé de S' Martin doit faire mettre aujourduy le sellé à la grange de ceans, qui est pleine comme un œuf. J'ay sceu que son soufermier (sic) de ceans exerçoit icy le muchepot fort hardiment. Je luy ay fait dire que s'il continuoit ce negoce criminel, je le denoncerois aux quatriesmeurs et mesme à M' l'Intendant. J'ay parlé moy mesme à un des Ecclesiastiques de ceans qui pratiquoit le mesme trafic.

A Aunay, 25 aoust 1704.

(Questions posées à M. de Charsigné à propos de reclamations des fermiers de Fontenay).

... Je n'ay pu trouver parmy mes papiers les comptes que j'arrestay l'année passée au mois de septembre, avec feu ma seur, et avec vous. J'en ay cependant besoin pour quelques articles qui entroient dans ces comptes. Je ne doute pas que vous n'ayez trouvé ces comptes parmy les papiers de ma seur, et qu'ils ne soient parmy les vostres. Je vous prie de les rapporter icy, quand vous y viendrez.

A Aunay, 28 aoust 1704.

Je ne scais si vous serez bientost de retour à Caen de toutes vos caravanes, vous y trouverez une lettre de moy à vostre retour, du 25 de ce mois. Celle-cy est pour vous prier de demander à Mʳ l'Intendant de ma part une petite grace. Vous savez combien j'affectionne Richard Le Pelé charpentier, qui travaille pour moy depuis tant d'années. Le pauvre homme a esté fait collecteur de la paroisse d'Aunay. Un des paroissiens, nommé Vasso, ayant esté imposé à 55 l. 12 s. de taille, il en a esté deschargé, à cause d'une charge qu'il possède. Mʳ l'Intendant a ordonné que les collecteurs payeront cette somme. Cela tombe justement sur ce pauvre Richard. Il a esté arresté pour cela, et conduit à Vire pour y tenir prison. Mais il eut l'addresse de s'échapper par les chemins. Je luy ay offert de le garder ceans, jusqu'à ce qu'il ait fait ses affaires. Il a mieux aimé que je demande pour luy à Mʳ l'Intendant la grace de faire un rejet sur la paroisse de cette somme de 55 l. 12 s. Cela me paroist juste, mais peut estre ne l'est-il pas, car je n'entens pas les affaires de la taille. Si vous obtenez cela, vous me ferez un grand plaisir. J'ay receu une grande reponse de M. de Saint-Valier sur l'affaire que vous savez. Mais il faut que je vous la communique avant que d'y repondre. J'ay enfin la copie de cette lettre, tant et tant citée par les fermiers de Fontenay sur le sujet des bois de Cinglais. Vous la verrez. Elle ne dit rien du tout de ce qu'ils pretendent, et elle fait leur condamnation. J'ay dit et redit dans mes productions les mesmes choses qui y sont contenues. Le curé de Sᵗ Martin ayant enfin fait saisir et seller la grange de Fontenay, Longchamps a fait une opposition et a donné assignation au curé devant le bailly de Caen. Le curé a protesté de nullité, et l'a evoqué aux Requestes du Palais. Si le curé va à vous, exhortez le bien à tenir ferme dans la procedure qu'il a prise, et à ne prendre pas d'autre route. Ma reponse à l'avertissement que les fermiers ont produit contre moy, est faite. On la met au net, afin que vous et Mʳ de Pellevé y puissiez faire vos remarques : elle me semble trop longue, mais je n'ay pas pu laisser passer sans animadversion toutes les sotises et mensonges de cet ecrit.

29 aoust.

Cette lettre estoit ecrite, lors que M' le Curé de S' Martin est venu ceans, pour m'instruire de tout ce qui s'est passé sur la saisie. Le s' de Lonchamp a obtenu une sentence du juge de Caen, qui defend au curé de passer outre à la vente des bleds arrestez, et permet aux fermiers, en cas que le curé passe outre, nonobstant ladite sentence, d'intenter haro sur luy. Lonchamp vint hier à Fontenay, avec dix ou douze gens de main, St Marc maistre d'armes et autres, tous armez et embastonnez pour enlever ledit curé et le mener à Caen. Le curé voyant cela ne passa point outre, mais seulement fit rendre un procez verbal par son sergeant de la voye violente dont on a usé envers luy. Ce procédé me paroist sage. Or il s'agit maintenant de voir ce que tant luy que moy, nous avons à faire. Il va à Caen, chargé de cette lettre, et d'une pour M. de Pellevé qui est à Caen pour consulter M' le Cocq sur la procedure que nous devons tenir. Mon avis est de rendre plainte aux Requestes du Palais de l'attentat de Lonchamp et de le faire condamner de nouveau avec un Pareatis. Le curé nous porte tous ses papiers, qu'il faut faire voir à M' le Cocq.

Ils me proposent une autre voye, qui ne me paroist pas mauvaise, c'est de faire saisir les biens qui sont dans le partage de M' de Pellevé, lequel obeira et payera sauf son recours contre ses consors. Examinez, s'il vous plaist, tout cela.

Si l'avis que l'on vous donnera vous est suspect, vous pourrez vous addresser ailleurs.

———

A Aunay, 1er septembre 1704.

(Encore des difficultés avec son successeur à l'evêché d'Avranches).

(Difficultés avec M. et Mme des Ifs).

..... Je ne scais si M^r le Prieur de Fontenay vous a dit comme à moy qu'ils firent un service pour ma seur.

———

A Aunay, 6 septembre 1704.

(Suites des difficultés entre le curé de St Martin et Lonchamp.) Consultation à demander à M^r le Cocq.

..... Je vous envoieray des chevaux quand vous voudrez et où vous voudrez.

J'oubliois de vous dire que le Curé, apres avoir saisi la grange, y a apposé un gardien qui y est toujours à grands frais. Mon avis est de l'oster bien viste. Sachez en l'avis de M^r le Cocq.

Sachez, je vous prie, de Roger, sellier, si ma chaise de poste est preste.

———

(Aunay) 29 septembre 1704.

En retenant deux chevaux pour vous remener, vous n'avez pas songé que ce sont des peres douillets, que je n'ay pas accoustumés à de telles corvées, et qu'ils viendront plus seurement ayant du secours. Je vous en envoye donc deux pour les joindre, et je les envoye de grand matin, dans l'incertitude où vous estes si vous viendrez demain ou après demain. Je vous envoye un petit memoire des drogues dont nous avons encore besoin pour peindre ma sale. Je vous prie de les faire acheter et de les apporter avec vous. Surtout faites bien choisir l'huile, la moins puante et qui seche plus tost. Du Celier y fut attrapé samedy au marché d'Aunay. Au lieu d'huile de lin ou de noix, il acheta une huile d'une extreme puanteur et qui ne seche point. Je vous remercie de vos nouvelles. J'en ay receu ces deux jours des meilleures et largement. Je vous prie de faire mettre la lettre cy jointe à la poste.

A Aunay, 21 octobre 1704.

M' des Ifs m'écrit sur son accommodement environ aux mesmes termes qu'il m'en parla à Fontenay etc. ..... (ces termes déplaisent à Huet, qui ne desire pas, vu les termes de cette lettre, se meler de cette affaire.) ..... La nazarde qu'ils m'ont déjà donnée si hautement et avec si peu de menagement, m'en fait apprehender une seconde. Vous serez sans doute surpris, lors que vous saurez qu'avanthier, deux heures après vostre depart, M' de la Coudraye arriva ceans. J'en avois eu quelque pressentiment, et c'estoit pour prevenir une telle visite que je me hastois de luy ecrire.

Il vint avec un air de familiarité, comme si de rien n'eust esté, et comme si c'eust esté une visite à l'ordinaire du cousin de la Coudraye au cousin Huet. Je le receus avec toute l'honnesteté qui me fut possible. Le sujet de sa visite estoit pour venir querir luy mesme cette quittance de mes appointemens. Je fis tenir Mr de Pellevé avec nous pour avoir un tesmoin de ce qui se diroit. Je luy repondis qu'il y avoit six semaines que j'avois ecrit à M^r l'Anglois pour savoir ses intentions touchant cette delegation que M^r l'Anglois m'avoit mandé (*sic*) par toutes ses lettres, qu'il n'avoit receu aucune reponse de luy, que moy, voyant ce long silence, dont je ne savois point la cause j'avois pris d'autres mesures, et que les choses n'estoient plus au mesme estat, mais que j'estois sur mon depart pour Paris, où je recevrois moy mesme cet argent, et le payerois aussitost à luy ou à son ordre. Il se contenta de ma reponse. Nous parlasmes en suite pendant une heure et demie de choses indifferentes. Après quoy il se leva, comme pour aller coucher, disoit-il, chez Me de Vaubenard. Je luy remontray l'heure qu'il estoit et le priay de me faire l'honneur de prendre ma maison. Il ne se le fist pas dire deux fois. Il alla se promener au couvent avec Mr de Pellevé. Il vist Dom Benoist et pria Mr de Pellevé de les laisser seuls. Le soir, après souper, il monta dans mon appartement, seul et avec un bout de chandelle entre ses doits. Il me dit qu'il venoit de prendre congé de moy, parce qu'il partiroit le lendemain avant que je fusse levé, et il partit sur les sept heures. J'ay sceu depuis de Mr de Pellevé, que j'avois préparé et instruit, qu'il luy avoit parlé de mes affaires et qu'il lui monstra un ecrit apostillé de ma main, dont il ne luy lut que quelques endroits. duquel ecrit il infere que j'ay consenti aux conclusions qu'il prit contre moy pour obtenir cette sentence furtive. Langage et stile ordinaire des chicaneurs, pratiqué, comme vous savez, par Lonchamp, qui alleguoit et se faisoit si fort de mes lettres. L'année passée, il eut bien la hardiesse de me dire à Caen qu'il m'avoit averti de toute la procedure qu'il preparoit contre moy. Il dit de plus à Mr de Pellevé, que lors que je le fis arrester avec luy et avec moy à son arrivée, il vit bien que je ne voulois pas parler d'affaires. Mais s'il avoit eu à me faire quelque proposition, il luy eust (*sic*) aisé de me demander un quart d'heure d'entretien en particulier. Mais ce qui m'a le plus estonné, c'est ce que Dom Benoist m'a dit depuis une heure qu'il luy avoit dit que je l'avois fait venir icy pour luy donner cette quittance, et puis que je m'estois mocqué de luy. Jugez quelle foy et quelle sincerité on peut attendre d'un homme d'une fausseté si grossière, et dont il auroit dû prevoir que la verité feroit bientost la conviction.

Je pensois m'en aller aujourd'huy, mais mille petites affaires m'arrestent encore jusqu'à samedy. Je vous prie de faire tenir la lettre cy jointe à Mlle Merite. Vous me proposastes dernierement un expedient pour me faire autoriser à faire les reparations de Fontenay qui surviendront. Cela m'est echappé, s'il vous en souvient, je vous prie de me le mander.

A Fontenay, 28 octobre 1704.

J'ay appris aujourd'huy que les Fermiers de Fontenay font tenir les Plaids jeudy. Je ne doute pas qu'ils ne se servent du Ministere de M' le Cocq. Je vous avois dit que je le prierois de me donner une heure pendant ces festes pour luy faire voir mes contredits. Je l'entretiendrois bien plus à loisir, et bien plus tranquillement icy qu'à Caen. J'envoye donc M' de Pellevé pour savoir de luy si, après avoir tenu les plaids, il voudra passer céans le reste du jour et y coucher. S'il accepte ma proposition, j'aurois tout loisir de prendre ses avis. S'il ne le fait, je ne vois pas que j'aye beaucoup d'autres affaires a Caen, ny par consequent rien qui m'empesche de partir d'icy pour Paris, sans vous aller fatiguer de moy et de mon attirail. Car pour le payement des fermiers, soit qu'ils payent ou qu'ils ne payent pas, vous pourrez leur donner quittance ou les poursuivre, comme moy-mesme. Souvenez-vous, s'il vous plaist, de bien disposer M. Amey pour le lendemain du jour des morts, qui sera le 3ᵉ novembre. Je scais pourtant que les fermiers pressent vivement leurs sous-fermiers, et je remarque une ponctualité à tout le reste, fort différente du passé.

L'absence de M' et de M' l'Intendante et des nouveaux mariez sont encore une raison pour moy de n'aller point à Caen. Cela n'est pourtant pas encore tout à fait resolu.

A Fontenay. 28 octobre 1704.

M⁷ le Cocq ne me donnera point icy l'audience que j'avois esperée, car il n'y viendra point. Il dist à M⁷ de Pellevé que tous les Avocats avoient fait un complot de ne se charger d'aucun employ de senechal, pour s'exemter des taxes dont on les menace. Ainsi il n'y aura point de plaids, mais je ne crois pas que tous les magistrats qui se chargent de ces employs soient entrez dans ce complot, tesmoin M⁷ de S⁷ Sauveur. M⁷ le Cocq a promis de me donner le tems que je voudray, jeudy, samedy ou dimanche. Je ne manqueray pas d'en profiter, mais je ne scais le jour. Je vous prie d'avance de disposer les choses en sorte que ma chaise en arrivant puisse entrer dans vostre cour, car j'ay une extreme repugnance à descendre en pleine rue.

Roger sellier a mandé à du Coudré que le velours de mon manteau pourra servir à la reparation de ma calèche: je ne l'esperais pas, mais je prie M⁷ de Charsigné d'exam[iner] si ce morceau estant osté, il restera assez d'estofe pour mon sofa, car ce seroit tomber de fievre en chaud mal. D'ailleurs je vous prie d'empescher qu'il ne se mette à ce travail s'il ne l'acheve en fort peu de tems, car il me dist qu'il ne luy falloit qu'une matinée. La raison de cette précaution est que ma remise n'est pas assez grande pour tenir mes deux calèches, et qu'ainsi il en faudroit mettre une chez M. de Brucourt, où j'ay éprouvé qu'elles ne sont pas trop seurement.

Le retour de Mʳ l'Intendant est une raison suffisante pour me faire aller à Caen.

. . . .

Je vous prie de faire tenir la lettre cy jointe à Mʳ de Pont.

Je suis attaqué d'une fluxion sur un œil. Je ne scais pas où cela ira. Vous savez qu'il m'en cousta une saignée à Bourbon.

Mʳ de Pont ne me fit pas l'honneur de m'écrire à la mort de ma seur ; ainsi je fais le bien contre le mal.

———

A Paris, 13 nov. 1704.

J'arrivay hier icy, et j'y trouvay vostre lettre en arrivant. J'y repondray succinctement, comme un homme qui est encore dans l'embarras de l'arrivée et dans un grand derangement.....

A propos de Banneville, dittes je vous prie à Mʳ de Pellevé que je n'ay pu retrouver le billet qui fut arresté à Fontenay avec Mʳ le Curé de Banneville, ny la mesure du Tableau.....

J'oubliay à Caen de vous prier de conserver les portraits de mon père et de ma mère, que ma seur avoit fort negligez. J'avois dessein de les mettre dans mon cabinet, comme j'y en ay mis deux, de nos oncles de Berteville et de Grosparmy, qui estoient prests à se perdre.

Je vous prie de faire repeindre les armoiries de ma chapelle, que l'humidité et le tems ont effacées. J'en payeray la dépense. Je feray faire..... celles qui (papier déchiré) sont sur le v..... dont un morc..... est cassé.

Souvenez vous de faire mes excuses à M⁰ le curé de S¹ Jean sur la brusquerie avec laquelle je le quittay, avant mon départ, sur ce que nous estions entre des roües fort crottées, sur ce qu'il faisoit un tres vilain vent, et sur ce que j'estois sur mon depart, accablé d'affaires.

J'avois excusé jusqu'à cette heure le Breton de ses yvrogneries et de ses brutalitez, sur ce que je le croiois fidele et il me souvient que quand je le pris, ma sœur me manda en propres termes que elle et vous tous en repondriez corps pour corps. Cependant j'ay decouvert que c'est un signalé fripon. Lors qu'on luy donnoit son argent pour venir icy avec les chevaux j'eus quelque soupçon par les traittes (??) et les gestes qu'il faisoit. Ce fut ce qui m'obligea de le faire aller sans argent. J'ay sceu qu'il prenoit l'avoine qu'on donnoit à mes chevaux dans les hostelleries et qu'il en faisoit son profit. L'autre jour à Caen il alla prendre de vieil oint pour graisser mon carosse et en compta une livre. On a sceu de celuy qui le vendit qu'il n'en avoit pris qu'une demi livre. Le fermier de Longchamp qui est à Fontenay luy reprocha dernierement sans s'expliquer sa conduite, et que s'il le faisoit parler, on le chasseroit sur l'heure. Cela estant ainsi, je feray escrire à M⁰ Dobert de faire donner et faire manger devant luy l'avoine aux chevaux. Je donneray le mesme ordre à du Celier.

A Paris, le 16 novembre 1704.

..... Dites, s'il vous plaist, à M' de Pellevé que j'ay retrouvé l'écrit du Curé de Banneville, que je devais consulter touchant les Novales, mais je n'ay pas retrouvé le (*sic*) mesure du Tableau et qu'il me l'envoye dans une lettre.

L'abbaye de Mondaye a esté donnée à un Religieux de Premontré, et remise en regle.....

Je vous prie de mander au Père de Vitry, que j'ay esté fort estonné d'apprendre icy des Jesuites du college, qu'il ne leur a point envoyé ces vers du P. Commire, dont il se chargea dès le mois d'aoust, que je le prie de vous les rendre, ou de les envoyer incessamment.

Je vous prie aussi de prier de ma part M' le Chanoine, greffier de la ville, de vous mettre entre les mains les nouveaux registres de la ville, qu'il me promit l'autre jour à Caen.....

A Paris, 18 nov. 1704.

(Difficultés avec Mlle Merite).

..... Taschez de prevenir un procez. A quoy neantmoins je ne crois pas que vous reussissiez, car c'est une tres artificieuse et tres dangereuse poulette. Je suis tres resolu de me bien defendre, et si elle n'entend pas raison, il faudra luy donner assignation aux Requestes du Palais.....

..... J'ay esté fort surpris de ce que vous m'écrivez sur ces clefs de Fontenay. J'ay cru qu'on avoit fait comme les années précédentes, et j'en viens de parler à S¹ Jacques qui est demeuré après moy à Fontenay. Il m'a dit qu'il a mis toutes ces clefs dans la petite armoire de la sale et que M. Dobert est saisi de la clef de la petite armoire. M⁵ Le Sauvage me dist sur le sujet de M⁵ Dobert, avant qu'il entrast à Fontenay, qu'il me repondoit de sa fidelité. Ce qu'il y a à faire, c'est d'envoyer quelqu'un à Fontenay qui prendra toutes les clefs et vous les apporte. Vous retiendrez celles que vous jugerez à propos, et vous renvoierez le reste à Fontenay, en donnant ordre à celuy que vous y envoierez qui doit estre fidèle, de les remettre dans le mesme lieu et de rendre la clef de la petite armoire à M. Cobert *(sic)* sans vous expliquer avec luy, ny devant, ny après, du sujet qui vous fait demander cette clef. Il sera bon pourtant de luy dire, en la prenant, que vous la luy renvoierez incessamment.

M⁵ de Pellevé me mande que du Celier se va marier et mesme qu'on dit qu'il a déjà pris un pain sur la fournée. Je ne scais pas comment il pretend accommoder son mariage avec mon service. Cet homme se mesle de beaucoup d'affaires, et celle pour laquelle il est chez moy est celle qui l'occupe le moins. A tous les voyages que je fais à Aunay je trouve de nouveaux changemens dans sa conduite et de nouveaux relaschemens dans le service qu'il me doit.

..... M⁵ de Pellevé me mande que M⁵ le Prieur de Fontenay n'a point voulu donner de billet pour la jouissance de cette petite cave qu'il me demande, qu'il ne l'a point demandé *(sic)* comme par emprunt, mais pour le luy ceder. Vous voyez la consequence de cette demande, et je n'ay garde de l'accorder, mais comme il ne demande point cela pour luy, mais pour Mᵣ le Grand, il ne peut le pretendre que dans l'esperance que Mᵣ le Grand luy cedera aussi sa cave qui est belle et grande, à quoy j'ay bien de la peine à croire que Mᵣ le Grand voulust consentir. Il me semble que Mᵣ le Prieur devroit bien se contenter d'avoir englouti trois maisons dans son Palais, sans vouloir encore étendre son domaine au delà.

A Paris, 22 novembre 1704.

(En tête, de la main de Charsigné : Touchant l'institution d'un legataire.)

Ma seur pendant sa vie estoit mon unique héritière, elle avoit quatre enfans, deux fils et deux filles. Lorsque les filles se marierent, je leur donnay des sommes considerables à prendre sur ma succession. Un des fils s'estant marié en suite, je luy fis un avancement d'hoirie, du consentement de ma seur. Tout cela s'est passé en Normandie, qui est la patrie de toutes les parties et où sont situez tous les immeubles qui composent cette succession. Ma seur estant morte je desire faire ce mesme neveu mon légataire universel. Son frère y donne son consentement. Le legs que je luy puis faire consiste seulement en meubles, mon patrimoine luy ayant deja esté donné. Ces meubles sont en partie à Paris, et en partie en Normandie. Mon domicile est à Paris.

De cette disposition d'affaires il en resulte cinq questions. La première, savoir si par l'avancement d'hoirie que j'ay fait cy devant à mon neveu, il n'est pas devenu mon héritier.

La seconde, savoir si au cas que par cet avancement d'hoirie mon neveu soit devenu mon héritier, je ne me suis pas osté la liberté de le faire mon légataire. la Coustume de Paris ne permettant pas qu'un mesme homme soit légataire et héritier.

La troisième question est de savoir si l'avancement d'hoirie que j'ay fait en faveur de mon neveu pouvant estre censement une donation de mes immeubles, elle n'est point nulle aux termes de la Coustume de Normandie, qui ne permet d'en donner que le tiers.

Je demande en quatrième lieu, si j'ay pu avantager cet heritier au prejudice de son frère, ce qui est formellement contraire à la Coustume de Normandie.

Je demande enfin si mon domicile estant à Paris où les filles partagent egalement la succession avec les frères, mes nièces ne seront pas en droit de partager également avec leur frère ma succession présente, qui ne consiste qu'en meubles.

Comme le Raporteur opine le premier. mon avis seroit sur la premiere question que mon neveu par l'avancement que je luy ay fait est devenu mon donataire par une donation entre vifs que je luy ay faite et non mon héritier.

La solution de la première question emporte celle

de la seconde, savoir que mon neveu n'estant point devenu mon héritier par cette donation, il peut estre mon légataire.

La troisième question, quelque jour qu'on luy donne me semble emporter une contradiction formelle à la Coustume de Normandie, d'où il s'ensuivroit que cette donation seroit nulle et caduque, sur quoy je demande remede.

Sur la quat^re demande, on peut repondre que le frere qui seul est prejudicié par la donation de mes immeubles, ayant signé le contrat de mariage, y a consenti, et est prest de donner un nouveau consentement tant pour cette question que pour la precédente.

La dernière question semble decidée par la disposition de la Coustume de Paris, qui permet de disposer de tous ses meubles à sa volonté.

———

(A la suite de cette lettre se trouvent des réponses et consultations touchant ces questions. Une partie me semble de la main de Charsigné lui-même.)

———

A Paris, 25 nov. 1704.

..... J'ay veu icy Me de Polastron, qui s'est bien informée de vos nouvelles et de celles de Mr de Charsigné.....

..... J'ay esté condamné par les maistres du mestier sur l'affaire des Decimes. L'année décimale commence le premier de janvier et finit le dernier de décembre, et les payemens qui se font en fevrier et en octobre sont pour l'année courante, commençant et finissant ainsi. N'insistez donc plus là dessus, mais en y acquiesçant, taschez qu'il ne paroisse pas que j'aye esté condamné par ma consultation.

Mʳ de Sᵗ Valier est chargé d'un mémoire que j'ay dressé touchant l'affaire que vous savez. J'ay trouvé cinq difficultez à resoudre dans cette affaire, sur lesquelles pourtant je receus beaucoup d'éclaircissement dans une visite que me rendit l'autre jour un très habile jurisconsulte de mes anciens amis. La première difficulté, savoir si par l'avancement d'hoirie que je vous ay fait vous estes devenu mon héritier, leur paroist aisée à resoudre, car ils disent que cela est une donation entre vifs, et non un avancement d'hoirie. Cette décision emporte la décision de la 2ᵉ question, savoir si par cet acte je ne me suis pas osté la liberté de vous faire mon légataire, car ne vous ayant point fait mon héritier par cet acte, vous pouvez estre mon légataire. Mais voici une troisième difficulté qui vient de la disposition de la Coustume de Normandie, qui ne permet pas de donner que le tiers de ses immeubles, d'où il s'ensuivroit que ma donation estant entière, elle seroit nulle. D'ailleurs la mesme Coustume ne permet pas d'avantager un héritier au préjudice de l'autre. Mais vostre frere, qui est seul blessé par l'avantage que je vous ay fait, y a consenti en signant à vostre contrat, et est prest encore à donner une nouvelle ratification. La 5ᵉ question est touchant les meubles qui se partagent à Paris, où je suis domicilié, également entre les frères et les seurs, mais la Coustume de Paris permet de disposer par testament, ou autrement de la totalité de ses meubles à sa volonté. J'attens la resolution de M^r de St Valier, et de celuy qu'il doit consulter sur tous ces chefs, et je vous la feray savoir. Vous voyez que je pense à vous.

———•o•———

BIBLIOTHÈQUE NATIONALE

CHÂTEAU
de
SABLÉ

1991

www.ingramcontent.com/pod-product-compliance
Lightning Source LLC
Chambersburg PA
CBHW060546230426
43670CB00011B/1711